A. M. D. G.

AF459595

NOTES SUR L'ÉTABLISSEMENT RELIGIEUX DE CAPÉCURE

PAR

M. l'Abbé J.-B. JONCQUEL

DEUXIÈME CURÉ DE CAPÉCURE

CHANOINE HONORAIRE. — CURÉ-DOYEN DE SAINT-NICOLAS

DÉPÔT LÉGAL
Pas-de-Calais
45
93

BOULOGNE-SUR-MER

Mlle DELIGNY, LIBRAIRE

39, Grande-Rue, 39

1893

NOTES
SUR L'ÉTABLISSEMENT RELIGIEUX
DE
CAPÉCURE

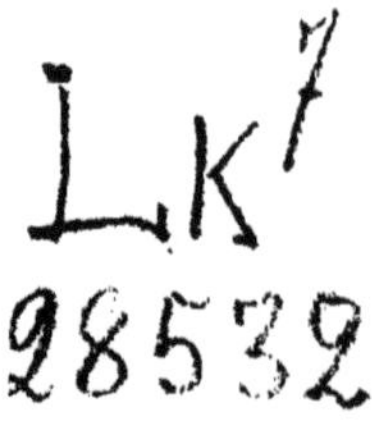

IMPRIMATUR.

Atrebati, die 19ª Februarii 1893.

F. Sueur, Vic. Gen.

A. M. D. G.

NOTES
SUR L'ÉTABLISSEMENT RELIGIEUX
DE
CAPÉCURE

PAR

M. l'Abbé J.-B. JONCQUEL

DEUXIÈME CURÉ DE CAPÉCURE

CHANOINE HONORAIRE. — CURÉ-DOYEN DE SAINT-NICOLAS

BOULOGNE-SUR-MER

MLLE DELIGNY, LIBRAIRE

39, Grande-Rue, 39

1893

INTRODUCTION

Les monuments historiques, les traditions locales et les études géologiques indiquent que Capécure, dans un passé qui n'est pas éloigné de nous, était inondé et couvert, au moins aux heures des marées, par les eaux de la mer.

La colline, qui prend naissance à Châtillon,[1] longe la rue de Constantine, suit la Verte-Voie, et va se souder au mont de Saint-Étienne, n'est autre chose qu'une ancienne falaise au pied de laquelle les flots venaient battre et mourir. Nous avons connu, dans notre enfance, la plus grande partie de cette colline en friche; ce n'était qu'une falaise éboulée, couverte de joncs et détrempée par les sources qui la sillonnaient de toutes parts. Aujourd'hui elle est convertie en jardins; on y a aussi élevé quelques maisons.

Au commencement de notre siècle, Capécure — le Capécure d'alors bien moins étendu que le Capécure d'aujourd'hui — se trouvait défendu des incursions des eaux de la mer par une digue qui prenait naissance à l'endroit où se trouve actuellement la gare de Calais, (gare aux

[1] A Châtillon se trouvait autrefois une ville Celtique. Des fouilles faites en cet endroit ne laissent aucun doute à cet égard.

marchandises), passait dans ce que nous appelons rue du Dalot ou impasse Damrémont, traversait la place presque en son milieu, se continuait où fut plus tard le moulin à vapeur et allait se rattacher à la garenne sur laquelle, en ces derniers temps, a été établie une batterie d'artillerie, au delà du bassin à flot.

La partie de Capécure, qui se trouvait entre la colline et la digue, se partageait en prairies et en terres cultivées. Le château de Capécure, (actuellement château Lehocq, rue Damrémont)[1] appartenait au marquis des Cajeules. La ferme du château était tenue en dernier lieu par M. Vidor qui de fermier se fit armateur et a été le fondateur de la maison Vidor de Boulogne. Lors de la présence de la grande armée, les dépendances du château et de la ferme furent converties en magasins militaires, et l'on construisit ce qui a servi pendant longues années d'écoles aux Frères[2], à l'angle des rues de Constantine et d'Outreau, pour remplacer les granges occupées par l'autorité militaire.

Une seconde ferme, appartenant à la famille Butiaux, se trouvait non loin de la ferme du château, à l'endroit où la rue de Constantine fait son dernier coude vers la rue d'Outreau.

Une troisième ferme, la ferme Delplanque, avait été bâtie au centre de Capécure, dans la rue de Constantine, du côté de la mer, à environ deux cents mètres de la rue du Moulin à Vapeur qui, à l'époque dont nous parlons,

[1] La famille Lehocq a vendu depuis ce château et ses dépendances ; on a bâti sur l'emplacement du jardin une fabrique de glace, des chantiers de bois et le château lui-même a été transformé en maisons particulières.

[2] Aujourd'hui école laïque depuis la glorieuse laïcisation.

existait à peine et ne portait pas encore ce nom. Il reste quelques débris de cette ferme dans les maisons basses qui se trouvent dans les jardins, non loin de l'endroit où fut établie en 1854 la chapelle provisoire de Capécure.

Enfin, M. Chanlaire, riche propriétaire de Boulogne, homme exalté, qui se ruina par ses extravagances, possédait une autre ferme à l'endroit même où se trouvent maintenant les chantiers de M. Lebeau, entre la rue Louis Fontaine et la rue d'Alger; cette ferme fut appelée plus tard hôtel Suxxex; nous l'avons connue sous cette dénomination.

A part ces fermes, il y avait bien peu de maisons à Capécure. On voyait une vieille masure en face du château des Cajeules; c'était la demeure du berger de la ferme Vidor. Deux autres vieilles maisons se trouvaient dans le chemin qui s'appelle maintenant rue Damrémont; ces maisons existent encore et sont situées entre la rue du Mont de Couppes et le château Liane[1]. La plus rapprochée du château Liane était occupée par un nommé Peuvion et l'autre par un nommé Delhelle. Quelques maisons bâties à l'entrée de la rue d'Outreau appartenaient à la famille Lécaille; quelques autres bâties plus haut dans la même rue appartenaient à la famille Copin. On fait aussi remonter au commencement de ce siècle deux ou trois maisons basses situées dans la rue du Moulin à Vapeur, à gauche, un peu au-dessous de la rue de Constantine et quelques maisons bâties au bout de la même rue de Constantine vers la mer.

[1] Elles viennent de disparaître et sont remplacées par des maisons neuves.

De 1800 à 1825 d'autres maisons se construisirent peu à peu. Nous n'avons pas la prétention de les citer toutes; mentionnons seulement la maison Tellier-Malo, rue Damrémont, actuellement occupée par M. Tellier-Coquerel, le château Liane, la maison Hautin à l'angle des rues d'Outreau et Damrémont, maison que nous avons vue en ruines il y a une quinzaine d'années, le château des Lyons, etc.

Un peu plus tard, M. Lesage fit acquisition d'un grand terrain, au centre de Capécure, terrain où se trouve aujourd'hui la place et l'église; il le paya à raison de 1200 fr. l'hectare. Le nouveau propriétaire établit là des briqueteries et fit construire, pour y résider, un petit castel à l'endroit où se trouve la maison de M. Varlet, jardinier. Nous avons connu cette habitation, et, à l'endroit où se trouve l'église, dans les trous et les ruisseaux qui remplaçaient les terres enlevées par les briquetiers, nous avons pêché dans notre enfance des épinoches et des anguilles.

Il n'y avait point de pont proprement dit pour passer de Boulogne à Capécure. On remarquait deux passerelles établies sur deux bras de la Liane, séparés l'un de l'autre par un banc de sable. Ces passerelles se trouvaient recouvertes à mer haute. Il fallait passer là avec grande précaution et l'on était souvent charitablement averti de prendre garde à soi en passant : *Cape curam,* prenez soin, prenez garde; de là sans doute le mot de Capécure. D'autres font venir le mot de Capécure d'un petit cap qui aurait existé à Châtillon. Les deux passerelles établies sur la Liane s'appelaient : *ponts des Capucins,* probablement en raison de la proximité du couvent des Capucins. Les voitures passaient à gué. Quand la mer était haute, le passage s'effectuait en barque. Ce passage était monopolisé par la famille Trudin, dont on trouve maintenant des descendants dans les familles Poure et Lecœur.

Le port n'existait pas, c'était un simple échouage. Du côté de l'est on remarquait un bout de quai, à l'endroit où se trouvent les anciennes casernes, entre le pont Marguet et le pont de barrage ; il en existait un autre bout plus en aval, vers la rue de la porte Wallotte et l'hôtel des douanes. Quand la grande armée fut à Boulogne, on travailla au port, on fit des quais et l'entrée du port fut placée au nord-est, entre le bureau des officiers de port et le café-restaurant qui se trouve sur la Jetée Est. Les déblais provenant du creusement du port furent jetés contre la digue dont nous avons parlé plus haut et qui défendait Capécure de la mer. Le terrain adossé à la digue s'éleva peu à peu et ne fut plus accessible qu'aux grandes marées.

On fit un bassin circulaire, espèce de bourbier qui a été depuis remplacé par le bassin à flot ; on créa un chemin autour de ce bassin et la rue du Parc (ainsi nommée à cause du parc d'artillerie qu'on venait de construire) fut ouverte. Toutefois la rue du Parc ne fut pas tout d'abord ce qu'elle est aujourd'hui ; elle partait du bassin, contournait le parc d'artillerie et aboutissait à Châtillon ; elle se composait d'une partie de la rue du Parc actuelle et de la rue de Châtillon tout entière.

La rue Henriville existait à l'état rudimentaire ; c'était un chemin d'exploitation sans maisons.

Peu à peu des maisons se bâtirent dans le haut de la rue que nous appelons Moulin à Vapeur. Le moulin à vapeur n'existait pas encore ; il fut bâti vers 1825 ou 1826 par la famille Moleux. Plus tard, il fut cédé à un Anglais,

M. Hopewood, qui en fit une filature connue sous le nom de filature continentale. On donna aux maisons bâties dans le haut de la rue du Moulin à Vapeur le nom de nouveau Capécure. L'ancien Capécure, rue d'Outreau, restait stationnaire et ne se peuplait guère. La rue du Moulin à Vapeur était une ruelle impraticable; il fallait l'hiver sauter de pierre en pierre pour ne pas tomber dans de profondes ornières. Celui qui nous a donné ces détails se souvient d'avoir vu, bien plus tard vers 1830, une voiture chargée de farines et appartenant au moulin à vapeur enfoncée jusqu'à l'essieu, en face de l'hôtel Castiglione, ancienne maison de M. Huguet père.

Les terrains où sont maintenant les rues d'Abbeville, Moras et Amiens étaient primitivement une sécherie au linge appartenant à M. Chanlaire; c'est là que les blanchisseuses allaient, moyennant redevance sans doute, faire sécher leur lessive. Un médecin de la flotille, du nom de Moras, fit l'acquisition de ce terrain, y perça une rue qui prit son nom; les autres rues s'ouvrirent ensuite. En raison du genre d'habitants qui se fixèrent dans ce quartier nouveau, le nom de Moras fut souvent changé en celui de *Vorace*.

Dans tout le terrain occupé par la gare, par les chantiers et la scierie Lesage, jusqu'en face de la filature, on voyait des chantiers de construction appartenant aux familles Lecerf et Duboc. L'État était propriétaire du fond, il en avait concédé la jouissance aux Lecerf et aux Duboc.

Vers 1822 s'ouvrit la rue de la Scierie qui, pendant de longues années, s'appela rue Projetée. Elle n'était que tracée et ce fut beaucoup plus tard qu'elle commença à se bâtir. Elle n'alla guère au delà de la rue d'Orléans; le prolongement de cette rue était une terre à labour appartenant à la ferme Delplanque.

Ce fut vers ce temps qu'on prolongea la rue du Parc jusqu'à la rue de Constantine; ce bout de rue s'appela d'abord rue Darras, parce qu'un certain Darras habitait cet endroit; sa demeure se trouvait où est actuellement la maison de M. Plantard, propriété de M: Aug. Huguet.

Les rues d'Orléans, de Nemours furent ouvertes vers 1830.

Lors du séjour de la grande armée à Boulogne, la Liane était ainsi que le port remplie de bateaux plats, de canonnières destinées à la descente en Angleterre. Dans le voisinage de la Liane, on renferma un vaste terrain autour duquel furent construites des barraques où l'on fabriquait les canots de la flotille. Ce lieu prit le nom de chantier des canots. Après le départ de l'armée, cet établissement, devenu inutile, fut vendu par l'État à deux familles de cordiers, la famille Roger et la famille Dudon qui y établirent des corderies. Vers 1832, ces familles vendirent cette propriété par lots et y ouvrirent la rue du Chantier des Canots que l'on appela beaucoup plus tard rue d'Austerlitz.

C'est vers ce temps (1835) que Capécure, qui était un hameau d'Outreau, fut annexé à Boulogne. On prétexta toutes sortes de raisons économiques pour obtenir cette annexion. On allégua surtout que la rive droite étant soumise à l'octroi et la rive gauche ne l'étant pas, les navires allaient s'approvisionner sur la rive gauche, au détriment de Boulogne. Mais voici surtout, croyons-nous, le fin mot de l'affaire ou du moins c'est ce qui nous a été raconté par des homme dignes de foi et contemporains de ce que nous relatons ici : M. Huguet père, qui habitait l'hôtel Castiglione, près du port, voulait devenir maire d'Outreau ; les habitants d'Équihen et du Portel ne prétendaient pas avoir un maire qui fût si éloigné du centre ; on conçoit en effet qu'il n'eût pas été agréable aux Équihenois et aux Portelois de venir trouver leur maire rue du Moulin à Vapeur ; les prétentions de M. Huguet à la mairie d'Outreau furent donc vaines. M. Huguet et M. Des Lyons, froissés de cet échec, unirent leurs efforts pour enlever Capécure à Outreau et l'annexer à Boulogne. Ils commencèrent par faire signer aux matelots du Portel une pétition qui demandait cette annexion en s'appuyant sur ce motif que Capécure était une lourde charge pour Outreau, ce qui était faux puisque Outreau ne faisait rien pour Capécure. Puis ils firent valoir les raisons économiques dont nous avons parlé plus haut. De mauvaises langues prétendirent aussi que M. Gonsard, maire d'Outreau, avait reçu 1800 fr. pour ne pas s'opposer au projet. On alla jusqu'à reprocher ce fait à M. Gonsard en plein Conseil municipal d'Outreau. Y a-t-il là quelque chose de fondé? Nous n'en savons rien[1]. Bref, le 25 avril 1835, parut un décret qui annexait Capécure à Boulogne.

De 1831 à 1836, on construisit les jetées telles qu'elles sont maintenant. Les entrepreneurs Bourdon et Gravet firent de M. Chanlaire l'acquisition des terrains qu'il possédait quai du bassin, y construisirent des maisons et ouvrirent la rue d'Alger.

[1] Nous sommes persuadé que ce pot-de-vin ne fut donné ni par M. Huguet ni par M. Des Lyons ; leur honorabilité bien connue n'aurait jamais voulu se prêter à ce misérable moyen.

Vers cette époque, un cordier nommé Pérard s'établit rue du Moulin à Vapeur à l'angle de la rue du Moulin à Vapeur et de la rue qui s'appelle aujourd'hui rue Alexandre Adam; il filait ses cordes le long de la rue du Moulin à Vapeur jusqu'à la rue de Constantine. Un jour, il se décida à filer dans un autre sens, en allant du côté de la mer, et sa corderie devint l'origine de la rue Alexandre Adam.

La société boulonnaise n'existait pas encore. Comme nous l'avons vu plus haut, le moulin à vapeur avait été transformé en filature; on avait fait venir, pour travailler le fil, des écossais et des écossaises au nombre d'environ 300. Cette arrivée donna une vive impulsion à la bâtisse et au petit commerce à Capécure. Il fallait loger ce nouveau monde et surtout le nourrir. Les étrangers furent peu à peu remplacés par des nationaux et l'idée de construire une cité ouvrière, où seraient logés tous les ouvriers de la filature et où ils trouveraient tout ce qui leur serait nécessaire, prit naissance dans le cerveau du gérant, M. de Bosson; une société, nommée société boulonnaise, se forma pour mener à bonne fin cette entreprise; elle construisit la cité boulonnaise. Mais la société de la filature ne voulut pas entrer dans cette combinaison, qu'on considérait comme devant donner de brillants résultats et la société boulonnaise ne fut qu'une source de ruine pour ses actionnaires.

Nous avons dit plus haut qu'au commencement du siècle, il n'existait pas de pont pour passer de Boulogne à Capécure. Le pont de l'écluse qui est remplacé aujourd'hui par le pont de barrage fut commencé au temps de la grande armée; mais, comme la construction de ce pont allait lentement, on établit bien vite et provisoirement un pont sur fermes en bois entre les deux ponts actuels. Ce pont s'appela pont de service, on y passait en voitures ; on devait le démolir aussitôt après l'achèvement du pont de l'écluse, mais vu son utilité on le conserva. Toutefois comme son entretien coûtait assez cher, on le diminua de largeur et comme d'autre part on fut obligé d'établir un pont-levis au milieu, il ne servit plus qu'aux piétons jusqu'à l'achèvement du pont Marguet.

Pendant de longues années, entre les deux ponts, sur l'emplacement de la gare, on vit un four à chaux, propriété de la famille Blaquart. Vers 1840, la ville demanda à l'État la concession des chantiers occupés par Lecerf et Duboc. L'État y consentit à la condition que la ville établirait là un champ de manœuvres pour les troupes, ce qui fut fait. Lorsque le chemin de fer se construisit, la ville offrit à la compagnie ce champ de manœuvres pour y établir une gare et les troupes durent désormais aller faire l'exercice entre le bassin et la garenne. La compagnie du Nord fit d'abord une gare provisoire en planches, et vers 1854 nous la vîmes construire la gare actuelle ; elle est située dans une ancienne pâture qui servait de sécherie au linge et dans laquelle se trouvait une grande écurie en bois appartenant à MM. Pinard de Marquise.

En 1848-1849 la ville fit un échange de terrain avec M. Lesage. M. Lesage céda à la ville les deux hectares qui forment la place de Capécure et la ville céda à M. Lesage deux autres hectares du voisinage. Il fut stipulé que le terrain cédé par M. Lesage demeurerait place publique ; ainsi la ville n'a pas le droit de bâtir quoique ce soit sur la place de Capécure. Elle ne pourrait le faire que sur les deux côtés de l'église et non en face.

En 1853, à l'époque où fut établie la paroisse de Capécure, il n'y avait dans le côté méridional de la rue du Moulin à Vapeur que quatre maisons bâties entre la gare et le grand édifice nommé société boulonnaise; tout le terrain faisant face à la boulonnaise était en culture jusqu'à la rue du Parc et la rue Merlin-Lafresnoye, aujourd'hui rue d'Orléans. Cette dernière rue n'avait qu'une maison de maître et deux maisons de jardiniers. La rue de la Scierie était pauvrement bâtie; le quartier Moras se composait de quelques maisons délabrées; la rue d'Alger était ce qu'elle est encore aujourd'hui. Il n'y avait de ce côté-là ni rue Louis Fontaine, ni rue de Sébastopol, ni caserne. Il existait quelques corderies entre le quartier Moras et la rue de Châtillon. Tout l'espace compris entre la rue du Moulin à Vapeur, la gare, la rue Damrémont, à part la rue d'Austerlitz, était en prairies ou en jardins. Seulement au milieu de cette vaste enceinte on voyait une loge de cordier appartenant à M. Œters, une chaumière de jardinier occupée par M. Varlet et une construction fort simple appelée château Lesage. Dans la rue de Constantine et l'impasse qui monte chez M. Chauveau, ou si l'on aime mieux au château du Belvedère (ancien terrain Tys), et la voie qui fait le côté méridional de la place (rue Montebello) on comptait deux maisons de campagne au sud-ouest (Château Des Lyons et château Gothique) et une masure en ruine à l'est. De la rue Montebello à la rue du Moulin à Vapeur, la rue de Constantine était assez bâtie, mais les maisons étaient mal entretenues et mal habitées. Entre la rue du Moulin à Vapeur et la rue du Parc, il y avait dans la rue Constantine huit chaumières; la rue était fangeuse, bordée de ronces et d'épines. Le haut de la rue du Moulin à Vapeur n'a guère changé depuis l'époque dont nous parlons.

Dès 1854, le quartier de Capécure prit un rapide développement dû surtout à la présence de l'empereur qui habitait le château de Capécure et aux soldats qui séjournèrent à Capécure à l'époque des camps. En 1835 Capécure comptait 1.587 habitants ; environ 3.200 en 1854; il en possède aujourd'hui 10.000. En 1854, à quelques exceptions près, tous les habitants étaient ouvriers ou artisans. C'était à Capécure qu'on construisait les navires, qu'on récoltait les légumes consommés en ville. En fait d'industrie, il n'y avait que la grande filature continentale, la scierie de M. Lesage, rue de la Scierie, la fabrique de ciment romain près de la mer et le petit établissement de bains de M. Lobez.

Nous allons jeter un coup d'œil sur ce qu'est Capécure en 1880[1]. Cette comparaison entre le Capécure d'autrefois et le Capécure d'aujourd'hui n'est pas sans intérêt.

Aujourd'hui, la Liane est bordée d'un large quai depuis la fabrique de ciment jusqu'au pont Marguet. Ce quai se continue le long du port. depuis le pont Marguet jusqu'aux grands bâtiments de la Chambre de commerce construits récemment à l'entrée du bassin à flot. C'est contre ce quai, appelé quai Bonaparte, que viennent accoster les bateaux de pêche du Portel et d'Équihen et les paquebots de Folkestone. Une ligne ferrée permet à la compagnie du chemin de fer du Nord de faire prendre en wagons les voyageurs pour Paris à leur descente du bâteau à vapeur.

[1] Il y a 12 ans que ces lignes ont été écrites, Capécure a peu changé depuis cette époque.

Le trajet de Paris à Londres s'effectue en sept heures. Une jetée en bois de chêne, très agréable promenade, se prolonge, à partir de l'entrée du bassin, de sept à huit cents mètres en mer. Entre le bassin et la mer se trouvent les cales de construction de navires et une butte artificielle sur laquelle le génie militaire a établi des canons et construit une poudrière. En lieu et place de cette butte qui ne date que du creusement du bassin à flot, on voyait autrefois une petite garenne. Le bassin à flot avec son chenal à deux écluses a une superficie d'environ sept hectares. Il est bordé de magnifiques quais ; il possède à l'ouest une petite cale pour le déchargement des bois. Des rails sillonnent les quais et permettent aux wagons de venir recevoir ou apporter les marchandises. On voit dans le bassin de nombreux navires anglais chargés de houille, de grands trois mâts Norwégiens chargés de bois du Nord ; des steamers de fort tonnage apportent du minerai de Bilbao, des grains de Russie et s'en retournent chargés de ciment ou de phosphates. Dans la saison d'été de coquets bateaux de plaisance viennent visiter notre ville et souvent y séjournent des semaines et des mois.

Le quai du bassin est bien bâti ; les maisons basses qu'on y voyait il y a une quinzaine d'années, ont fait place à des maisons plus élégantes et plus élevées ; les magasins tendent à disparaître et à se réfugier dans les rues voisines. On voit sur le bassin le magnifique hôtel du Louvre, le grand magasin de corderies de M. Coquerel-Tétard, l'importante brasserie de M. Vasselin, les vastes ateliers de salaisons, de saurissage et les magasins d'armements de MM. Fourny-Gournay, Fourny-Chérie, Altazin-Fourny, Fourny-Thuillier, Delpierre-Gournay, les forges et ateliers de MM. Nortier frères mécaniciens. Malheureusement à côté de ces importantes maisons de commerce fourmillent les estaminets et les buvettes qui sont loin de contribuer à développer la morale chez les ouvriers du bassin, les déchargeurs, vulgairement appelés *rats de quais*. Ces ouvriers peuvent gagner, quand l'ouvrage donne, six à huit francs par jour ; les trois quarts de ce salaire sont dépensés en eau-de-vie et l'homme se soûle tandis que la pauvre femme grelotte dans la mansarde et que les petits enfants demandent du pain. A l'extrémité du quai du bassin, on remarque l'habitation et les bureaux de l'ingénieur en chef qui est actuellement M. Plocq. Les bureaux de l'ingénieur ordinaire et des conducteurs des ponts et chaussées se trouvent à l'est de l'entrée du bassin à flot, près des bâtiments de la Chambre de commerce.

Un large boulevard, conduit en droite ligne du chenal du bassin à la petite place de Châtillon où M. Auguste Huguet, ex-maire de Boulogne, sénateur, a fait naguère construire deux châteaux, l'un nommé Villa Coligny et l'autre Villa Châtillon. La mer vient battre au pied de ces villas dont le séjour en été est des plus agréables [1]. L'établissement de bains de M. Lobez se trouve encore à Châtillon, mais il n'y est plus pour longtemps ; le nouveau port en eau profonde va rendre la plage de Capécure inabordable aux baigneurs. Les travaux du nouveau port [2], commencés depuis huit mois sont poussés avec activité, la falaise s'abaisse, un chemin de fer est établi presque à mi-côte pour transporter les matériaux, des centaines et

[1] Ces pages ont été écrites en 1880.

[2] Ce port sera-t-il jamais terminé ?

des centaines d'ouvriers terrassent et maçonnent, les machines à vapeur sifflent et lancent de la fumée. On prétend que ce nouveau port qui sera achevé, Dieu sait quand, peut-être dans vingt ans, va être la richesse de Boulogne et de Capécure. Il est permis d'en douter, mais ce qui est certain c'est que de grands travaux dans un pays sont désastreux au point de vue religieux et moral. La plupart des ouvriers du nouveau port sont Italiens ou Belges; et certes, ils ne sont pas la fine fleur de leur pays; le Portel qui en loge la majeure partie en sait quelque chose; trois Italiens ont naguère tué à coups de stylet un brave portelois doux et inoffensif; jusqu'aujourd'hui notre paroisse n'a pas encore été trop ravagée par cette écume italienne et belge, mais nous avons tout lieu de craindre de n'en être pas pour toujours à l'abri.

La rue de Constantine qui prend à Châtillon et qui suit le pied de la colline jusqu'à la rue Damrémont est loin d'être bâtie; la fabrique au ciment dans cette rue, vers la mer, a été transformée en tonnellerie; la partie de la rue de Constantine qui avoisine Châtillon n'a guère été modifiée depuis de longues années; on a seulement rebâti quelques maisons dans un meilleur genre et avec plus de goût que par le passé. Nous avons vu dans ces dernières années élever un certain nombre de maisons sur le côté de la rue qui touche le pied de la colline, mais il y a encore, de place en place, bien des interstices qui permettraient de doubler de ce côté-là le nombre des habitations. Du côté nord-est, depuis la rue du Parc jusqu'aux restes de l'ancienne ferme Delplanque, la rue de Constantine ne possède aucune habitation; tous les terrains compris entre la rue de Constantine et la rue Alexandre Adam sont en jardins. On voit à l'angle ouest formé par la rue de Constantine et la rue du Moulin à Vapeur un groupe de maisons qui ont été bâties à l'emplacement de l'ancienne chapelle de Capécure. La partie de la rue de Constantine qui va de la rue du Moulin à Vapeur à la rue Damrémont est plus peuplée qu'auparavant. Du côté de la colline, on remarque le château gothique de M. Lequien-Fourny, avocat, trésorier de notre conseil de fabrique. M. Lequien a acheté ce château des enfants de M. Warburton-Des Lyons; il en a payé la somme de 75.000 fr. M. Warburton avait bien dépensé pour le bâtir, pour planter le parc de deux hectares et pour enclore toute la propriété d'un mur, la somme de 150.000 fr. Du haut de la propriété, on jouit de la plus ravissante vue qui se puisse imaginer; au bas du parc, sur la rue de Constantine, M. Lequien a eu la générosité de bâtir à ses frais une salle qui sert de lieu de réunion au Cercle Catholique ouvrier de la paroisse [1]. Le château Des Lyons est contigu à la propriété de M. Lequien. MM. Tellier frères viennent de faire l'acquisition de ce château et de l'immense terrain qui l'environne, ils se proposent de vendre le terrain par lots; déjà le château lui-même a été aménagé de façon à être loué à plusieurs familles. En face de M. Lequien se trouve une filature de lin dont MM. Remy père et fils sont les gérants et plus loin en face du château Des Lyons la fabrique de plumes de M. Libert [2]. La rue de Constantine est bien meilleure comme chaussée que du temps où elle

[1] Après la laïcisation M. Lequien a bien voulu donner cette salle pour en faire un asile tenu par les sœurs de Saint-Joseph.

C'est un peu plus loin dans la même rue que nous avons construit une vaste école de filles dirigée par les mêmes religieuses.

[2] Maintenant fabrique de produits photographiques.

était bordée de ronces et d'épines, mais elle laisse encore à désirer et il est à souhaiter que la ville lui donne un peu plus de soins qu'elle ne l'a fait jusqu'ici.

La rue d'Outreau, jusqu'au bas de la montagne, est complétement peuplée; les maisons d'ouvriers abondent. A partir du pied de la colline, on a construit des maisons de campagne agréables; on peut citer entre autres l'Eden-Cottage, le château des Tilleuls, les habitations de M. Levillain, et la Villa-Belle occupée par M. Johnstone.

La rue Damrémont, depuis le passage à niveau du chemin de fer jusqu'à la Verte-Voie ou la nouvelle rue d'Outreau, a été grandement améliorée en ces dernières années; une partie de la rue est pavée. C'est dans cette rue que se trouve le château de Capécure et à côté de lui plusieurs autres castels, le tout appartenant à Mme Lehocq, veuve de M. Charles Lehocq, habile cordonnier qui sut réaliser dans son état plus d'un million de fortune. Au delà du château Lehocq, on rencontre le château Sansot bâti de 1825 à 1830; il n'a pas de façade sur la rue et est souvent inoccupé. C'est aussi dans la rue Damrémont que MM. Tellier frères, Tellier-Coquerel, Tellier sœurs ont établi leurs maisons de commerce. On remarque en face de M. Tellier-Coquerel le château Liane [1] occupé par une famille anglaise, la famille Hurt. Vers son extrémité, à partir du Vauxhall, la rue Damrémont n'est bâtie que du côté ouest, il reste un grand terrain à bâtir dans les environs des maisons Pernet et Juillien.

Derrière la rue Damrémont, au delà du chemin de fer, se trouve la grande fabrique de ciments de MM. Lonquety

[1] Actuellement démoli.

et Cie. Sept à huit cents ouvriers sont occupés dans cette usine. Les actionnaires qui sont en petit nombre réalisent là, nous a-t-on dit, de splendides bénéfices[1]. Le travail du ciment est très pénible pour l'ouvrier, qui doit toute la journée avaler une poussière invisible, véritable poison pour les poumons. S'il est vrai que les actionnaires gagnent tant d'argent, ils feraient action louable en élevant quelque peu le salaire de leurs ouvriers.

La rue d'Austerlitz n'est guère changée depuis 1854; elle s'est toutefois prolongée jusqu'à la place et c'est dans ce prolongement qu'ont été construites la fonderie de M. Sauvage, aujourd'hui en faillite, la maison de salaisons de M. Fourtet-Amelin, la fonderie de M. Deguine et la pharmacie de M. Raiff.

Il s'est ouvert en ces dernières années, derrière la rue d'Austerlitz, une rue tout entière, la rue du Dalot et une impasse appelée impasse Damrémont. Il y a dans ces deux rues environ cinquante maisons d'ouvriers. M. Bourgain-Copin a établi là sa demeure et ses ateliers de salaisons. Nous avons aussi connu autrefois en cet endroit une fabrique de limes et une verrerie.

La rue de la Gare n'existait pas même à l'état rudimentaire en 1854. C'est aujourd'hui une belle et large rue qui va de la rue Damrémont à la rue du Moulin à Vapeur. M. Delpierre construit en ce moment à l'angle de la rue de la Gare et de la rue de l'Alma, sur l'emplacement d'une fabrique de filets de pêche, une fabrique de plumes métalliques. Nous trouvons aussi dans cette rue plusieurs

[1] La société a été dissoute et l'usine appartient à une compagnie formée d'un grand nombre d'actionnaires qui sont loin de réaliser les bénéfices d'autrefois.

maisons importantes, la salaison de M. Copin [1], le bureau de commission et de transit de MM. Billot et Troude [2], les maisons d'armements de M. Petyt-Altazin (maison Altazin-Gin), de M. Delpierre-Pourre [3], le moulin à farines [4], les bureaux et l'habitation de M. Tellier-Volant, marchand, de grains, homme sans instruction, mais d'un puissant génie commercial. Nous rencontrons encore avant d'arriver au café Couvreur et à l'hôtel de la gare, les confortables écuries de M. Merlen où sont reçus les chevaux de prix qui vont en Angleterre ou qui en viennent.

La rue du Moulin à Vapeur a pris dans ces dernières années une importance qu'elle n'avait pas connue jusqu'ici. Le pavage en est commencé et il est à désirer qu'on le termine au plus tôt ; c'est en effet la rue la plus fréquentée de Capécure. On remarque dans la rue du Moulin à Vapeur l'hôtel Castiglione (ancienne maison Huguet), les ateliers de M. Dubourt [5], entrepreneur de bâtiments, les maisons de commerce de MM. Pruvost frères, Delattre-Pruvost, Pichon (impasse du Moulin à Vapeur), Vanheeckhoët et Jh. Huret établis dans l'ancienne filature continentale, Nollent et Cie successeurs de M. Jules Lebeau, Lafosse-Delpierre [6], Gustave Dubout... etc. Les terrains en face de la boulonnaise sont en jardins jusqu'à ce qu'il plaise au propriétaire, M. Adam, de les vendre, ou plutôt, pour mieux dire, jusqu'à ce qu'il plaise à un acheteur d'en offrir un prix qui convienne au propriétaire ; nous ne pensons pas que ces terrains puissent être acquis à moins de 50 fr. le mètre de superficie. La société boulonnaise ren-

[1] Transférée rue Louis Fontaine.

[2] Disparu. — [3] Disparue. — [4] Disparu. — [5] Disparus. — [6] Disparue.

ferme environ 800 habitants; humainement parlant ce ne sont pas de mauvaises gens; mais au double point de vue de la morale et de la religion, on pourrait désirer mieux. Le haut de la rue du Moulin à Vapeur n'est guère changé; on y a bâti en ces derniers temps un asile laïque et une école intermédiaire laïque qui ont coûté gros à la ville[1], et de plus c'est mal placé et peu salubre.

La rue Alexandre Adam est parfaitement tracée, bien éclairée, solidement macadamisée, mais elle attend des maisons; on n'y voit que l'école des Sœurs[2] et une maison y attenant, appartenant à M. Legrand.

La rue Henriville possède une quarantaine de maisons d'ouvriers; elle monte jusqu'au hameau de Henriville et ne tardera pas à se peupler.

M. Huguet, étant maire de Boulogne a fait tracer un chemin qui monte de la rue du Parc à l'Ave Maria, en longeant le cimetière de Capécure et un autre chemin qui, prenant au milieu de ce premier, descend à la rue du Moulin à Vapeur en face de l'asile laïque dont nous venons de parler. M. Huguet a concédé gratuitement les terrains nécessaires à l'établissement de ces routes; on lui a fait à cette occasion une querelle d'Allemand en prétendant qu'il n'avait fait cela que dans la vue d'un intérêt personnel, ces voies devant donner une plus value à ses terrains. Il est probable que les terrains de M. Huguet vont augmenter en raison des voies tracées, mais l'intérêt général demandait aussi ces routes et si M. Huguet ne les avait pas donnés, il aurait fallu un jour ou l'autre les acheter.

[1] 150 000 fr. environ. M. Huguet avait donné le terrain. Il a fallu faire des murs de soutien énormes.

[2] Aujourd'hui école laïque.

La rue de la Scierie qui va du bassin à la rue de Constantine et qui n'est, à l'heure présente, bâtie que jusque la rue d'Orléans possède la scierie de M. Lebeau et la scierie de MM. Crouy frères. C'est dans cette rue, en face de la scierie Lebeau, à l'endroit où va bientôt déboucher une rue que l'on ouvre à travers la grande filature, que depuis deux ou trois ans se tiennent, dans la saison d'hiver, les fourneaux économiques qui autrefois existaient rue du Moulin à Vapeur, dans les dépendances de la filature. La société des fourneaux offre aux ouvriers un excellent dîner pour six ou sept sous. On comprend que l'œuvre des fourneaux ne fasse pas ses frais; elle s'en consolerait facilement si elle voyait que ses efforts sont vraiment profitables aux pauvres travailleurs; malheureusement il n'en est rien, car il n'est pas rare qu'en sortant du fourneau les ouvriers bien restaurés aillent se faire servir à la buvette du coin un gloria de 25 sous. C'est aussi dans la rue de la Scierie que se trouvent les écoles laïques des garçons et des filles; ces écoles ont été placées dans des bâtiments de l'ancienne filature achetés, à cet effet, par la ville. Nous avions des Frères et des Sœurs qui donnaient aux enfants du quartier une bonne instruction et surtout une solide et chrétienne éducation, on n'en veut plus; à l'heure présente, ce qui de près ou de loin sent le religieux ou la religieuse est bon à jeter au feu. L'administration municipale choye les maitres et les maîtresses laïques et accorde à leurs élèves des faveurs et des tendresses. Il est encore heureux qu'à Boulogne on n'ait pas jusqu'ici imité ce qui se passe ailleurs en chassant les congréganistes[1]. Tout cela, il est

[1] C'est fait.

vrai, ne durera qu'un temps et nous avons le ferme espoir que les congréganistes, après avoir souffert la persécution pour la justice, reviendront prendre possession de ce qui avait été bâti à tant de frais pour les laïques. Nous écrivons ces lignes au moment où le gouvernement de M. Grévy vient de publier deux décrets par lesquels il enjoint aux Jésuites et aux autres Congrégations non autorisées d'avoir à se dissoudre dans l'espace de trois mois. Que va-t-il advenir ? Peu nous importe, on meurt s'il le faut, mais l'Église ne meurt pas. Vive Dieu ! *Portæ inferi non prævalebunt* [1].

Les rues d'Orléans et de Nemours sont à peu près les mêmes qu'autrefois ; on y compte quelques maisons en plus. M. Vidor a bâti depuis peu de vastes magasins et de grands ateliers dans les rues d'Orléans et de Louis Fontaine.

La rue Louis Fontaine va du bassin à la rue de Constantine ; elle est parfaitement tracée, large, bien éclairée. On ne voit dans cette rue que la maison de M. Gournay-Germe [2], armateur et saleur, la glacière de M. Fourny-Chérie, les chantiers de M. Lebeau, la forge de M. Pincedé et les ateliers considérables de M. Van Waëlfelghem, poulieur-mécanicien.

Dans un carré formé par les rues d'Orléans, Louis Fontaine, du Parc et de Sébastopol, on a bâti une caserne qui a d'abord été occupée par un bataillon de chasseurs

[1] Les décrets ont été appliqués. Les Rédemptoristes et les Passionistes ont été chassés de leurs couvents avec une brutalité inouïe, au milieu des huées d'un foule en délire animée d'une rage infernale. Décembre 1880.

[2] Aujourd'hui Armand Copin.

à pied et qui est maintenant occupée par un bataillon du 8e de ligne dont le dépôt est à Saint-Omer.

Il nous reste à parler de la place de Capécure et de ses alentours. Nous avons connu la place à trois mètres plus bas qu'elle n'est maintenant; elle était sillonnée en tout sens par des fossés et des ruisseaux. Dès que la première pierre de l'Église fut solennellement bénite, Melle Félicité Rémont, sœur de M. Rémont, curé de Capécure, fit construire la première maison de la place. Les caves furent posées sur l'ancien sol et il fallait alors gravir quinze degrés pour arriver à la porte de l'habitation. De la maison qui se trouve presque en face du chemin qui conduit au grand portail, nous n'avions pour aller en ville, par la rue de la Gare nouvellement percée, qu'un sentier boueux et couvert de flaques; il fallait à chaque pas s'accrocher aux palissades pour ne pas tomber dans le bourbier. Sur ces entrefaites, on creusa le bassin à flot et l'on remblaya la place avec plus de 80.000 mètres cubes de sable et de terre extraits du bassin. Bientôt après, le côté nord-ouest de la place se bâtit; MM. Descamps-Lobez, Altazin-Altazin armateur, Godard-Lobez, maître de pension, Altazin-Lobet, armateur et saleur, élevèrent de magnifiques constructions qui font regretter que le côté sud-est de la place ne soit pas encore bâti ; il n'y a en effet de ce côté-là que deux ou trois maisons, la maison de M. Dubourt, une école d'équitation[1] et la maison Coquelin, occupée par M. Altazin-Petyt[2]. Le côté nord-est de la place, est borné par le prolongement de la rue d'Austerlitz et le chantier

[1] Aujourd'hui bureaux et magasins de M. Bonnet-Quignon et Cie.

[2] Imprimerie Battez.

Lesage qui se trouve en face de la scierie du même nom ; le côté sud-ouest est borné par la rue Saint-Vincent de Paul où M. Moleux a fait naguère construire en face de son chantier une scierie et rabotterie mécaniques[1]. Au chevet même de l'Église, s'est créée en ces derniers temps, une impasse appelée rue de la Sacristie ; on y compte une quinzaine de maisons d'ouvriers. Les rues d'Alsace, de Marengo et de Magenta vont, les deux premières de la place à la rue du Moulin à Vapeur, la troisième de la place de la gare à la rue du Moulin à Vapeur ; ces rues sont larges, pavées, éclairées et se bâtissent dans de bonnes conditions. La place est bordée de deux rangées d'arbres ; les militaires y viennent faire l'exercice.

Nous aurions encore un mot à dire de la ruelle, dite ruelle à cochons, qui va de la rue Constantine au bout de la rue Montebello, au haut de la rue du Moulin à Vapeur ; cette ruelle s'assainira peut-être un jour et alors elle méritera un autre nom que celui qu'elle porte actuellement[2].

Nous venons de jeter un coup d'œil rapide sur le Capécure d'aujourd'hui et nous n'avons pas besoin d'un grand effort d'esprit pour constater les notables améliorations dont ce quartier a été l'objet depuis 25 ans. Il y a 25 ans, c'était le plus pauvre, le plus misérable quartier de Boulogne ; aujourd'hui le gros commerce et l'industrie tendent à déserter le centre de la ville pour venir s'y fixer. Il y a 25 ans, il n'y avait à Capécure aucun armateur, aujourd'hui ils sont au moins 27 ou 28 sur 40 que compte Boulogne.

[1] Disparues.

[2] Le bas de cette ruelle s'est beaucoup embelli en ces derniers temps.

Nous aurons l'occasion, dans le cours de notre travail, de parler des habitants de Capécure sous le rapport religieux ; nous n'insistons pas sur ce point.

Nous allons publier quelques notes sur l'établissement religieux de Capécure. Nous n'avons pas la prétention de faire un livre ; nous voulons seulement réunir des documents qui pourront servir plus tard à l'histoire locale. Ces notes, nous les avons puisées dans des articles de journaux, dans des brochures que nous publions en tout ou en partie. Élevé par le curé-fondateur de la paroisse de Capécure, nous avons été témoin des fatigues, des peines, des travaux, des veilles qu'il s'est imposés pour mener à bonne fin l'œuvre dont l'avait chargé la divine Providence. Nommé son collaborateur, nous avons vécu de sa vie ; il nous a été donné de pénétrer ses pensées et ses moindres désirs. Il nous a aussi laissé quelques notes précieuses que nous considérons comme de véritables reliques.

Ce petit travail, nous le dédions à la mémoire de celui qui fut pour nous un père et un modèle, et pour la paroisse de Saint-Vincent de Paul un saint et un zélé pasteur.

15 avril 1880.

PREMIÈRE PARTIE

NOTES

SUR L'ÉTABLISSEMENT RELIGIEUX

DE

CAPÉCURE

CHAPITRE I.

ANNEXION DE CAPÉCURE A BOULOGNE. — CORRESPONDANCES ÉCHANGÉES ENTRE LE MAIRE DE BOULOGNE ET L'ÉVÊQUE D'ARRAS POUR L'ANNEXION SPIRITUÉLLE. — ORDONNANCE ÉPISCOPALE.

En l'année 1835, Capécure fut détaché de la commune d'Outreau et annexé à la commune de Boulogne. Dès 1836, M. Adam, maire de Boulogne, s'occupait de pourvoir aux besoins religieux des habitants du quartier de Capécure. Nous sommes heureux de pouvoir consigner ici les lettres qui furent échangées à cet effet entre le maire de Boulogne et Sa Grandeur Mgr de la Tour d'Auvergne, évêque d'Arras.

Lettre de M. Adam à Mgr l'Évêque d'Arras, 26 avril 1836.

« Monseigneur,

« Vous avez déjà eu connaissance d'une ordonnance du roi, en date du 26 avril 1836, qui a réuni le hameau de

Capécure à la ville de Boulogne. Depuis un an que cette ordonnance a reçu son exécution, l'expérience a démontré combien il serait essentiel que Capécure dépendît de Boulogne au spirituel comme au temporel. C'est sur cette nécessité que je viens, Monseigneur, appeler votre attention. La population de Capécure, constatée par un recensement officiel, est de 1587 âmes et vous savez d'ailleurs que le clergé de Saint-Nicolas suffit à peine aux besoins d'une paroisse de 20.000 âmes. Il est donc devenu urgent de nommer pour Capécure un vicaire qui y aurait sa résidence et je viens, à cet égard, vous exprimer les vœux d'une population qui, pour les secours de la religion, n'est plus d'Outreau, sans être tout à fait de Boulogne. Veuillez agréer... etc. »

Réponse de Mgr l'Évêque d'Arras :

Béthune, 28 avril 1836. — En tournée.

« Monsieur le Maire,

« Je vous remercie sincèrement de l'intérêt que vous prenez aux besoins spirituels des habitants de Capécure. Depuis longtemps cette nombreuse population occupe ma sollicitude. Je vois avec plaisir que vous me fournissez vous-même les moyens de lui procurer les secours de la religion ; je consens volontiers à l'érection de ce hameau en vicariat dépendant de l'église curiale de Saint-Nicolas de Boulogne. Mais pour l'exécution de ce projet excellent sous tous rapports, il faudra une église à Capécure, une maison pour le vicaire et un traitement pour cet ecclésiastique. La sous-préfecture vous indiquera, du reste, toutes les formalités à remplir pour faire approuver le projet par le gouvernement. Vous pouvez compter sur tout mon empressement et mon zèle à seconder vos vues si charitables. J'ai l'honneur d'être, avec une haute considération, Monsieur le Maire, votre très humble et très obéissant serviteur. »

† Ch. Év. d'Arras.

Réponse à la lettre précédente :

4 mai 1836.

« Monseigneur,

« Je m'empresse de répondre aux observations que vous avez eu la bonté de me communiquer par la lettre que vous m'avez fait l'honneur de m'écrire le 28 avril dernier. Les finances de la ville de Boulogne sont loin de lui permettre, quant à présent, de faire la dépense de la construction d'une église à Capécure, mais elle ne renonce pas à ce projet, auquel en ce qui me concerne, j'attache d'autant plus d'importance que je reconnais l'insuffisance de l'église de Saint-Nicolas pour la nombreuse population de la basse ville : l'administration municipale est même en instance près de l'autorité supérieure pour obtenir la concession d'un vaste terrain domanial situé de l'autre côté du port, à quelques pas des deux ponts qui conduisent sur l'autre rive et il entre dans ses projets d'y faire élever plus tard une église qui serait fréquentée par les habitants de Capécure et par un grand nombre d'habitants de la basse ville. Au surplus, je le répète, ce sera là une grande dépense que nous sommes forcés d'ajourner. En attendant, je pense que ce qu'il y aurait de mieux à faire, pour satisfaire aux besoins spirituels de Capécure, ce serait de réunir cette localité à la paroisse de Saint-Nicolas et d'augmenter le clergé de cette paroisse d'un vicaire, qui demeurerait de l'autre côté du port. Je sais qu'il en résulterait une augmentation de charges que la fabrique ne pourrait peut-être pas supporter, mais il est probable que le Conseil municipal ne refuserait pas à s'en charger. Telle est, Monseigneur, la seule mesure qui dans mon opinion me paraisse convenir quant à présent; je désirerais beaucoup que vous puissiez partager ma manière de voir à ce sujet. Peut-être serait-il possible de trouver à Capécure quelque vaste bâtiment dont on ferait provisoirement une chapelle ; je m'occupe de le rechercher. Toutefois ce n'est là qu'une idée que je me borne à mettre en avant, et je vous prie de ne pas y attacher plus d'importance qu'elle ne mérite. Veuillez, Monseigneur, agréer... etc. »

Réponse de l'Évêque d'Arras :

« Monsieur le Maire,

« J'ai l'honneur de vous adresser une expédition de mon ordonnance de ce jour qui réunit pour le spirituel le hameau de Capécure à l'église paroissiale de Saint-Nicolas. Cette réunion cessera du moment où une église serait construite dans cette section nouvelle de votre ville. Je m'empresserais alors de solliciter pour elle un titre auprès du gouvernement.

« Je suis, avec considération très distinguée, Monsieur le Maire, votre très humble et très obéissant serviteur. »

† Ch. Év. d'Arras.

Ordonnance de séparation.

Hugues, Robert, Jean, Charles, par la miséricorde de Dieu et la grâce du Saint-Siège apostolique, Évêque d'Arras, Commandeur de l'ordre royal de la Légion d'honneur.

Vu la réunion civile du hameau de Capécure autrefois dépendant d'Outreau à la ville de Boulogne.

Vu la demande adressée à Nous par M. le Maire de cette ville tendant à obtenir que ledit hameau soit également détaché d'Outreau et administré par un vicaire qui y ferait sa résidence et exercerait provisoirement ses fonctions dans l'église paroissiale de Boulogne (Saint-Nicolas).

Vu l'avis motivé du Conseil de fabrique de cette église faisant connaître les inconvénients qui résulteraient de l'établissement d'un vicaire indépendant à Capécure et exprimant le vœu qu'un prêtre soit simplement ajouté au clergé de Saint-Nicolas qui se chargera d'administrer en corps cette nouvelle section de la ville de Boulogne.

Nous avons ordonné et ordonnons ce qui suit :

Art. 1. Le hameau de Capécure autrefois dépendant d'Outreau est réuni à la ville de Boulogne pour le spirituel.

Art. 2. Les habitants feront partie de la paroisse de Saint-Nicolas jusqu'à ce qu'une église soit construite dans cette localité et qu'il y ait lieu de lui procurer un titre de succursale ou de chapelle vicariale.

Art. 3. Un septième vicaire sera incessamment nommé à Saint-Nicolas sous le titre pur et simple de vicaire de Saint-Nicolas.

Art. 4. La présente sera adressée à M. le Maire de Boulogne et à la fabrique de la susdite église.

Donné à Arras le vingt et un mai de l'an de grâce mil huit cent trente-six, sous notre seing, le sceau de nos armes, et le contre-seing de notre secrétaire général.

† Ch. Év. d'Arras.

Par mandement de Mgr l'Illustrissime et Révérendissime Êvêque d'Arras. Parenty ch., Sec. gén.

Réponse de M. le Maire :

23 mai 1836.

« Monseigneur,

« Je m'empresse de vous accuser réception de votre lettre du 21 du courant avec laquelle j'ai reçu une ampliation de votre ordonnance du même jour qui réunit pour le spirituel le hameau de Capécure à l'église paroissiale de Saint-Nicolas.

« Permettez-moi, Monseigneur, de vous exprimer ma reconnaissance pour la bienveillance avec laquelle vous avez bien voulu accueillir ma demande. Veuillez agréer.... etc. »

Lettre du Conseil de fabrique de Saint-Nicolas à M. le Maire de Boulogne, 25 juillet 1836.

« Monsieur le Maire,

« La réunion civile du hameau de Capécure à la commune de Boulogne entraînait naturellement la réunion spirituelle à la paroisse de Saint-Nicolas.

« Cependant, cette nouvelle portion d'une paroisse déjà étendue vous parut avec raison réclamer des soins particuliers et vous fîtes part de vos vues au vénérable évêque du diocèse. Le Conseil de fabrique de Saint-Nicolas, bientôt instruit par une lettre du prélat du vœu que vous lui manifestiez s'est empressé de répondre à la sagesse de vos vues par la demande d'un septième vicaire qui lui fut aussitôt accordé. M. Ricart, vicaire depuis un an à Auxy-le-Château a été nommé le 31 mai dernier vicaire de la paroisse de Saint-Nicolas et sa présence parmi nous, en permettant d'établir bientôt à Capécure un centre d'instruction religieuse autour duquel se groupera et se fixera une population qui s'accroît tous les jours, servira également les intérêts de la religion et ceux de la cité. Cet exposé succinct des causes qui ont amené la nomination d'un vicaire et l'aperçu des premiers avantages promis au hameau de Capécure, détermineront, nous osons l'espérer, Monsieur le Maire, le Conseil municipal à nous accorder la demande que nous nous trouvons forcés de lui faire d'un traitement pour le vicaire nouvellement nommé. Nous comptons d'autant plus réussir dans cette démarche que vous vous y montrerez plus favorable.

« Nous avons l'honneur d'être, avec la plus haute considération, de M. le Maire et du Conseil municipal, les très humbles et très obéissants serviteurs.

« Les membres du Conseil de fabrique de l'église paroissiale de Saint-Nicolas.

« Haffreingue, JJ. Coillot, Dusommerard-Cary, Rouxel, Sauvage, Dissaux, curé-doyen. »

Réponse de M. le Maire de Boulogne :

28 juillet 1836.

« Messieurs,

« J'ai reçu votre lettre du 25 du courant et je m'empresse de vous faire observer que le Conseil municipal ne pourra consentir à se charger du traitement du vicaire de Capécure qu'autant qu'il aura pu s'assurer, par l'examen de votre budget, que cette dépense ne peut être supportée par la fabrique. Je vous serai donc obligé de me transmettre cette pièce que le Conseil municipal ne manquerait pas de me demander. Veuillez agréer... etc. »

Nota. — Nous ne savons pas si le Conseil de fabrique présenta son budget à l'examen du Conseil municipal, mais nous avons toutes raisons de croire qu'il ne fut jamais donné suite à la demande d'un traitement pour le nouveau vicaire.

Lettre de Mgr l'Évêque d'Arras à M. le Maire de Boulogne:

Arras, 13 novembre 1837.

« Monsieur le Maire,

« Monsieur le desservant d'Outreau m'a invité à l'autoriser à faire les obsèques des habitants de Capécure qui viendraient à décéder, toutes les fois que l'autorité civile permettrait d'inhumer le corps dans le cimetière de la sus-dite paroisse. Il m'a demandé en même temps que les défunts ne fussent plus en pareil cas présentés à l'église de Saint-Nicolas de Boulogne. Je ne crois pas, Monsieur le Maire, qu'il soit jamais possible de maintenir la séparation de Capécure et d'Outreau si l'on consent à ce que les obsèques et l'inhumation aient lieu conformément aux désirs de M. Crendal[1]. Après avoir reçu la permission de se faire enterrer à Outreau, on voudra recevoir les sacrements du pasteur de cette paroisse et l'on finira bientôt par se soustraire à la juridiction du Doyen de Saint-Nicolas pour tout ce qui a rapport à l'administration spirituelle. Dans le but de maintenir la séparation dont je viens de parler et de faire respecter la juridiction de M. le Doyen, je n'accueillerai point la demande formée par le desservant d'Outreau si de votre côté, Monsieur le Maire, vous jugez à propos de refuser l'autorisation d'inhumer les habitants de Capécure dans le cimetière de la susdite commune. Je vous serai obligé de me faire connaître votre résolution à cet égard.

« J'ai l'honneur d'être, avec la considération la plus distinguée, Monsieur le Maire, votre très humble et très obéissant serviteur. »

† Ch. Év. d'Arras.

« P. S. — Si M. le Maire ne croyait point devoir refuser absolument pour tous les cas la permission d'inhumer à Outreau, il serait nécessaire, toutes les fois qu'il jugerait

[1] M. Crendal, curé d'Outreau.

à propos d'accorder cette permission, d'exiger que les corps fussent présentés à Saint-Nicolas, d'après la discipline de l'Église. »

† Ch. Év. d'Arras.

Réponse de M. le Maire de Boulogne.

21 novembre 1837.

« Monseigneur,

« Je m'empresse de répondre à la lettre que vous m'avez écrite le 18 du courant. Je partage sur tous les points votre opinion sur la nécessité d'établir entre Capécure et Outreau une complète séparation sous le rapport du spirituel comme du temporel. Je suis donc décidé à refuser les autorisations d'inhumation qui me seraient demandées pour tout cimetière qui ne serait pas celui de Boulogne. Néanmoins, Monseigneur, je ne puis prendre à cet égard une mesure générale, car il peut se présenter telles circonstances qui exigeraient une exception. Mais je me réserve d'être le juge de ces circonstances et je puis vous donner l'assurance que je n'accueillerai aucune demande à moins qu'elle ne soit évidemment fondée. Veuillez agréer... etc. »

A la suite de cette correspondance, Sa Grandeur, Monseigneur l'Évêque d'Arras, fit paraître une ordonnance pour rappeler que, selon la discipline de l'Église, les corps devaient être présentés à l'église paroissiale, et pour interdire qu'il fût fait dans les églises où l'on transporterait le défunt des services supérieurs à ceux qui avaient été célébrés dans l'église de la paroisse où avait eu lieu le décès.

Les lettres ci-dessus n'ont pas besoin de commentaires. Elles établissent que Capécure a été annexé au spirituel à la paroisse de Saint-Nicolas dès 1836. Capécure fit partie intégrante de cette paroisse jusqu'en 1853. C'était une lourde charge pour les vicaires de la basse ville; la population s'accroissait de jour en jour; elle était disséminée sur une vaste étendue de terrain ; les maladies épidémiques, le choléra, la fièvre, la variole, s'abattaient de préférence sur ce quartier. Le besoin d'un centre religieux à Capécure même se faisait vivement sentir.

CHAPITRE II.

NÉCESSITÉ D'UNE ÉGLISE A CAPÉCURE. — IDÉES DE MGR PARISIS A CE SUJET. — ACHAT DU PRADO. — L'ABBÉ RÉMONT ENVOYÉ A CAPÉCURE. — SES DÉBUTS. — SOUSCRIPTIONS EN FAVEUR DE L'ÉTABLISSEMENT RELIGIEUX DE CAPÉCURE.

Au mois de septembre 1852, le vieux général comte de Montholon, un des anciens exilés de Sainte-Hélène, vint habiter à Capécure le château gothique de M. Warburton, rue de Constantine. Frappé de l'état de dépravation du quartier où l'on comptait alors 3.200 habitants, tous ouvriers, effrayé des idées insurrectionnelles qui fermentaient dans cette population, il se dit : il faut à Capécure une église et des prêtres. Il demanda à M. Jacques Duhamel, propriétaire à Capécure[1] et à un vicaire de Saint-Nicolas, de lui ménager une entrevue avec Mgr l'Évêque d'Arras qui présidait, en ce moment, la retraite ecclésiastique dans l'établissement de M. l'abbé Haffreingue, fondateur de la nouvelle cathédrale de Boulogne. Le général voulait aller droit au but et dire à l'évêque : Monseigneur, il n'y a qu'un remède à l'effrayante immoralité dont Capécure est le centre et le foyer ; c'est une église et des prêtres. Cette idée qui poursuivait depuis longtemps M. Lecomte, grand-doyen de Saint-Nicolas et les deux hommes auxquels le général s'était adressé, ne pouvait manquer de plaire à un évêque aussi actif et aussi zélé que Mgr Parisis; aussi déclara-t-il hautement qu'il l'approuvait et qu'il enverrait un prêtre à Capécure le jour même où on y ouvrirait un sanctuaire quelconque. Instruit de cet incident, le Conseil municipal, alors en séance, voulut donner une marque éclatante de son adhésion au projet et de ses sympathies pour l'évêque diocésain,en votant immédiatement huit mille francs qu'on devait employer à commencer l'église de Capécure sur une place centrale de deux hectares, ménagée à cet effet longtemps auparavant par M. Adam. La réalisation de la mesure projetée semblait devoir traîner en longueur, lorsqu'au mois de novembre de la même année, la présence de Monseigneur, revenu à Boulogne, inspira l'idée subite d'acheter un établissement de jeu, une salle de danse, le Prado, situé à l'angle ouest des rues du Moulin à Vapeur et de Constantine, pour le convertir provisoirement en église et

[1] M. Duhamel était propriétaire de la maison qui fait l'angle sud des rues du Moulin à Vapeur et de Constantine ; c'est là qu'il habitait.

en presbytère. Cette acquisition encouragée par l'évêque fut faite au moyen d'une souscription organisée en quelques heures. Les souscripteurs furent : MM. Duhamel, Famechon, Copin, Bernard, Chauveau, Lehocq, Auguste et Louis Huguet, Vidor, l'abbé Haffreingue, Leroy-Mabille, Lesage-Fontaine, Charles Adam et les religieuses Ursulines. Le bâtiment approprié à sa destination coûta 19.000 fr. Le cabaret devait servir de presbytère et la salle de danse de chapelle. Il fut stipulé entre les souscripteurs que ni le presbytère ni la chapelle ne pourraient être revendus pour un usage immoral. La ville sanctionna ce qui venait de se faire, en allouant aux souscripteurs l'intérêt du capital qu'ils avaient engagé pour cette œuvre devenue communale.

Sur ces entrefaites, M. l'abbé Haffreingue député par les souscripteurs allait trouver M. l'abbé Rémont, vicaire de Saint-Nicolas et le priait de vouloir bien se charger, comme vicaire de Saint-Nicolas, de l'administration religieuse de Capécure jusqu'à ce que le quartier étant érigé en paroisse, il y fût nommé curé. M. l'abbé Rémont, chanoine honoraire, était à Saint-Nicolas depuis environ quatorze ans. Mgr de la Tour d'Auvergne et Mgr Parisis lui avaient déjà offert des positions assez enviées qu'il avait toujours refusées par esprit d'humilité.Premier vicaire de Saint-Nicolas,depuis de longues années,il jouissait de l'estime, de la confiance et de l'affection de tous. Il répondit à M. l'abbé Haffreingue qu'il désirait qu'on le laissât dans la position de vicaire où il se trouvait et que d'ailleurs il ne se sentait pas les dispositions nécessaires à un fondateur de paroisse. M. l'abbé Haffreingue pria alors Mgr Parisis d'intervenir auprès de l'abbé Rémont en affirmant à

Sa Grandeur que c'était l'homme qu'il fallait à Capécure. Mgr Parisis insista auprès de l'abbé Rémont qui, ayant pris l'avis de M. Lecomte, grand-doyen de Saint-Nicolas, accepta surtout pour ce motif que Capécure étant un misérable et pauvre quartier, il y avait là bien des humiliations à subir et beaucoup de bien à faire. Ce premier point réglé, les autorités religieuses et civiles statuèrent que l'on s'occuperait immédiatement de l'érection de Capécure en paroisse et de la construction de l'église dont le plan avait été, dès le mois de septembre, commandé par M. le Maire de Boulogne, à M. Debayser, architecte de la ville ; on avait réglé qu'on dépenserait d'abord 100.000 fr. pour faire la partie inférieure de l'église, dont l'achèvement, réservé à la postérité, aurait lieu en temps opportun.

Cependant, il fallait meubler la chapelle qu'on appropria en six semaines. La fabrique de Saint-Nicolas ne crut pas devoir se dessaisir de ses meubles en faveur de l'annexe et ne prêta que quelques objets, réformés pour la plupart et par conséquent hors d'usage, d'après les règles canoniques. L'association des dames qui faisaient des ornements pour les pauvres églises, sous le patronage de Monseigneur, crut devoir refuser son concours parce que ses règlements lui font un devoir de ne s'occuper que des églises rurales. C'est là un point de règlement, ce nous semble, défectueux au premier chef. Ainsi les dames des pauvres églises pourront donner à des églises de campagne qui, sans être riches, sont assez bien pourvues, et elles ne pourront venir au secours des églises de villes qui manquent du nécessaire ! Nous insistons sur ce point parce que nous-même, en un moment de détresse, nous sommes venu nous heurter contre ce règlement draconien.

L'abbé Rémont, n'ayant en perspective pour meubler sa chapelle et salarier un personnel laïque que le revenu des chaises à placer dans la chapelle qui n'en possédait aucune, fit un appel à la générosité publique dans la chaire de Saint-Nicolas et par quelques lignes affichées à la porte de l'église de la basse ville et dans les journaux de la localité. Voici ces quelques lignes : « L'abbé Rémont, actuellement vicaire à Saint-Nicolas, vient d'être chargé par Mgr l'Évêque d'Arras de desservir Capécure, où les saints offices doivent être célébrés sous peu de jours,dans une chapelle improvisée à la hâte. Cet ecclésiastique, ne voulant point, par des demandes à domicile, provoquer des sacrifices inopportuns et forcés, prend la liberté d'avertir les personnes pieuses, dont la générosité a déjà été si souvent mise à l'épreuve, qu'il n'a, pour commencer la mission qu'on lui impose, ni vases sacrés, ni ornements, ni livres, ni linge d'église. Il recevrait avec la plus vive reconnaissance l'argent et les objets qu'on voudrait bien lui offrir spontanément pour l'ameublement et la décoration de son pauvre et modeste sanctuaire. » Ce simple avis fut inséré dans l'*Impartial* et la *Colonne ;* ce dernier journal, dans son numéro du 19 décembre 1852, ajoutait : « Nous sommes persuadés que cet appel sera entendu de plusieurs de nos lecteurs et de nos lectrices. Mais ce sont surtout les propriétaires de Capécure et les habitants à l'aise de ce quartier, qui doivent s'empresser de venir en aide au digne abbé Rémont, car ils sont les plus intéressés dans la réalisation des vœux qu'ils formaient depuis si longtemps.

A cet appel répondirent spontanément les personnes dont les noms suivent ; on ne visita point un seul donateur ; toute liberté fut laissée à la générosité publique qui se manifesta d'une manière touchante.

Souscription volontaire.

Mme SGARD, deux burettes de verre, un plateau argenté. — Mlle SGARD, garniture d'autel, deux vases. — Mlle GRESSIER, 10 fr., soies changées en chasubles noire et rouge. — M. BRUNET et ses nièces, 40 fr. — Mlle LUCIEN, 2 fr. — Mlles MIDON, 25 fr. — Mme FLAHAUT, 100 fr. — Mlle Mélanie BÉDLÉ, 5 fr. — Mlle ÉMÉRANCE, 1 fr. — Mlles DONELLAN, 15 fr. — Mme GÉRARD, 5 fr. — Mlle SAUVAGE, 5 fr. — Mlle Honorine BEAUMONT, une écharpe. — Mlle Marie LEQUEUTRE, des ampoules en argent. — Mlle Fanny HADDEN, une boîte en argent pour Saint Viatique. — Mme HAFFREINGUE-ANCOIN, 50 fr. — Mme DE FROMESSANT, mère, 50 fr. — Mme PERROCHAUD, 15 fr. — Mlle Aimée DU BLAISEL, 100 fr., une robe mousseline, etc. — M. CAPILLIER, suisse à Saint-Nicolas, une boîte pour les saintes huiles, une épée. — M. LESAGE-FONTAINE, 25 fr., deux burettes, un bassin argent. — Mlle Hermine MIELLOT, 4 fr. — Mlle Adèle GAULTIER, 10 fr. — Mme WIART-ZUCHEM, 5 fr. — Mme HADDEN et ses filles, 5 fr., des vases de fleurs. — M. WASSON, 5 fr. — Mlles PRENELLE, 40 fr. — Mme CORNU, 5 fr. — Mme TERNISIEN, 1 fr. — Mme DE ROCQUIGNY, mère, 100 fr. — M. LE ROY, directeur des douanes, 5 fr. — M. FALEKER, 5 fr. — LA SERVANTE de Mme Grammont, 5 fr. — Mme DU SOUICH, 20 fr. — Le Dr JARDON, 20 fr. — Mme QUANDALLE-CARY, 30 fr. — Mlle GODIN, 15 fr. — Mlle F. FRENCQ, Mme GARDOM, 50 fr. — Mme DUPRÉ, 15 fr. — Mlle Liévine FOCHEUX, 10 fr. — M. FEUILLADE, 36 fr. — M. Hercule ADAM et ses filles, 70 fr. — Mme ADAM-TERNAUX et son fils Auguste, 50 fr. — Mme ADAM-WISSOCQ, 10 fr. — Mme CHOMEL-ADAM, 10 fr. — M. DARDENNE, 5 fr. — Une anonyme et sa compagne, 18 fr. — Mlle Marie MIELLOT, 5 fr. — Mlle Julienne DUPRÉ, 2 fr. — Mme BLOWDE, 100 fr. — Un anonyme anglais,

100 fr. — Mlle Émilie LEFEBVRE, 30 fr. — Mlle Émilie DAGUEBERT, 10 fr. — Mlle CHARLOTTE, 30 fr. — Mme WELD, 20 fr. — Mlle VAILLANT-D'ESPERAMONS, deux burettes avec plateau en cristal de Bohême. — Pensionnat Mlle AVOINE, bannière de saint Vincent de Paul. — Pensionnat Mlle FEVRILLIER, bannière de la sainte Vierge. — M. l'abbé HAFFREINGUE, prêt d'un autel, réclamé depuis. — Mme LEFEBVRE-SÉNÉCA, 10 fr. — M. GÉNEAU, pharmacien, deux branches de chandelier. — Mme BRUNET et sa fille, quatre candélabres. — Mlle Léocadie DAGBERT, 30 fr. — Mlle Nathalie DAGBERT, beaucoup d'objets divers. — Mlle DE MONTBRUN, un ornement violet. — Les DAMES URSULINES, un ornement blanc. — Mlle POSTEL, 10 fr. et une nappe. — Les ANNONCIADES, une aube. — M. l'abbé HECQUET, 5 fr. — M. l'abbé LEUILLEUX[1], une fontaine. — M. l'abbé BOCQUET, une lanterne. — Mlle CONDETTE, deux chandeliers. — M. le Baron LE CORDIER, 5 fr. — Les Dames HECQUET et DANIEL, objets divers. — Mme VASSEUR, 3 fr. — Mlle LECLERCQ, objets divers. — Mlle Élisa QUENET, objets divers. — M. LAGACHE, un saint Vincent. — M. LEBLANC, un plateau pour la quête. — M. LACOUR, une chaire roulante. — M. TAILLIÉ, un saint André. — Mlles BILLET, objets divers. — Mlle LESAGE, une nappe d'autel. — Mme LIPSIN, un missel. — Les Dames BONISSANT, petite Vierge dorée. — Les SŒURS DU BON SECOURS, une aube. — Les Dlles COUET, un rochet. — M. ADAM, 70 fr. de linge. — Mlle Françoise VAILLANT, deux tableaux. — Mlles COILLOT et les DAMES de Saint-Nicolas, un dais de 150 fr. — Mmes CHAMBERS et DUPPAS, objets divers. — DAMES de la haute et basse ville, un tableau : Christ à la paille.

Ici se termine la liste des personnes étrangères à la paroisse qui ont fait des dons pour l'ouverture de la chapelle. On a omis des noms et des offrandes qu'il était défendu de révéler. M. l'abbé Rémont prend aussi soin de

[1] Aujourd'hui archevêque de Chambéry.

ne pas se nommer; néanmoins tout ce dont il pouvait disposer à lui appartenant, soit en argent, soit en objets, fut employé à la chapelle.

Voici maintenant les noms des habitants de Capécure qui firent des sacrifices pour le sanctuaire qui leur était destiné.

M. FAMECHON et son épouse, un ostensoir, un encensoir, etc. — Mme DUCHENNE, 30 fr. — M. HERBET, 10 fr. — Une anonyme, 20 fr. — Mlle Eugènie TELLIER, 10 fr. — Mme MARTEL, 3 fr. — M. DORLENCOURT, 5 fr. — M. DELVOYE-PAQUES, deux vases à fleurs. — Mme SOUBITEZ, 16 fr. — Mlle COQUEREL, une palle, un cordon d'aube. — M. VAILLANT-PARMENTIER, une corde de cloche. — Mme LONQUÉTY, 22 fr. pour deux chandeliers. — Mme LEVILLAIN, 22 fr. pour deux chandeliers. — Mme COPIN, 22 fr. pour deux chandeliers. — La famille JUILLIEN et TELLIER, 11 fr. pour un chandelier. — Mme DUHAMEL et autres, 11 fr. pour un chandelier. — Mme VAILLANT-PARMENTIER, 3 fr. — Un prêtre, objets divers. — M. Auguste HUGUET, 10 fr. pour le tableau du maître-autel. — M. Ch. LEHOCQ, 10 fr. pour le même objet. — M. CHAUVEAU-SOUBITEZ, 5 fr. pour le même objet.

CHAPITRE III.

BÉNÉDICTION DE LA CHAPELLE PROVISOIRE. — DISCOURS DE M. L'ABBÉ RÉMONT.

Le dimanche 6 janvier 1854, la population de Capécure, à laquelle s'étaient réunis beaucoup d'habitants des haute et basse villes, se pressait aux abords du *Prado,* non plus pour y goûter les bruyants plaisirs du monde et s'y enivrer des jouissances qu'on y cherchait autrefois, mais pour assister à une cérémonie religieuse, attendue avec un vif intérêt. Nous avons relaté, au chapitre précédent, la spontanéité et l'entrain avec lesquels certains hommes qui avaient à cœur de servir les interêts religieux de Capécure, s'étaient côtisés pour ouvrir une chapelle provisoire. Nous avons laissé entrevoir toutes les démarches, tous les sacrifices que s'était imposés M. l'abbé Rémont. Les travaux d'appropriation du local, provisoirement destiné au culte catholique dans le quartier de Capécure étant terminés, les objets les plus nécessaires à la célébration des saints Mystères ayant pu être rassemblés, grâce au concours de plusieurs personnes de dévouement, le 6 janvier avait été fixé pour la bénédiction de la chapelle. M. Lecomte voulut bien présider la cérémonie, il fut assisté de M. le curé de Saint-Pierre, de M. l'abbé Haffreingue et de plusieurs membres du clergé de la ville. Après la bénédiction, M. l'abbé Rémont célébra le Saint Sacrifice en présence d'un assemblée nombreuse et recueillie ; la chapelle, avec ses tribunes, pouvait contenir environ un millier de personnes.

Ce fut un haut et moral enseignement pour la population de Capécure que la conversion de ce temple du plaisir en une chapelle chrétienne ; ce fut de plus un grand bienfait. Après la messe, M. l'abbé Rémont prononça une touchante allocution qui impressionna vivement l'auditoire. Nous sommes heureux de pouvoir reproduire textuellement les paroles de M. l'abbé Rémont.

« *Sicut misit me Pater, et ego mitto vos*... comme mon Père m'a envoyé, je vous envoie.

« Ainsi parlait à ses apôtres Notre-Seigneur Jésus-Christ quand il voulut les laisser sur la terre pour y tenir sa place.

Ainsi firent les apôtres qui, au nom de leur divin Maître, établirent des prêtres et des évêques leurs successeurs pour gouverner l'Église. C'est en vertu de la même autorité divine que le premier pasteur de ce diocèse, par un ordre exclusivement émané de sa volonté propre, m'envoie au milieu de vous pour y exercer les fonctions de Jésus-Christ même. La population de Capécure, parvenue maintenant à un chiffre élevé qui tend à s'accroître, lui a paru souffrir sous le rapport religieux, parce que la nature de ses travaux, sa position topographique semblent lui interdire l'accès de l'église centrale qu'on ne saurait gagner sans difficultés lorsque l'hiver ou les orages sévissent, lorsque le soin d'une jeune famille ne laisse qu'un instant pour sortir. Cet état de choses signalé par une autorité civile qui ne respire que le bien-être moral du pays, par des hommes honorables dont les généreux sacrifices prouvent la foi brûlante, par le vénérable doyen de Saint-Nicolas, dont le concours si bienveillant nous encourage dans la tâche qui nous est imposée, a éveillé l'attention du zélé prélat qui nous dirige et provoqué la mesure qui va sans doute fixer pour toujours un prêtre au milieu de vous. Le titre de paroisse avec tous les privilèges qui en découlent accordé au quartier, la concession d'un cimetière assez voisin de vous pour que chacun puisse y aller prier sur la tombe d'un parent, d'un ami, l'érection d'une église en rapport avec vos besoins sur une place magnifique dont la ville vous gratifie, viendront bientôt donner une pleine satisfaction à vos désirs, récompenser votre inviolable attachement à la la foi de vos pères, la sainte horreur avec laquelle vous avez toujours repoussé de votre innocente et paisible localité, les foyers de corruption qu'une spéculation immorale n'osera plus y fixer, adoucir les regrets bien vifs, bien légitimes du pasteur, nous encourager les uns les autres à remplir les devoirs réciproques que nous impose la position nouvelle qui est faite aujourd'hui; c'est de ces devoirs mutuels que je vais vous entretenir, voulant profiter de notre première réunion, pour vous indiquer, rapidement et sans art, les matières qui doivent nous occuper désormais.

« Mes devoirs, puisqu'il faut vous en parler, sont de vous édifier, de prier pour vous, de vous instruire et de vous administrer les sacrements. Ambassadeur du Très-haut, comme parlent les Écritures, interprète de ses lois, dispensateur de ses grâces, je vous dois l'exemple d'une sainteté qui surpasse celle des anges, celle du précurseur, celle de la bienheureuse Vierge Marie, d'une sainteté, qui égale celle de Jésus-Christ même, d'une sainteté qui m'autorise à vous dire avec saint Paul : « Soyez mes imitateurs comme je suis, moi-même, l'imitateur de Jésus-Christ », d'une sainteté qui se manifeste par un dévouement, une charité, un zèle surnaturels. C'est par le spectacle de ces vertus apostoliques que les disciples de Jésus-Christ ont changé la face du monde, c'est par cette puissance irrésistible de l'exemple que je dois commencer l'œuvre de régénération qui m'est confiée. Je m'efforcerai donc, avec la grâce de Dieu, de vous servir de guide et de flambeau dans les voies de la justice. Puisse le pasteur entraîner les ouailles à sa suite! Puisse le pasteur précéder toujours et diriger parfaitement ses ouailles! C'est la prière que je dois vous adresser en ce jour, ô Mon Dieu, c'est la prière que je vous adresserai tous les jours, Seigneur. Car, mes frères, la prière est une arme qui atteint comme l'exemple ceux qui ne viennent pas nous écouter dans le saint Lieu.

« Je prierai donc pour vous tous : demandant pour les justes, la persévérance dans une ardeur toujours croissante dans la pratique du bien, la résignation dans les adversités qui sont leur partage ordinaire, la résignation dans les peines et les disgrâces par lesquelles ils sont éprouvés, une âme capable de mépriser les railleries, les sarcasmes dont le vice poursuit toujours la vertu... Je prierai pour les tièdes, c'est-à-dire pour ceux qui prétendent seulement éviter le péché mortel, qui prétendent rester dans le même état, prendre toutes leurs aises, ne faire aucun effort pour rompre leurs mauvaises habitudes, remplir leurs devoirs sans gêne, par routine ; pour ces chrétiens languissants, qu'une certaine apparence de régularité qu'ils conservent rassurent, lorsqu'ils ont déjà la mort dans l'âme, et que le Saint-Esprit les a rejetés pour toujours. Je prierai pour les pécheurs, qui depuis longues années vivent dans l'abandon de Dieu, marchant à grands pas vers l'enfer, uniquement occupés de la figure d'un monde qui passe, ne songeant jamais à ce dernier jour, à cette dernière nuit où ils s'efforceront en vain de retenir un reste de vie qui leur échappera, où ils crieront en vain grâce et miséricorde vers un Dieu courroucé qui les perdra s'ils ne changent. Je prieraï pour vous tous; mais vous prierez vous-mêmes avec moi, pour moi, afin que je me tienne à la hauteur de ma sainte mission ; et ces prières que nous adresserons au Ciel les uns pour les autres, nous les ferons surtout devant le Saint Sacrement qui va reposer au milieu de vous, au saint sacrifice de la Messe où notre divin Maître, voulant épargner à notre timidité l'éclat de sa gloire, à notre tendresse la vue de ses douleurs, apparaît sous le voile d'un pain qui n'est plus, pour se donner à tous, pour y être l'époux de la veuve, le père des orphelins, le consolateur de tous les malheureux. Vous assisterez donc tous, sans exception, au saint sacrifice de la Messe. C'est là que réunis en commun, autour de Jésus-Christ qui a promis de se trouver au milieu des fidèles assemblés en son nom, nous demanderons, nous obtiendrons toutes les grâces nécessaires au pasteur et au troupeau.

« Le devoir du pasteur ne se borne point à prier pour vous, avec vous, il faut encore qu'il vous instruise, car il est obligé de distribuer à toutes ses ouailles la parole de vie. La portion qui exige sous ce rapport le plus de soins, ce sont les enfants. Rien n'est plus pernicieux que l'ignorance ; on n'est chrétien que de nom quand on ignore les vérités pratiques du christianisme. Or, si les enfants ne les apprennent point dès leur jeune âge, quand les apprendront-ils ? Dans la jeunesse ?.. Oh ! alors emportés par l'ivresse des passions, ils s'oublieront au milieu des plaisirs... dans l'âge mûr ? mais la crainte de l'indigence, le soin d'une famille, le désir, la recherche des richesses, des honneurs du monde absorberont toutes leurs pensées. — Ah ! mes frères, on ne peut envisager sans frémir, les conséquences d'une telle ignorance... Impiété, libertinage, intempérance, avilissement moral, caractère farouche et brutal, haine implacable de toute subordination domestique, abolition de la propriété, de la famille, de la société, tel est par rapport aux parents, par rapport aux enfants, par rapport aux sujets, le résultat d'une éducation qu'on abandonne à la nature, en d'autre termes, au démon. Pères et mères, voulez-vous échapper à la funeste tentation de maudire le jour où vos enfants naquirent, les préserver eux-mêmes d'une postérité pire que celle de Caïn, épargner à vos cheveux blancs les mépris, les injures, les outrages les plus douloureux pour des parents désabusés? envoyez vos enfants au catéchisme. Oh! quel bonheur! quelle joie pour nous de montrer à ces créatures encore innocentes la laideur du vice, la beauté si touchante de la vertu, le chemin du ciel!... venez-y vous-mêmes, on vous rappellera la pureté, la douce concorde qu'exige le mariage, les soins assidus que vous devez aux fruits de votre sainte union. Vous qui avez déjà fait votre première communion, venez aussi au catéchisme pour entretenir, augmenter vos connaissances, pour apprendre surtout à fermer votre cœur au souffle brûlant et impur du vice. Venez aussi au catéchisme, intéressante jeunesse, et vous serez de plus en plus convaincus qu'il faut donner au Seigneur le printemps de la vie, conserver jusqu'au tombeau l'innocence baptismale. Venez aussi, ô vous que le poids des années accable déjà, vous verrez qu'il faut mépriser une vie courte et mauvaise, porter vos désirs vers le ciel notre commune patrie. Venez tous enfin au catéchisme pour la gloire de Dieu, pour votre propre salut, pour l'édification de tous ceux qui vous appartiennent.

« Nous vous parlerons du reste un autre langage dans les instructions qui se feront en chaire, car le prêtre n'est pas libre de toute occupation, quand il a donné le lait de la doctrine aux enfants et aux adolescents. Sentinelle vigilante à la porte du bercail, il doit au moindre danger qui menacerait une partie quelconque du troupeau jeter le cri d'alarme. Ministre d'un Dieu de paix, il faut sans doute que le prêtre parle avec la plus grande douceur, ange consolateur du crime repentant, il faut que son cœur gémisse et s'afflige sur le sort des malheureux; mais est-il nécessaire de rappeler à l'ordre l'homme superbe, l'oppresseur injuste, le séducteur de l'innocence, le ravisseur du bien d'autrui, oh! alors sa voix menaçante et sévère doit inspirer l'épouvante à leur âme effrayée, il faut qu'il jette en enfer le méchant consterné et que tout tremble à sa voix, il faut qu'il éveille partout la torture du remords, qu'il arrache à l'orgueil son faste, à l'injustice le fruit de ses rapines, à la volupté ses plus chères délices, devoirs dont l'accomplissement ne sera jamais, je l'espère, une nécessité parmi des chrétiens tels que vous, mes frères, devoirs pénibles dont l'accomplissement, s'il m'était imposé par les circonstances, ne sera jamais sans doute attribué à l'aigreur, au dépit. Et comment voulez-vous qu'un pasteur se taise, lorsque d'un mot, il peut détourner la foudre prête à vous briser, fermer l'abîme prêt à vous engloutir, lorsque le silence le damnerait lui-même, puisqu'au jugement de Dieu, il nous faudra répondre de toutes les âmes confiées à notre garde, payer sang pour sang, âme pour âme, périr éternellement avec vous, si par suite de notre indulgence un seul d'entre vous périt. Vous recevrez donc avec des dispositions chrétiennes les avis pénibles que nous serions forcés de vous donner.

« Vous recevrez aussi, vous ferez recevoir aux autres les sacrements par lesquels nous achevons de vous communiquer les grâces que nous avons mission de vous distribuer. L'influence salutaire que nos prières, nos exemples et nos discours produisent, serait inutile sans la vertu merveilleuse des sacrements qui seuls ramènent entièrement dans nos âmes les sources de la vie spirituelle taries par le péché. L'homme naît esclave du démon, le prêtre avec les eaux du baptême efface du front de l'enfant régénéré l'arrêt de mort qui pèse sur les enfants d'Adam. Quelle raison pour présenter de suite vos enfants aux ministres de la religion ! Quel tourment pour votre conscience si, par suite d'une négligence trop fréquente en ce pays, vos enfants mouraient sans baptême ! Quel compte à rendre à Dieu ! Souvent l'homme, en devenant raisonnable devient criminel et retombe sous la puissance de Satan; c'est encore le prêtre qui le purifie de ses souillures dans le bain de la pénitence, seconde planche après le naufrage. Or, comment se fait-il qu'un remède si facile, si consolant, si heureux dans ses effets soit négligé, dédaigné par des chrétiens qui s'endorment chaque jour dans la haine de Dieu avec l'effrayante possibilité de se réveiller en enfer ? Notre âme guérie de ses langueurs ne tiendrait point contre ses ennemis visibles et invisibles, contre les charmes de la volupté; par la vertu de la sainte Eucharistie que vous recevez de nos mains, vous vous identifiez avec Jésus-Christ, vous devenez aussi forts que lui, invincibles comme lui. Vous pourrez donc user, vous userez tous de ce pain merveilleux durant les luttes de la vie, vous en userez surtout quand vous arriverez au terme fatal où finit le temps avec ses vaines illusions, où commence l'éternité avec l'effroyable alternative d'un malheur ou d'un bonheur éternel. Dès l'instant que frappé d'une maladie grave, vous saisirez une expression de frayeur, d'inquiétude sur la figure assombrie de vos proches et de vos amis, des larmes, des soupirs étouffés dans leurs voix, des colloques secrets et fréquents où il semble être question d'un sinistre, oh ! alors, sachez comprendre que c'en est fait de vous ! oh ! alors, appelez à votre secours le pasteur de vos âmes. Qu'il ait depuis l'aurore jusqu'à la nuit, comme il arrive souvent au prêtre, consacré tous ses instants, épuisé toutes ses forces à méditer, à prier, à consoler les affligés, à défendre l'opprimé, à protéger la veuve, à pourvoir l'orphelin, à réparer tous les maux qu'engendrent les vices, à visiter les malades, à essuyer les pleurs de l'infortune, à faire couler ceux du repentir, à instruire l'ignorant, à fortifier les faibles, à affermir dans la vertu des âmes troublées par les orages des passions, n'importe, appelez-le à votre secours. Eussiez-vous été son plus cruel ennemi, son plus ardent persécuteur, le persécuteur acharné de toute espèce de morale et de culte, fussiez-vous prêt à expirer d'un mal contagieux qui aurait foudroyé tous ceux qui vous ont approché, n'importe, appelez-le à votre secours. Toujours son devoir et toujours son bonheur seront de braver les ténèbres de la nuit, la rigueur des saisons, l'horreur d'une mort affreuse pour adoucir vos angoisses, pour vous environner des consolations de l'espérance et de la foi, pour vous offrir dans le sacrement de l'Extrême-Onction le principe d'une vie nouvelle en ce monde et en l'autre, dans le sacrement d'amour un gage certain d'immortalité.

« Telle est la mission toute spirituelle que je viens remplir au milieu de vous : Vous recevoir à l'aurore de votre carrière dans l'Église militante, vous introduire au terme de votre course dans l'Église triomphante, embellir les jours de votre pèlerinage en vous associant à une compagne innocente et vertueuse, à une épouse fidèle et chrétienne, répandre sur votre union des bénédictions qui la fécondent, des bénédictions qui vous assurent des enfants dont la soumission vous réjouisse, dont la conduite vous honore, dont l'activité vous enrichisse, dont la piété vous ravisse, dont la simplicité, la modestie, l'intégrité, la candeur fassent envier votre sort à tous les pères et à toutes les mères, ramener l'aisance dans vos maisons en ramenant l'ordre dans vos habitudes, rappeler l'union dans vos familles en rappelant la paix dans vos consciences, vous entourer d'honneur et de considération, en vous rendant inaccessibles aux flétrissures du vice qui compromettent le présent et l'avenir, vous garantir le ciel en vous ménageant dans les pratiques religieuses un avant-goût de la félicité dont jouissent les bienheureux, tel doit être le résultat de nos efforts si vous les encouragez, si vous les secondez, tel est notre devoir, telle sera notre tâche jusqu'à ce qu'il nous reste un cœur pour vous aimer, des mains pour vous bénir, une voix pour vous parler, un souffle de vie à mettre à votre service. Ainsi soit-il.

CHAPITRE IV.

ÉLECTION D'UN PATRON. — ÉTAT MORAL DU QUARTIER DE CAPÉCURE. — SITUATION DU PRO-CURÉ DE CAPÉCURE. — OUVERTURE D'UN CIMETIÈRE SPÉCIAL POUR LE QUARTIER.

La nouvelle paroisse n'avait pas encore de patron. Plusieurs saints furent proposés à l'élection des fidèles : Saint Jean-Baptiste ancien vocable d'une église de la haute ville qui a donné son nom à la rue Saint-Jean, saint Roch dont la protection est invoquée contre les maladies contagieuses, saint Vincent de Paul dont l'immense charité s'étendit jusque sur notre pays, grâce à l'amitié intime qui l'unissait avec un vénérable évêque de Boulogne, François de Perrochel. M. l'abbé Jean-Baptiste Rémont avait une prédilection particulière pour saint Jean-Baptiste son patron ; d'autre part, les membres de la conférence de saint Vincent de Paul tenaient essentiellement à ce que le saint fondateur des Filles de charité l'emportât sur le saint précurseur. Une urne fut placée à l'entrée de la chapelle provisoire et les paroissiens furent invités à y déposer, en venant à la messe et aux vêpres, un bulletin de vote au nom du saint qu'ils préféraient. Saint Vincent de Paul emporta la majorité des suffrages. Le quartier de Capécure eut donc une chapelle sous le vocable de Saint Vincent de Paul. Nous qui écrivons ces lignes, nous sentons le besoin de faire ici l'humble confession d'une faute que nous avons regrettée depuis et que nous commîmes alors sans en prévoir toute la portée. Au moment où les paroissiens de Capécure furent appelés à voter pour un patron, nous habitions le presbytère de Capécure attenant à la chapelle. Nous avions dix à onze ans ; à cet âge, on ne pèse point encore tous ses actes. Un membre de la Conférence de saint Vincent de Paul, M. Jacques Duhamel, nous souffla la mauvaise pensée de nous glisser dans la chapelle entre la messe et les vêpres et de déposer furtivement dans l'urne un certain nombre de bulletins au nom de saint Vincent de Paul, ce que nous fîmes, et ce fut grâce à cette supercherie que saint Vincent de Paul l'emporta sur saint Jean-Baptiste. Si saint Jean-Baptiste nous en a voulu là haut, nous espérons que saint Vincent de Paul, l'apôtre de la charité, aura chaleureusement plaidé en notre faveur et aura obtenu notre absolution d'une peccadille plus imputable à ceux qui nous avaient conseillé qu'à nous-même.

A l'époque de l'ouverture de la chapelle, les habitants de Capécure étaient pour la plupart des ouvriers grossiers et sans religion pratique. On s'aperçut même que beaucoup d'entre eux, venant en curieux aux offices, ne savaient plus comment on doit se tenir dans une église et qu'il faudrait s'occuper d'eux pour Dieu seul, sans aucune espèce de concours et de sympathie. La liste des offrandes faites pour l'organisation de l'œuvre—liste que nous avons reproduite plus haut — montre la triste justesse de cette réflexion ; rien ou presque rien ne fut offert par les habitants du quartier. Les maisons de jeux et de débauches étaient nombreuses, les concubinages n'y étaient pas rares. Que d'unions civiles le zélé abbé Rémont réussit à valider dès les premières années de son ministère! On était si accoutumé à tromper l'administration financière de la fabrique de Saint-Nicolas, que des personnes qui possédaient mille à quatorze cents francs de rente se faisaient donner des certificats d'indigence et réussissaient à faire enterrer ou marier gratuitement leurs parents. Il en résultait que Capécure pesait de 15 à 1800 fr. par an sur la fabrique de Saint-Nicolas ; que cette administration paroissiale désirait se séparer de Capécure et que le prêtre qui se chargerait d'un quartier si pauvre d'argent, de probité, de mœurs ne devait songer qu'à l'éternité. Au temps pascal, il fut avéré que sur les 3200 habitants de Capécure 170 seulement faisaient la communion annuelle. La première année il y eut 90 conversions et sous ce rapport on a gagné du terrain comme nous le verrons plus loin.

Nous avons dit plus haut que M. l'abbé Rémont avait été chargé de Capécure. Aucune instruction ne lui avait été donnée sur sa nouvelle charge. Il crut devoir proposer à l'autorité ecclésiastique les mesures indiquées dans la lettre suivante.

« Monseigneur.

« J'ai été averti que je devais expliquer ces paroles qui terminent ma dernière lettre : « Le prêtre attaché à Capé-« cure aurait besoin de conserver provisoirement son an-« cienne position. » Par ces mots, j'ai voulu dire que le vicaire de Saint-Nicolas chargé de Capécure ferait bien de conserver son titre de vicaire de Saint-Nicolas, d'y paraître pour prêcher, confesser, assister quelquefois aux offices dans sa stalle, jusqu'à ce qu'on ait reconnu la situation, trouvé des ressources, organisé le personnel, acheté le matériel nécessaire à l'exercice du culte paroissial d'un ministère indépendant. En attendant, ce prêtre dont la mission spéciale serait de tout mener à une fin rapide, se chargerait seul de dire ou chanter deux messes et les vêpres dans la chapelle, d'y prêcher, d'administrer les sacrements dans le quartier, de conduire les morts au cimetière en les présentant à la chapelle ou à l'église de la paroisse, selon le désir des familles. Cette organisation autoriserait le pro-curé de Capécure, qui ferait plus que sa part de besogne dans le quartier où il résiderait, à recevoir le même traitement que ses confrères de Saint-Nicolas, où il apporterait pour le partage tous les émoluments perçus dans sa section. Cette combinaison affranchirait le prêtre de tout souci matériel et lui laisserait des facultés pour une œuvre bien propre à l'absorber tout entier..... Veuillez agréer... etc. »

C'est d'après ces propositions que Mgr Parisis régla la position du pro-curé .de Capécure. Il demeura dans ces conditions au spirituel comme au temporel jusqu'à l'érection de la cure. Il résidait dans l'ancien estaminet (au Lancier français !) attenant à la salle de danse transformée en chapelle et donnant une partie de son domicile à un chantre.

Mgr Parisis vint visiter la chapelle et le presbytère au mois de septembre 1853. Il félicita et encouragea l'abbé Rémont qui méritait bien par son zèle, son activité, les félicitations et les encouragements de son évêque. En effet, à peine installé, l'abbé Rémont s'était mis à l'œuvre avec une ardeur toute apostolique ; visites des pauvres, des malades, catéchismes fréquents, réhabilitations des mariages civils, autant d'œuvres de zèle qui absorbaient ses journées. Ses nuits, il les passait à son bureau et souvent l'aurore le trouvait encore occupé à sa correspondance ou à la préparation des instructions, qu'il adressait à son peuple, à toutes les messes et au salut de chaque dimanche. Doué d'une santé robuste, il put faire face à la besogne écrasante qui vint l'assaillir de toutes parts, mais, il contracta néanmoins dès lors, à force de travail et d'insomnies, les germes d'une maladie qui devait l'enlever vingt ans plus tard.

Le 28 janvier 1853, le pro-curé de Capécure avait déjà demandé au maire de Boulogne un cimetière spécial. Le cimetière de l'*Est* où il devait conduire les morts était éloigné de près de trois kilomètres de la chapelle de Capécure. Le maire avait permis à l'abbé Rémont de choisir trois mesures de terre où bon lui semblerait, et il lui avait donné l'assurance que la villé les achèterait pour un cimetière. Et en effet, le 13 octobre 1853,le Conseil municipal achetait pour cet objet des terrains situés sur le territoire d'Outreau, un peu au nord de l'*Ave Maria,* appartenant à M. Lesage et Ridoux, pour la somme de 9551 fr.22 c. Mais au mois de septembre 1854, le cimetière n'était pas encore ouvert. Le maire d'Outreau faisait une opposition energique basée sur des motifs fort peu sérieux. Il craignait surtout que Boulogne n'étendît sa limite territoriale au-delà du cimetière.

A cette même époque, M. Menche de Loisne sous-préfet de Boulogne, ouvrait le cimetière de Saint-Pierre et déclarait à M. l'abbé Rémont que le cimetière de son choix ne serait jamais ouvert et qu'il ne dirait même pas les motifs de son refus. Le pro-curé de Capécure perdait alors de quatre à huit de ses paroissiens par jour ; le choléra sévissait. D'autre part, il était souvent visité par un aide-de-camp de l'empereur dont nous aurons à parler plus loin ; il fit part à ce dernier (le général de Cottes) de son embarras. Celui-ci lui conseilla de dire la parole suivante au magistrat obstiné : « Monsieur le Sous-Préfet, si dans vingt-quatre heures vous ne m'avez pas donné l'autorisation d'inhumer dans le cimetière de Capécure, je m'adresserai plus haut que vous. » — M. Rémont mit ce conseil en pratique. Le Sous-Préfet se doutant que le général de Cottes se mêlait de l'affaire, n'attendit pas les vingt-quatre heures pour donner l'autorisation sollicitée en vain jusque-là.

CHAPITRE V.

ÉRECTION DE LA CURE. — LIMITES DE LA PAROISSE. — L'EMPEREUR NAPOLÉON III VIENT HABITER LE CHATEAU DE CAPÉCURE. — RAPPORTS DU CURÉ AVEC SA MAJESTÉ. — ÉRECTION DE CAPÉCURE EN CURE INAMOVIBLE.

Nous avons maintenant deux questions importantes à traiter, l'érection de la cure et la construction de l'église. Occupons-nous d'abord de l'érection de la cure.

Le pro-curé de Capécure, tout en s'occupant du bien des âmes, avait dû aussi étudier sérieusement la question financière. Un prêtre ne pouvait vivre à Capécure si le quartier n'était érigé en paroisse. Aussi, M. l'abbé Rémont demanda-t-il au Conseil municipal l'érection de Capécure en desservance. Le Conseil municipal dut se réunir en séance extraordinaire, sur la demande de l'Évêque et l'ordre du Préfet afin de traiter cette affaire. Dans la discussion, M. Chauveau-Sire, ex-maire sous la République de 48, conseiller très influent, se leva et dit qu'avant de demander l'érection d'une paroisse, il fallait examiner si l'on ne votait pas une lourde charge pour la ville. La ville devrait subvenir au *déficit* de la nouvelle fabrique dans le cas, comme tout semblait l'indiquer, où la fabrique ne pourrait pas faire face à toutes les exigences d'une cure créée dans un quartier pauvre. Pour lui, il opinait qu'il était convenable d'ajouter à la nouvelle paroisse, afin qu'elle pût subvenir à ses frais, trois rues prises à Saint-

Nicolas ou qu'il fallait ajourner indéfiniment une création qui ne pourrait se soutenir par elle-même. Une commission fut nommée pour étudier la question et faire un rapport sur cet objet : elle se composa de MM. Chauveau-Sire, Grandsire et Pierlay.

Instruit de ce qui se passait, le pro-curé de Capécure fit savoir au Conseil municipal, par l'entremise de M. Saint-Gest, qu'il aimait mieux ne pas avoir de paroisse et quitter même Boulogne, si l'on persistait à vouloir étendre la limite paroissiale de Capécure au delà du port, limite toute naturelle, et lui donner à exploiter, pour le matériel seulement, une population toute différente de celle de Capécure et qu'on ne verrait à son église que quand elle y serait amenée, malgré elle, dans les circonstances obligées. Il vit ensuite M. Chauveau-Sire lui-même, lui fit part de sa détermination à ne pas accepter de paroissiens d'au delà du port. M. Chauveau lui répondit qu'en ce cas ses amis et lui s'opposeraient à l'érection immédiate de Capécure en paroisse, parce que cette paroisse ne pourrait se suffire elle-même et que la ville n'était pas en mesure de lui faire de fortes allocations, qu'on pourrait tout au plus allouer 2000 fr. par an, mais que cette somme serait tout à fait insuffisante.

M. Rémont fit remarquer à M. Chauveau qu'avec une allocation annuelle de 900 fr., secours alloué au clergé de Saint-Joseph, il se chargeait de payer lui-même un vicaire et de moraliser convenablement sa paroisse, que si l'on préférait lui refuser tout subside, il se trouverait heureux de risquer sa santé, sa vie même, pour défricher seul ce quartier de Boulogne pourvu que l'on consentit à l'ériger en paroisse.

M. Chauveau ne se laissa pas toucher par cette nouvelle proposition, il répondit banalement que le temps n'était pas venu, qu'on verrait plus tard.. etc.

A quelque temps de là, M. le Maire de Boulogne réunit la Commission chargée de préparer un rapport sur l'érection de Capécure en paroisse et M. Chauveau fit au projet une opposition si acharnée, que la Commission se déconcerta, se divisa et le rapport devint impossible.

Par suite de cette opposition, le Maire découragé n'osa plus revenir sur ce projet ; l'érection fut indéfiniment ajournée et sembla perdue sans ressource. En vain, M. l'abbé Rémont sollicita une solution quelconque hostile ou favorable, l'opposition appréhendant une discussion chanceuse, préférait le silence, un oubli complet, elle l'obtint. Le pro-curé prit alors le parti de suivre les autres détails de son œuvre et d'attendre pour l'érection de Capécure en paroisse, une occasion providentielle.

Cette occasion se présenta.

Convaincu par des faits qu'il importe actuellement de taire, que l'organisation religieuse de Capécure ne rencontrerait dans les hommes influents de Boulogne, qu'une opposition aveugle et tenace, M. l'abbé Rémont recourut à Dieu seul et à quelques personnages influents de la Cour.

Avant même que l'Empereur ne songeât à venir habiter Boulogne, Mgr d'Adras, son aumônier, avec qui le pro-curé de Capécure était en relations, l'avait entretenu de l'œuvre entreprise à Boulogne par l'abbé Rémont. L'Empereur avait manifesté quelque interêt pour cette œuvre et ce fut avec bonheur que M. l'abbé Rémont apprit que Sa Majesté impériale allait habiter Boulogne pendant un mois. Sur ces entrefaites, l'abbé Rémont avait été nommé aumônier des camps de Wimereux et d'Houvault et il se trouvait en rapport avec des généraux puissants et bienveillants.

Au commencement de septembre 1854, l'empereur Napoléon III vint résider au château de Capécure qu'avait occupé autrefois un roi d'Angleterre, Jacques II. Le curé de Capécure espérait que ce séjour ferait du bien à son œuvre; il ne se trompait point. Néanmoins il ne fit pendant trois semaines aucune tentative directe et il vit bien des sollicitants éconduits du nouveau palais.

Toutefois, il fut, dans les premiers jours de septembre, visité par un personnage dont la mise était fort simple et qui, après s'être confessé, s'enquit avec intérêt de l'état[1] dans lequel se trouvait la question religieuse de Capécure. Il désira tout savoir, tout examiner dans le presbytère et la chapelle et finit par s'en aller sans se faire connaître, disant qu'il passait accidentellement à Boulogne. Il reparut quelques jours après pour les mêmes raisons, avec certaines décorations propres à intriguer. Cette fois il s'empressa de déclarer qu'il était le général de Cottes aide-de-camp de l'Empereur. Il ajouta que ses visites seraient fréquentes et il tint parole. Quand la confiance fut bientôt établie, M. l'abbé Rémont exprima au général le regret qu'il éprouvait de voir l'Empereur oublier sa paroisse pour assister à la messe au camp ou à Calais, et dit qu'une visite de l'Empereur à la chapelle modifierait sans doute l'organisation religieuse de Capécure. Le 23 septembre, l'abbé Rémont fut averti que l'Empereur avec toute sa

[1] Nous avons dit plus haut comment le général de Cottes avait servi M. l'abbé Rémont pour l'ouverture du cimetière; nous racontons ici les circonstances dans lesquelles M. Rémont fit la connaissance de ce général.

maison entendrait la messe à Capécure le dimanche suivant. Dès lors le pro-curé mit tout en œuvre pour exploiter l'occasion et faire ériger Capécure en cure inamovible, convaincu qu'un titre inaliénable pouvait seul donner au curé la force nécessaire au succès complet et les ressources indispensables pour opérer le bien. Il fut dirigé dans cette affaire par l'aide-de-camp devenu son ami intime et par le général en chef des camps de Boulogne, le général Schramm, ancien ministre de la guerre qui, lui aussi, honorait le presbytère de ses visites et qui portait à l'œuvre religieuse de Capécure le plus vif intérêt. Il fut arrêté qu'à l'issue de la messe, deux pétitions seraient remises à l'Empereur, l'une pour lui, l'autre pour l'Impératrice qu'on attendait, et qu'on demanderait un titre paroissial de seconde classe pour l'endroit et que l'on provoquerait en même temps la construction de l'église. Ces deux pièces furent rédigées et signées par quarante propriétaires discrets, approuvées par le Maire, le Doyen, l'Évêque, renvoyées par l'Empereur avant même que l'opposition en soupçonnât l'existence. Ces pétitions parvinrent à l'Empereur par l'entremise de MM. Moquart, secrétaire de Sa Majesté et Lepic, colonel, commandant les cent-gardes.

Ces deux pièces trouvent naturellement ici leur place.

« Sire,

« Quand Votre Majesté répand partout des bienfaits, pourrait-Elle oublier Capécure ? Depuis deux ans, les 4000 ouvriers de cette nouvelle section de Boulogne-sur-mer demandent aux autorités compétentes qu'on remplace leur chapelle par une église et qu'on érige Capécure en paroisse. Saisi de cette double question par l'Évêque et le Préfet d'Arras, le Conseil municipal de Boulogne a voté 18.000 fr. et concédé un terrain central pour commencer l'église qu'on verrait s'élever de suite si Votre Majesté encourageait cette œuvre par une parole, un don quelconque. L'érection de Capécure en paroisse serait depuis longtemps provoquée par l'administration locale, si elle ne craignait que Capécure, où l'on compte beaucoup de familles malheureuses, ne fournît point à un simple desservant les moyens de répondre aux diverses exigences de sa position. Votre Majesté pourrait ici satisfaire les intérêts spirituels et matériels en ordonnant au ministre des Cultes d'ériger Capécure en cure de seconde classe et de mettre le pasteur dans la situation indépendante que les lois, les convenances, une immense nécessité morale, nous autorisent à réclamer en sa faveur, dans un but d'utilité commune. Les soussignés se bornent à exprimer à l'Empereur leurs besoins, leurs désirs et ils espèrent devoir à Napoléon III l'organisation religieuse de leur cité naissante. »

(Suivent les signatures.)

« Madame,

« Les ouvriers de Boulogne habitant sur la rive gauche du port, la section de Capécure, nouveau quartier qui semble appelé à égaler la ville entière, ont obtenu, il y a deux ans, un prêtre qui leur célèbre les saints offices dans un salon bien insuffisant pour la population. Encouragés par l'ineffable charité d'une princesse à laquelle l'Église de France doit une si vive reconnaissance, les habitants de ce quartier industriel, viennent supplier Votre Majesté impériale de contribuer par un de ces bienfaits, qui lui sont ordinaires et propres, à la construction du sanctuaire que la ville doit élever et d'obtenir de l'Empereur, pour le prêtre qui exerce au milieu d'eux sans traitement légal, un titre curial qui réponde aux exigences de sa position. Agréer la supplique, que déposent humblement aux pieds de l'Impératrice les habitants de Capécure, serait combler les vœux, favoriser les heureuses dispositions d'une classe d'hommes qui n'aspirent qu'à devenir, par l'influence de l'enseignement chrétien, les observateurs fidèles des lois les plus sacrées et de Votre Majesté impériale les sujets les plus dévoués. »

(Suivent les signatures.)

On sut bientôt au presbytère de Capécure et dans la ville que l'Empereur avait agréé les pétitions. La chose paraissait incroyable et produisait de l'étonnement et des sentiments bien divers.

Le dimanche suivant, l'Empereur, l'Impératrice, l'état-major, une partie des cent-gardes revinrent à la messe à Capécure. A dix heures et demie, Leurs Majestés arrivèrent en calèche découverte et furent reçues au milieu des vivats de la foule qui stationnait dans les rues voisines. Après la messe, une voiture de la Cour vint prendre à la porte de l'église M. l'abbé Rémont que Leurs Majestés avaient invité à dîner. La table était de quarante couverts. L'Empereur avait à sa droite la princesse d'Esling ; puis venaient ensuite le pro-curé de Capécure et le général de Cottes, l'homme providentiel. Sa Majesté dit à M. l'abbé Rémont qu'Elle voulait l'érection de Capécure en paroisse et Elle demanda à trois reprises différentes si le Conseil municipal avait voté l'église. L'Empereur semblait ne pas comprendre l'inaction du Conseil touchant le projet d'église auquel il avait, lui chef de l'État, donné une approbation déjà connue de toute la ville. Alors, il se borna à remettre au curé mille francs pour les pauvres, laissant à deviner qu'il eût fait plus pour l'église si le pays eût compris ses inspirations.

Bientôt après, toute la pompe impériale qui, pendant quelques semaines avait animé Capécure, avait complètement disparu, et le pro-curé, bien qu'on l'eût appelé plusieurs fois Monseigneur, se retrouvait dans l'élément qui lui convenait avec ses pauvres et chers paroissiens de Saint-Vincent de Paul.

A l'occasion du départ de l'Empereur un journal de la localité s'exprimait en ces termes :

« Boulogne a repris sa physionomie ordinaire à cette saison un peu triste.

« Depuis que Leurs Majestés sont parties, le ciel a presque toujours été sombre et pluvieux, il faut avouer que le séjour de l'Empereur dans notre ville a été favorisé par un temps magnifique.

« Les personnes qui visitent à présent Capécure et surtout les environs de l'hôtel Brigton, ex-château impérial, sont étonnées de voir cette partie de la ville dernièrement si fréquentée, si animée, si brillante, à présent si déserte, si calme et si triste.

« Cela se conçoit du reste. L'Empereur et sa maison nombreuse sont partis, ses officiers généraux, ses cent-gardes, ses guides, ses huit cents grenadiers l'ont suivi, et maintenant Capécure qui contenait et logeait une grande partie de ce monde officiel se trouve réduit à ses ressources ordinaires. De là vient le contraste frappant qui existe entre le Capécure de septembre et celui d'octobre; c'est le jour et la nuit.

« Cependant le séjour impérial dans le faubourg de Boulogne a été productif et avantageux sous bien des rapports.

« Les voies de communication ont été améliorées ou multipliées, un ruisseau malsain a été couvert, les maisons et les châteaux garnis ont été loués avec avantage, et de plus les préjugés qui existaient au sujet de l'état sanitaire de ce quartier se sont évanouis quand on a vu que le chef de l'État y avait choisi sa résidence. Tout le monde comprend maintenant que Capécure est aussi sain que Boulogne et qu'on peut l'habiter avec autant de sécurité que le reste de la ville. »

Dix-huit jours ne s'étaient pas écoulés depuis le départ de l'Empereur, que toutes les adhésions administratives avaient été données sans obstacles à l'érection de Capécure en cure de deuxième classe.

Capécure fut donc érigée en cure inamovible.

M. l'abbé Rémont qui avait travaillé à l'érection de la paroisse fit alors preuve du désintéressement qui l'avait toujours animé. Il remit spontanément ses pouvoirs à Mgr l'Évêque d'Arras lui disant que, la cure étant fondée, Sa Grandeur eût à pourvoir à la nomination d'un titulaire. Mais Mgr Parisis avait proposé M. l'abbé Rémont au choix du gouvernement avant même la promulgation du décret qui érigeait la cure. L'Empereur, par un nouveau décret du 6 novembre de la même année, changea l'humble desservant de la chapelle en curé de seconde classe.

Malgré tous les tracas inséparables de l'organisation temporelle de la paroisse, l'abbé Rémont se livrait avec une ardeur infatigable à la rechristianisation de Capécure. Il prêchait trois ou quatre fois chaque dimanche, faisait le catéchisme plusieurs fois chaque jour et partageait ses nuits entre la prière, l'étude et une correspondance nombreuse. Sa santé de fer ne tarda pas à s'altérer et les indispositions passagères, qu'il était forcé de négliger, ne laissaient pas que de donner de sérieuses inquiétudes à ses amis.

CHAPITRE VI.

QUESTION DE L'ÉGLISE. — RAPPORTS DU CURÉ AVEC M. DE BAYSER. — SES RAPPORTS AVEC M. GRIGNY, ARCHITECTE A ARRAS. — LUTTE SECRÈTE ENTRE LES DEUX ARCHITECTES.

Capécure où l'on comptait douze maisons en 1800 n'avait jamais eu d'église. La situation topographique et morale en demandait une. Pendant que le clergé s'occupait d'y organiser une chapelle provisoire, le Conseil municipal avait voté spontanément, comme nous l'avons vu ailleurs, une somme de 8000 fr. pour commencer l'église dans le plus bref délai. Le maire de Boulogne, M. Fontaine, avait donné l'ordre à l'architecte de la ville, M. de Bayser, de préparer un plan d'église coûtant 200.000 fr. Les trois nefs inférieures devaient être construites de suite, le reste dans un avenir incertain et quand le besoin l'aurait exigé.

Il importe extrêmement de remarquer que ces instructions avaient été données à l'architecte officiel au mois de septembre 1852. M. de Bayser lui-même dit un jour à M. Rémont qui s'ennuyait des lenteurs de l'artiste : « On ne peut me reprocher qu'une chose, c'est d'avoir fait avant votre plan celui de l'église d'Équihen qui m'avait été demandé après le vôtre. » Or, le plan de l'église d'Équihen fut présenté à Mgr Parisis et au curé de Capécure chez M. l'abbé Haffreingue, au mois de novembre 1852. En outre, M. Fontaine avait traduit les instructions données à l'architecte au curé de Capécure et il avait demandé à ce dernier de voir souvent l'architecte, de le presser d'en finir de peur qu'il n'y eût revirement dans les esprits pour le projet d'église. Le prix des matières premières augmentait sensiblement, il importait beaucoup de bâtir de suite. Pourquoi cette lenteur de l'architecte de la ville? Pourquoi le plan n'était-il pas encore commencé au 1er janvier 1854 ? Pourquoi cette préférence donnée à une œuvre facultative comme l'église d'Équihen et cet abandon du travail obligé ? La faute en doit-elle être imputée à M. de Bayser? Nous ne le pensons pas. La raison de cet atermoiement ne doit pas encore être, à l'heure où nous écrivons ces lignes, révélée au public ; mieux vaut même ne la révéler jamais ; des hommes animés d'ailleurs des meilleures intentions peuvent se tromper sur un point particulier. Passons donc une éponge sur des manœuvres que nous attribuons plus à la faiblesse humaine qu'à la méchanceté réfléchie.

Toutefois, à dater du mois de septembre 1852, le curé de Capécure, par conseil du maire, vit souvent M. de Bayser pour lui demander le plan de son église et chaque fois l'architecte donnait à entendre que tout serait bientôt terminé. Mais voici qu'au mois de juin 1853, l'architecte dit à M. Rémont : « Monsieur l'abbé, je ne suis pas encore fixé sur le style, sur la dimension, la dépense... » Grand fut l'étonnement du curé. Au début de son entreprise, il avait demandé le concours d'un laïque très religieux qui pouvait avec ses amis lui être d'un grand secours. Cet homme lui avait répondu : « Avant de commencer votre œuvre il faut en achever une autre, Saint-Pierre. » Alors le curé s'était dit : « Je suis seul. » Mais quand il vit que l'architecte officiel n'avait rien fait pour son œuvre pendant dix mois, il se demanda à lui-même s'il avait des adversaires. Il reconnut plus tard qu'une opposition sourde et tenace lui avait été faite par les hommes sur lesquels il était plus en droit de compter.

Néanmoins le curé continua ses visites chez M. de Bayser qui peu de temps après lui dit : « Dans dix jours, j'aurai fini. » Au terme indiqué, le curé apprend qu'il faut encore deux semaines au moins. On était alors en automne 1853, et ce ne fut qu'après qu'il eût été affirmé toute une année, par l'architecte, qu'en deux heures on pouvait donner le coup de crayon, que le plan se trouva terminé au commencement du mois de mai 1854, près de deux ans après l'ordre donné pour une prompte étude.

Le curé n'avait pu savoir de l'architecte le prix total de l'église qui était gothique et fort belle, mais ayant appris, avant d'aller présenter le plan au maire avec l'architecte, que le devis montait à 380.000 fr., il comprit de suite que son affaire était perdue, d'autant plus que 10.000 fr. votés la seconde année pour son église avaient eu une autre destination, faute d'emploi. En effet, M. le Maire, ayant remarqué qu'on avait doublé au devis le chiffre assigné par la Municipalité, refusa de regarder le plan et déclara qu'il ne le présenterait pas au Conseil. En vain M. de Bayser essaya-t-il d'exhiber son travail; M. le Maire ne voulut plus entendre parler d'église pour Capécure.

Le curé, en désespoir de cause, engagea l'architecte à reproduire à Capécure, avec la permission de l'autorité, la basse église de Saint-Pierre dont M. de Bayser lui-même était l'architecte et dont il conservait les plans. M. de Bayser refusa. Le curé proposa ensuite à l'artiste de bâtir la moitié de sa nouvelle église, sans voûtes, sans sculptures, sans pavage, afin de descendre au niveau du prix assigné par le Conseil. Par une lettre du 25 mai 1854, l'architecte répondit qu'il ne pouvait pas. Le curé lui proposa enfin d'étudier un nouveau plan montant au prix du programme officiel. M. de Bayser répondit qu'il n'entreprendrait rien sans l'ordre du maire. Le curé alla trouver le maire, le pria en grâce de demander un nouveau plan à son architecte; il reçut un nouveau refus. Le secrétaire du Conseil, M. Saint-Gest, ayant été consulté sur l'état de la question,déclara qu'elle était morte,que l'architecte résolu de faire accepter son plan avait refusé au maire un nouveau travail, que pour le premier, le Conseil n'en voterait jamais l'exécution totale qui coûterait trois fois trop, ni l'exécution partielle attendu, qu'après avoir réfléchi, on avait résolu de ne point bâtir une moitié d'église, une ruine qui tomberait avant d'être achevée, qu'enfin l'impasse n'offrait pas d'issue et qu'il n'y avait plus d'autre remède que la résignation.

Dieu seul pouvait tirer M. l'abbé Rémont de ce labyrinthe. Une inspiration lui vint. Il revit une dernière fois l'architecte et lui dit : « Eu égard à vos occupations, il vous faudra vingt mois pour un nouveau travail ; d'ailleurs dans le passé vous me disiez que ce serait un malheur d'être obligé de recommencer, permettez-moi d'aller demander à M. Grigny, architecte à Arras, un plan, un devis tout faits, au moyen desquels je ressusciterai la question de l'église qui ne sera faite par personne sans cet expédient. M. Grigny qui a fait trente églises et qui veut le bien avant tout vous cèdera son travail volontiers, vous en userez comme du vôtre. »

M. de Bayser répondit si peu de chose à cette ouverture que le curé qui croyait en bonne foi que chacun ne voulait en cette affaire que la plus grande gloire de Dieu, se retira, persuadé qu'il avait l'adhésion de l'architecte. L'expédient imaginé fut soumis à M. Fontaine qui écrivit immédiatement par l'entremise de M. Lesage : « Qu'on me présente un plan d'église acceptable du prix de cent mille francs, je me fais fort de le faire accepter par le Conseil. »

L'intérêt religieux qui, pour le prêtre, doit l'emporter sur toute autre considération, défendait l'hésitation. A quelques heures de là, M. Grigny envoyait quatre plans d'église à Boulogne et mettait en bon confrère ses plans à la disposition de M. de Bayser. M. Le Roy-Mabile alla offrir à l'architecte de la ville de s'approprier l'un de ces plans ; M. de Bayser refusa. On s'aperçut alors qu'on l'avait affligé ; on en fut peiné, car tous l'aimaient. Bien des fois depuis, M. l'abbé Rémont s'est reproché d'avoir pu ainsi, sans le vouloir, chagriner un véritable ami ; mais il était trop tard.

M. le Maire présenta les plans au Conseil ; on choisit le plan de l'église d'Oisy-le-Verger ; M. Grigny fut mandé et chargé d'approprier ses devis aux prix de Boulogne et d'agrandir le modèle choisi. Cette église était romane, d'une architecture pittoresque, plus vaste que celle de Saint-Nicolas et ne devait coûter que 126.000 fr. Une Commission fut nommée pour examiner le travail de M. Grigny. Cette Commission composée de MM. Mesureur, Saint-Gest, Ovion, Chauveau et Lonquéty accepta l'œuvre de l'architecte d'Arras et nomma M. Mesureur pour faire au Conseil un rapport favorable. Une approbation secrète du plan avait été envoyée au curé de la part du gouvernement. De plus, un capitaliste de Boulogne était venu dire à l'abbé Rémont qu'il s'engageait à se porter adjudicataire, à fournir tous les fonds à condition que la ville lui paierait un intérêt de 5 0/0 et le remboursement annuel par douzième.

Mais voilà que tout à coup une censure manuscrite de M. de Bayser contre le plan de M. Grigny est transmise aux divers membres du Conseil municipal et à des personnes influentes de la ville qui la communiquent à M. Grigny lui-même. M. Lardeur et d'autres laïques religieux ou non se procurent les plans de M. Grigny, les déprécient dans les journaux, chez les membres du Conseil municipal, en demandent la condamnation anticipée à l'inspecteur des monuments diocésains M. Violet-Leducq, qui se prête à leurs désirs. L'architecte du département, hostile à M. Grigny, vient à Boulogne et déclare que le plan de l'église d'Oisy, proposé pour Capécure, a été rejeté par la Commission des bâtiments civils dont il est le chef. L'*Impartial* se fait l'organe des partisans de M. de Bayser qui attaquent directement M. Grigny et indirectement le curé de Capécure. *La Colonne* prend le parti de M. Grigny qui se défend après un long silence. Les gens de bien, dupes des hommes irréligieux, demandent la grande église de M. de Bayser c'est-à-dire l'irréalisable et disent : plutôt pas d'église, que l'église qui ne serait pas gothique, que l'église d'un architecte étranger.

Le débat passionne tous les hommes honorables de Boulogne qui s'occupent des intérêts de leur cité. Le curé qui eût préféré une grande église ouverte à tous à un brillant et coûteux boudoir accessible à quelques riches seulement ne répond rien aux invectives ; il se condamne à une complète impartialité pour les hommes. Toutefois il s'efforce, mais en vain, de faire comprendre aux gens passionnés qu'en voulant trop obtenir ils perdront tout ; il est loin d'être cru. Il se borne à transmettre au Conseil municipal par l'un de ses membres les lignes suivantes : « Je ne suis aucunement contre le projet de M. de Bayser, je suis opposé à l'impossible, à l'ajournement, à toute mesure qui serait en faveur d'un seul homme et au détriment d'une cause qui regarde 4000 âmes. Je suis contre tout dénigrement soit de M. de Bayser soit de M. Grigny. Il s'agit de peser les œuvres dans la balance de l'équité ; respect aux personnes et aux talents ! Qu'importe le pays ! Les pièces que je fournis sont pour combattre la malveillance et les illusions. Mon seul but est d'avoir une église de suite, qu'importe laquelle ! Telle est la ligne de conduite que ma conscience m'impose. »

Par suite du conflit, M. Chauveau fit volte-face à la Commission qui était d'abord unanime pour M. Grigny ; il entraîna plusieurs membres de son côté. M. Mesureur avait préparé son rapport en faveur d'une église possible et complète ; il resta inébranlable dans ses idées.

Le Conseil fut convoqué pour le 18 décembre 1854. Quatre jours avant la réunion, *l'Impartial* s'occupa de la grande question de l'église de Capécure. Nous le citons :

« Le Conseil municipal s'assemble le 18 de ce mois. Dans cette séance doit, nous assure-t-on, s'agiter la question d'édifier une église à Capécure, au milieu de la vaste place qui doit être créée sur l'emplacement dit terrain Lesage. Deux projets de construction, deux plans sont en présence pour ce nouvel édifice à élever sur le sol boulonnais qui n'en compte guère, l'un de M. de Bayser, notre savant et modeste architecte, le second de M. Grigny. Un homme compétent en matière artistique, un ancien conseiller municipal, dont le caractère généreux et franc est de notoriété publique, nous adresse sur cette question une lettre détaillée, un exposé chaleureux et convaincu, que nous insérons avec d'autant plus de plaisir que notre amour-propre local et notre goût particulier y sont hautement préconisés et défendus. Nous recommandons la lecture de cette lettre à tous les hommes sérieux de notre ville, en nous proposant de revenir sur cette question aussitôt que nous le croirons utile. »

C. Aigre.

A M. l'éditeur de l'Impartial.

« J'apprends à l'instant que la question si grave de l'église de Capécure va être agitée au sein du Conseil municipal.

« Je voudrais, sous la seule inspiration de mon dévouement aux intérêts de la ville, en dire quelques mots que j'écris à la hâte et sans grand souci de la forme que le fond emportera, s'il plaît à Dieu.

« Si par aventure et à cette heure avancée, il vous reste une petite place dans votre estimable journal, donnez-la-moi, je vous en prié ; je tâcherai d'être court.

« Quelque temps après l'adoption en principe d'une église pour la nouvelle paroisse de Capécure, M. le Maire prévoyant la nécessité prochaine de l'exécution, chargea M. de Bayser de l'étude du plan.

« Desservir les besoins actuels sans compromettre l'avenir, donner satisfaction aux légitimes exigences de l'architecture religieuse tout en ménageant nos deniers : telle était la donnée, la seule du reste, que des esprits raisonnables pussent accepter.

« En face d'un problème si ardu, c'était une bonne fortune pour M. le Maire d'avoir sous la main et dans la personne de son propre architecte, un des élèves les plus distingués de l'école des beaux-arts, un homme d'un talent supérieur et d'une capacité toute spéciale.

« C'était aussi, il faut bien le dire, pour l'artiste lui-même une bonne fortune et un dédommagement bien mérité des labeurs ingrats et fastidieux qui dévorent son temps.

« Bâtir une église, c'était le rêve de son ambition et, pour un noble cœur comme le sien, la récompense si patiemment attendue de ses longs services.

« Il se met donc à l'œuvre, travaille nuit et jour — pas assez vite pourtant et c'est là un des grands griefs, — pas assez vite au gré des bonnes gens qui s'imaginent que le compas et la conscience de l'architecte marchent du même pas que la brosse et la fantaisie du peintre.

« Il réalise la pensée du programme dans un plan d'une correction admirable. La pureté du dessin, la tranquillité des lignes, l'harmonie des proportions, le savant agencement de toutes les parties du monument, son expression toute religieuse, si je puis ainsi dire, suppléent avec un rare bonheur à l'ornementation luxueuse qu'il fallait sacrifier. C'est le XIIIe siècle dans toute sa majestueuse simplicité. Je ne crains pas de le dire : Cette église serait non seulement l'ornement de la ville mais encore l'honneur de toute la contrée.

« A force de veilles, d'études, de réflexions, de science, de difficultés vaincues, il atteint l'extrême limite du bon marché en fait de construction de cette nature — et les chiffres sous sa plume, on sait ici ce qu'ils sont, la vérité aussi complète que possible sur ce terrain si difficile, pas du tout cette vérité élastique qui va par exemple de 80.000 fr à 300.000 fr., ou bien encore de 74. 000 fr. à un million. — Oh ! nous pourrions deviser longtemps sur l'élasticité des devis, mais laissons cela et bornons-nous à dire que presque toujours les architectes commettent les erreurs les plus graves à cet égard, même lorsqu'ils sont de bonne foi, qu'il n'existe pour les administrateurs aucune garantie de la sincérité des devis, que c'est en un mot une question toute de confiance.

« Cette confiance, M. de Bayser la mérite-t-il ? La ville eut-elle jamais un architecte plus consciencieux, un gardien plus économe et plus vigilant des intérêts confiés à ses soins ?

La nef, seule partie de l'édifice à construire à présent, contiendrait 1200 places et coûterait 164.000 fr. La génération actuelle n'aura pas, selon toute apparence, à financer pour construire la partie de l'édifice que la prudence la plus vulgaire fait un devoir d'affecter aux besoins de l'avenir. Pourquoi donc s'occuper aujourd'hui de cette dépense ?

« Mais je veux que Capécure, trompant toutes les prévisions, atteigne tout à coup son apogée, je veux encore que tous les habitants courent à la messe — et je ne suis pas suspect quand je dis que je m'en réjouis d'avance — la prospérité morale et matérielle de la ville ne marchera-t-elle pas du même élan et serons-nous à court de ressources pour compléter l'édifice ? Non, mille fois non ; c'est évident.

« Vous croyez après cela, Monsieur l'éditeur, que ce plan si bien combiné va être soumis au Conseil municipal ? hélas ! non. Que vous dirai-je ? Les projets les mieux raisonnés ont leurs vicissitudes et les esprits les plus fermes leurs heures d'indécision et de faiblesse.

« On s'effraie tout à coup de la dépense ; on s'adresse à un architecte étranger qui offre de construire une église pour 131.000 fr., dit-on, et c'est là le plan qui va être mis en délibération. Les très rares partisans de ce plan, son promoteur lui-même, le respectable curé de la nouvelle paroisse, qui tout en reconnaissant l'incomparable supériorité du plan de M. de Bayser, veut une église à tout prix ; tous se laissent prendre à l'appât d'un bon marché tout à fait illusoire, parce qu'il repose sur l'ignorance la plus complète de la matière et de l'emploi des matériaux. A supposer que le chiffre du devis soit exact, qu'est-ce, je le demande, que 33.000 fr. d'excédent de dépense pour un édifice de cette importance, répartis en annuités, au budget d'une ville comme la nôtre ? Mais il sera facile de démontrer au Conseil l'inanité de cette prétendue économie, qui s'évanouit à l'examen des hommes compétents et qui est tout bonnement impossible dans les termes du devis présenté.

« Donc, jusqu'au dernier moment, je refuserai de croire que les hommes de cœur et d'intelligence qui composent le Conseil municipal veuillent décidément mettre M. de Bayser à l'écart et donner ce soufflet à un artiste dont la ville est fière, que nous aimons tous et qui n'a pas démérité que je sache. Il y a des organisations sensibles, délicates, passives qui pour subir l'injure sans se plaindre n'en souffrent pas moins. Je n'insiste pas et tous ceux qui ont le cœur bien placé me comprendront.

« Ce n'est là toutefois, dans la question qui nous occupe, qu'une considération secondaire et toute personnelle ; de plus hauts intérêts me touchent.

« C'est l'interêt religieux, c'est l'intérêt de la ville, c'est son honneur, c'est sa dignité.

« Beaucoup de choses passent sur la terre, les monuments restent pour la gloire de ceux qui les ont élevés.

« Quand on est une ville importante et riche et qu'il s'agit d'élever une maison à Dieu, il faut la faire belle et sans lésiner, toute la population le demande. Le *Beau,* a dit un ancien, est la *splendeur du vrai ;* cela s'applique surtout aux édifices destinés au culte ; l'art sainement compris est un des plus puissants promoteurs du sentiment religieux. Nos pères qui s'y entendaient mieux que nous ne l'ont jamais dédaigné.

« Il s'agit aussi, quand l'occasion se fait si belle, d'enrichir notre ville, qui est si pauvre sous ce rapport, d'un monument construit suivant toutes les règles de l'art et du goût et qui soit en harmonie avec les brillantes destinées dont elle doit avoir aujourd'hui plus que jamais le pressentiment ; il faut sous peine de faire une chose ridicule, l'établir dans un juste rapport de proportion avec la place grandiose qu'il doit décorer.

« Le plan de la belle église étudié par M. de Bayser réalise à merveille toutes ces conditions et, j'ose le prédire, il n'y aura qu'une voix dans toute la ville, y compris celle de M. l'abbé Rémont lui-même, pour applaudir à son adoption.

« Agréez je vous prie, Monsieur l'éditeur l'expression de mes sentiments les plus distingués.

« Jeudi matin 13 novembre. »

G. Lardeur [1].

Comme on le voit, la lutte était ouverte et il allait se rompre plus d'une lance dans les gazettes locales avant d'arriver à la paix.

La lettre de M. Lardeur semble dire que M. l'abbé Rémont était le principal opposant à l'adoption du magnifique plan de M. de Bayser. M. Rémont, plus que tout autre eût été ravi de voir ce plan adopté et exécuté ; mais il

[1] En publiant ces *notes* nous nous sommes inspirés des écrits laissés par le vénérable abbé Rémont. Comme lui nous avons pris parti pour M. Grigny. Les préférences de M. Rémont se comprennent, le vénérable curé voulait *avant tout* une église et il la *voulait vite*. Après réflexion, nous reconnaissons, nous, que l'intervention de M. G. Lardeur a été favorable. C'est grâce à lui que le maire de Boulogne a demandé un nouveau plan à M. de Bayser; c'est grâce à lui que Capécure posséde une église qui est un véritable petit chef-d'œuvre d'art architectural. Nous nous faisons un devoir de publier cette note pour effacer tout ce qui pourrait paraître partial, de notre part, contre M. Lardeur. — Nous regrettons les vivacités de style de M. Grigny ; mais M. G. Lardeur avait critiqué son œuvre, c'était le toucher à la prunelle de l'œil et ces vivacités se comprennent et s'excusent. Nous avons reproduit dans leur entier les écrits des adversaires afin que le lecteur puisse juger avec impartialité.

avait compris dès le premier instant que le maintien de ce plan coulait l'affaire ; et M. l'abbé Rémont voulait avant tout une église. Il eût été enchanté, tout autant que M. Lardeur, de voir s'élever sur la place de Capécure une ravissante basilique, mais il aimait encore mieux une pauvre église que de n'avoir rien du tout. M. Lardeur faisait donc, en termes très polis il faut l'avouer, une guerre injuste à M. Rémont. Le curé de Capécure, sachant apprécier ses bonnes qualités et sachant distinguer l'erreur de l'hostilité systématique, ne lui en a jamais gardé la moindre rancune.

CHAPITRE VII.

HOSTILITÉ AU SEIN DU CONSEIL MUNICIPAL. — LES PLANS REJETÉS. — M. GRIGNY ACCUSÉ D'INCAPACITÉ. — ACCUSATION FAUSSE ET MENSONGÈRE.

La séance du Conseil eût lieu le 18 décembre 1854.

M. Mesureur, persuadé que son rapport ne serait pas écouté et sachant d'ailleurs qu'une majorité avait été gagnée à domicile contre le projet de M. Grigny, refusa de lire son travail. La grande église de M. de Bayser fut proposée sans avoir été présentée par le maire, elle fut rejetée. L'église de M. Grigny fut mise aux voix et fut également rejetée. MM. Fontaine, Mesureur, Hamy, Grandsire, Ovion, Saint-Gest, Roberval, Belvalette votèrent pour l'église Grigny, mais ces voix réunies n'atteignirent pas la majorité. La veille de la séance, le curé de Capécure avait rencontré M. Lardeur, l'auteur de la lettre que nous venons de rapporter, chez M. Vidor, conseiller municipal; M. Lardeur lui avait dit : « Monsieur le curé, vous allez certainement avoir une église et nous vous ferons voter la plus belle. » Le curé de Capécure avait répondu : « Je ne demande pas une église plutôt qu'une autre; sans doute si j'avais le choix, je voudrais la plus belle; ce que je demande avant tout et par dessus tout, c'est une église; toutefois vous suivez la marche qu'il ne faudrait pas tenir, vous détruisez la majorité acquise au plan Grigny, vous allez tout retarder, tout compromettre au moins. » C'est ce qui eut lieu au grand étonnement de ceux qui pensaient qu'en brûlant ses vaisseaux on s'en assurait d'autres.

Voici du reste comment l'*Impartial* rendit compte de cette séance du Conseil.

« Le Conseil s'est donc réuni lundi soir, cette fois pour s'occuper exclusivement du projet de construction d'une église à Capécure. Tout a été dit la semaine dernière dans ce journal même sur cette question à la fois administrative et artistique, et l'éloquent appel, fait par notre correspondant au goût et à l'intelligence de nos concitoyens, a produit un effet incontestable sur l'opinion publique, sur les membres du Conseil et au sein même de la Commission chargée de présenter un rapport sur ce projet. Tant il est vrai qu'il n'y a rien d'entraînant comme la conviction et que celui-là est fort qui apporte à la défense d'une idée un esprit réellement convaincu et reconnu pour tel. Et puis, disons-le avec justice, si le défenseur s'est montré ardent, si les arguments victorieux se sont pressés sous sa plume, c'est que la bonté de sa cause l'inspirait, c'est que chaque ligne du plan qu'il préconisait pouvait témoigner hautement et à la vue de tous de la vérité de sa critique.

« Nous ne voulons pas ici soulever une question de personnalité — Dieu nous préserve de jamais tremper notre plume dans cette encre fangeuse qui distille la personnalité et l'amertume — mais il nous semble que pour quiconque a eu sous les yeux le plan de M. de Bayser et celui qu'on lui oppose, il faut être aveugle, ou aveuglé par la prévention, pour hésiter un seul instant à reconnaître la supériorité intellectuelle et artistique du premier. La comparaison n'est même pas possible entre les deux. D'un côté, des lignes d'une noblesse et d'une pureté admirables, un aspect grave et reposé, chaque chose prévue et mise en son lieu, l'avenir réservé, la sévère entente des conditions de terrain et de localité, l'harmonie se révélant dans tous les détails, la prière pétrifiée. De l'autre — et la chute est profonde — des lignes heurtées, sans cohésion entre elles, sans poësie, sans rien qui révèle l'idée religieuse ou le sentiment de l'art, tous les ordres et toutes les époques se confondant en un chaos indescriptible et n'appartenant à aucun caractère architectonique, impossibilité reconnue d'exécution, emploi des matériaux inusités dans la construction Boulonnaise, ignorance complète des lieux, destination première de ce même plan légèrement modifié à une église rurale d'un département voisin.

« Tels étaient les titres de chacun des plans mis en présence à l'option du Conseil municipal. Nous le demandons en toute franchise, alors même que M. de Bayser ne serait pas l'architecte de la ville, notre propre concitoyen, l'auteur de l'église de Saint-Pierre élevée à si peu de frais et cependant si complète dans ses modestes proportions; alors même que cet artiste si unanimement honoré et estimé n'aurait pas des droits si anciens et si positifs à la prédilection de nos édiles, nous le demandons, le doute serait-il possible entre les deux projets que nous venons de traduire, selon notre impression corroborée et fortifiée de celle d'hommes compétents.

« Il s'est cependant rencontré au sein du Conseil des opinions — peu, il est vrai, nous assure-t-on — contraires, au projet de M. de Bayser et chaleureusement favorables au plan de l'architecte étranger. Nous le regrettons pour ceux qui se sont fait l'écho d'un sentiment aussi peu d'accord avec les élémentaires notions du goût dans les beaux-arts. Il est vrai que la discussion n'a guère porté que sur une prétendue économie reposant à faux et dont M. Lardeur nous a révélé tout le vide. Heureusement le Conseil ne s'est pas laissé prendre à cette exhubérance de chiffres fallacieux et complaisants. Fermement décidés à marquer leur législature par un acte intelligent et qui ne leur attire pas les reproches et les moqueries de leurs neveux, nos édiles ont refusé leur approbation aux conclusions qui tendaient à leur faire agréer le projet préconisé par les quelques membres dissidents, et annihiler, d'un vote précipité et presque subreptice, toute une année et plus d'études et de travaux d'un architecte consciencieux que la ville doit être fière de posséder.

« En conséquence, le Conseil a accepté la démission des membres de l'ancienne Commission et il a désigné MM. Pamart, Gardère, Chauveau, Beaucourt-Mutuel et Harrewyn pour faire partie d'une Commission spéciale qui devra présenter son rapport dans le délai d'un mois.

« La question est donc, selon nous, résolue en principe et la nouvelle Commission, en présentant sous la forme administrative son propre sentiment et celui de l'opinion publique, aura surtout pour mission de rechercher les voies et moyens les plus propres à subvenir à cette nouvelle dépense. »

d'HAUTTEFEUILLE.

Nous avons dit plus haut que le journal *la Colonne* s'était constitué le défenseur de M. Grigny. Dans le n° du 31 décembre parut une réponse à l'article que l'on vient de lire. Nous la reproduisons.

« La question de la construction d'une église à Capécure qui devait être traitée avec calme, modération et sagesse, a soulevé dans un journal des critiques et des récriminations qui nous paraissent d'autant plus injustes qu'elles tombent sur un architecte étranger à notre localité qui s'est déjà acquis une certaine réputation dans l'architecture sacrée.

« Certes, M. de Bayser n'a pas besoin qu'on rabaisse en son nom le mérite de ses confrères pour rehausser le sien, il est apprécié depuis longtemps à Boulogne.

« Nous allons donc rétablir les faits tels qu'ils se sont passés.

« Quand il a été décidé en principe qu'une église devait être construite à Capécure, l'architecte de la ville a été préalablement chargé d'en faire le plan et l'estimation.

« M. de Bayser a mis dix-huit mois ou presque deux ans pour terminer ce travail que nous avons vu nous-même et qui nous a paru vraiment remarquable.

« Ce plan fut rejeté par une raison bien puissante : en

effet sa réalisation complète devait coûter une somme quatre fois plus considérable que celle que la ville voulait et pouvait donner.

« La question en était là, négligée, oubliée, perdue peut-être, lorsque les intéressés firent un nouvel effort pour la raviver et rendre le projet réalisable. Il s'adressèrent à M. Grigny, d'Arras, qui avait fait ses preuves dans ce genre de constructions.

« D'après les renseignements qu'on lui donna et l'indication approximative des prix qu'on voulait mettre, cet architecte envoya un plan complet (style roman) qui ne devait coûter que 125.000 fr.

« Il aurait été également facile à M. Grigny d'en faire un de 500.000 fr.

« Le plan de l'architecte d'Arras fut accepté par l'administration locale et même on nous assure qu'il fut soumis à l'Empereur qui l'aurait approuvé pendant son séjour à Boulogne.

« Le Conseil municipal nomma une Commission chargée de faire un rapport à ce sujet.

« Dans la dernière session du Conseil municipal, cette question que l'on pensait à peu près décidée, donna lieu à des discussions assez vives à la suite desquelles on nomma une nouvelle Commission chargée de formuler son opinion dans l'espace d'un mois.

« La question en est là.

« Nous n'ayons nullement l'intention de la préjuger en quoi que ce soit, mais nous croyons de notre devoir après l'exposition impartiale des faits, de démontrer que M. Grigny a été traité en cette affaire avec une légéreté que nous pouvons appeler peu courtoise et même inconvenante.

« L'auteur de l'article auquel nous faisions allusion semblait indiquer que M. Grigny possédait à peine les premières notions de son art. Cette opinion plus que hasardée ne s'accorde nullement avec le mérite de cet architecte, nous dirons même que cette appréciation est fausse en tous points.

« En voici la preuve évidente extraite du *Moniteur* lui-même.

« Voici ce que dit, concernant une œuvre commencée par M. Grigny, le journal *officiel,* d'après l'*Unité* de Genève

« A Genève, les travaux de l'église Notre-Dame suspen-
« dus à cause de la saison, reprendront au printemps; on
« peut admirer l'élégante architecture de cet édifice qui
« coûtera au moins un million. »

« Nous ne reproduisons pas l'article entier, le passage cité suffit pour montrer que M. Grigny qui est l'architecte de Notre-Dame est mieux apprécié à Genève que dans les colonnes de *l'Impartial.*

« D'ailleurs le mérite de M. Grigny a des défenseurs plus éloquents que nous, ce sont ses travaux, ses œuvres.

« Outre plusieurs églises de campagne et chapelles de Communauté, dont quelques-unes sont remarquables, M. Grigny vient de construire à Douai une église de 800.000 fr. Cet édifice est surmonté d'un dôme plus grand que celui du Panthéon. Dans le moment actuel, il élève à Valenciennes une église qui doit coûter 700.000 fr.

« Voilà des actes et des faits qui parlent plus haut que nous pourions dire. Quand un homme est chargé de si vastes travaux, on doit au moins conclure qu'on lui reconnaît quelque talent; et quand on voit des écrivains fort peu experts en architecture prétendre que M. Grigny sait à peine tenir l'équerre et le compas, l'on reste surpris et on plaint sincèrement ceux qui se croient obligés d'employer de tels moyens pour faire prévaloir leurs idées particulières. »

HERMANT.

De cette polémique de journaux, on voit clairement que l'*Impartial* représentait les idées d'une côterie qui ne voulait point l'intervention d'un architecte étranger quelque fut son talent. Cette côterie, bien intentionnée d'ailleurs, était l'instrument d'hommes malins qui eux ne voulaient pas d'église à Capécure. L'abbé Rémont, homme très fin et très perspicace, avait deviné les ficelles et voilà pourquoi tout en admirant et tout en aimant M. de Bayser il soutenait M. Grigny dans la lutte.

CHAPITRE VIII.

MÉMOIRE DE M. MESUREUR SUR LA CONSTRUCTION D'UNE ÉGLISE A CAPÉCURE.

Nous avons vu plus haut que la première Commission ayant donné sa démission, on en forma immédiatement une autre. Cette nouvelle Commission décida le 15 janvier 1855 que MM. de Bayser et Grigny seraient invités à présenter, dans le délai d'un mois, chacun un nouveau plan d'une église complète dont le prix ne s'élèverait pas au delà de 150.000 fr. chiffre rigoureux.

Cependant M. Mesureur qui avait plaidé la cause de l'église de Capécure avec un talent, une sincérité, un dévouement qui lui méritent l'éternelle reconnaissance de cette paroisse, voulut rendre un dernier service à l'œuvre qu'il avait défendue avec tant de suite et d'énergie en publiant son rapport inédit. Dans cette brochure, éditée à ses frais, il motive son opinion, s'efforce d'éclairer le public et avant tout d'assurer la construction de l'église.

Comme l'ouvrage que nous écrivons est plutôt un travail de compilation qu'un livre artistement composé, nous reproduisons cette brochure telle qu'elle fut livrée à la publicité.

Question de la construction d'une église à Capécure.

« La population de Capécure, en grande partie composée d'ouvriers, ne s'élève pas encore à 4000 âmes ; mais son territoire est vaste, la gare du chemin de fer y est établie, un bassin à flot lui est promis, et, l'industrie aidant, il n'est pas impossible qu'avant trente ans on y compte 20.000 habitants.

« En 1852, le Conseil municipal reconnut la nécessité d'y construire une église, et en 1853, il chargea une Commission d'examiner les divers plans proposés et de lui indiquer celui qui lui paraîtrait devoir être préféré ainsi que le lieu où l'édifice pourrait être élevé.

« Longtemps avant la réunion de la Commission, M. le Maire s'était occupé activement de cette affaire et l'avait particulièrement recommandée à M. de Bayser, l'habile architecte de la ville, à qui revenait le droit de présenter le premier projet. Dans le principe, on s'était arrêté à l'idée de donner à Capécure une église semblable à celle de Saint-Martin et coûtant de 70 à 80.000 fr. ; mais jugeant bientôt qu'il ne suffisait pas de pourvoir au besoin du présent, et qu'il fallait encore songer à l'avenir, on décida qu'on prendrait pour modèle l'église de Saint-Pierre, construite pour une population de 10.000 âmes et pouvant coûter 150.000 fr. Puis cette préoccupation de l'avenir faisant des progrès, on reconnut qu'une église de la grandeur de celle de Saint-Pierre serait insuffisante. Et de concession en concession. M. le Maire, qui craignait sans doute qu'on n'arrivât bientôt à lui démontrer que Boulogne avec ses vingt siècles d'existence n'était qu'une bicoque comparée à l'avenir de Capécure et qu'il fallait pour cette localité une cathédrale ou au moins une dépense de 500.000 fr. s'empressa de consentir à l'exécution d'un plan dont le devis ne dépasserait pas 200.000 fr.

« M. le maire croyait déjà avoir pris beaucoup sur lui. Mais lorsque M. de Bayser présenta ce plan, il se trouva que la dépense s'élèverait à 380.000 fr.

« M. le maire fut un peu découragé, et d'autant plus embarrassé que M. de Bayser déclarait ne pouvoir modifier son projet. Les choses demeurèrent en cet état pendant quelque temps. Mais comme on ne pouvait demeurer infiniment et inutilement en contemplation devant un beau plan, M. le Maire ayant entendu parler de M. Grigny architecte à Arras, qui avait acquis une grande réputation par la construction de plus de trente églises, et par la modicité de ses prix, lui fit demander des plans et en obtint plusieurs.

« C'est à cette époque que la Commission du Conseil municipal entra en fonctions. Les plans de M. Grigny lui furent seuls soumis. Il ne fut question de M. de Bayser que pour exprimer le regret qu'un architecte doué d'un si beau talent n'eût pu présenter à l'administration qu'un plan inabordable quant au prix.

« Ainsi donc la Commission n'eut qu'à s'occuper des plans de M. Grigny, et elle en choisit un, moins majestueux, moins beau, moins riche d'architecture que celui de M. de Bayser, mais d'un aspect qui lui parut être en rapport avec l'état des lieux, pouvant contenir autant de fidèles et ne devant coûter que 126.000 fr.

« Et la Commission crut avec d'autant plus de confiance avoir agi sagement que devenue Commission du budget, elle vit de près la situation financière de la ville et ne put se faire illusion sur l'étendue de ses ressources.

« Mais tandis que la Commission se livrait exclusivement et paisiblement à l'examen du plan de M. Grigny, la grande majorité du Conseil s'occupait, elle, de celui de M. de Bayser et, il faut le dire, elle avait condamné le premier avant de l'avoir étudié.

« Aujourd'hui, par suite des incidents que cette différence de conduite et d'appréciation a soulevés dans la première séance du Conseil, tout est remis en question ; le plan de M. de Bayser, sorti des cartons de la mairie, a été produit et livré avec celui de M. Grigny à une nouvelle Commission, l'ancienne ayant donné sa démission. La discussion est renvoyée à la session de février 1855.

« Si ce renvoi n'a d'autre inconvénient que de retarder de deux mois la décision définitive du Conseil, nul ne s'en plaindra. Ce que nous désirons avant tout, c'est qu'une église soit construite à Capécure dans le plus bref délai possible. Pour qu'elle le soit, il faut que non seulement le plan choisi réponde aux besoins du présent et à ceux présumés de l'avenir, mais il faut encore que la dépense qu'il nécessitera ne soit pas hors de proportion avec nos ressources. Quant à la *question d'art* qui paraît occuper actuellement par dessus tout les honorables membres du Conseil, il ne faut certainement pas la dédaigner, mais il faut se garder d'aller, à cet égard, jusqu'à l'exagération.

« Dans cet état de choses, il n'est peut-être pas inutile, pour faciliter et accélérer le travail de la nouvelle Commission, de placer sous ses yeux et sous ceux de la partie du public qui s'intéresse à la question, quelques-unes des observations faites par l'ancienne Commission et d'y ajouter celles qu'inspire la situation actuelle. En agissant ainsi, nous déférons, d'ailleurs, au vœu que nous a exprimé le digne curé de Capécure, dont la position devient chaque jour plus intolérable et qui demande instamment une église quelle qu'elle soit, non parce que la sienne est trop humble, mais parce qu'elle est trop petite, et qu'il ne peut y réunir ceux vers lesquels il a été principalement envoyé pour remplir une sainte, et, il faut le dire, une très pénible mission.

« Maintenant deux plans se trouvent en présence, l'un de M. de Bayser, notre savant architecte, l'autre de M. Grigny, architecte étranger à la localité, mais qui se recommande par de nombreux succès et une longue expérience dans la spécialité des travaux auxquels il se livre.

« L'église tracée par M. de Bayser est une œuvre remarquable, digne d'orner la place principale d'une ville opulente. Nous aimons à reproduire ici l'éloge qu'en fait notre honorable adversaire, M. Lardeur, dont nous partageons complètement l'opinion sous ce rapport. Oui, c'est un plan d'une parfaite correction, où se trouvent réunies la pureté du dessin, la tranquillité des lignes, l'harmonie des proportions et une haute expression religieuse. Mais cette église, qui achevée contiendrait 2.028 personnes, d'après les devis que nous n'avons pas cependant été appelés à examiner, coûterait 380.000 fr., et ne pourrait, en raison du repos qu'exigeraient ses épaisses assises et des sculptures que son style comporte, être terminée en moins de huit ou dix ans.

« L'église de M. Grigny, moins riche, plus légère, pouvant contenir 2.100 personnes, coûterait 126.000 fr. et serait construite en dix-huit mois au plus.

« Ainsi que l'a fort judicieusement fait remarquer M. le Maire, dans la dernière session, on peut en toute sûreté, principalement lorsqu'il s'agit de constructions artistiques, augmenter la dépense de 20 °/₀ en sus des chiffres fixés par les devis des architectes.

« Hâtons-nous de dire que M. de Bayser a donné des preuves de l'exactitude de ses calculs. Ainsi la dépense de la construction du collège a été inférieure à l'estimation des devis; mais le collège n'est qu'une grande maison et tout pouvait y être prévu. Il n'en a pas été de même de l'hôtel de ville, où l'art a eu quelque chose à faire et où il a immédiatement donné un démenti aux prévisions.

« Quant à M. Grigny, il a entre autres construit à Arras, un monument très remarquable, une magnifique église dont la dépense a été très supérieure à celle qu'on se proposait; mais carte blanche lui avait été donnée, et l'ouvrage achevé a été trois fois plus orné, trois fois plus considérable que l'ouvrage projeté. Il n'y a donc rien à en conclure.

« D'un autre côté, M. Grigny avait estimé à 22.000 fr. la construction de l'église de Gouy-sous-Bellone, et malgré les prédictions de la Commission des bâtiments qui, prétendant qu'il ne pourrait la faire pour moins de 70.000 fr. refusait son autorisation, il l'a, autorisé par le préfet, construite pour 22.000 fr.

« N'attachons pas non plus trop d'importance aux assertions respectives de deux architectes en présence. M. de Bayser prétend que l'église de M. Grigny coûterait 200.000 fr. ; M. Grigny prétend que M. de Bayser ne pourrait construire la sienne pour moins de 600.000 fr. Mais n'appliquons à l'un et à l'autre que la règle de 20 % concernant les constructions artistiques et indiquée par M. le Maire.

« Ce sera pour M. de Bayser . .	380.000 fr.	du devis.
20 % en sus.	76.000	
Total. . . .	456.000 fr.	

« Et pour M. Grigny.	126.000 fr.	du devis.
20 % en sus.	25.000	
Total. . . .	151.000 fr.	

« Tout en rendant un juste hommage au talent de M. de Bayser, la majorité de la Commission s'était vue dans la nécessité d'adopter le plan de M. Grigny parce que son prix était modéré et que, dans l'état actuel de nos finances, il était impossible que la ville disposât, même en la répartissant sur huit années, d'une somme de 380.000 fr. Dans une certaine mesure, les villes ne doivent pas traiter avec trop de dédain la loi que s'imposent les hommes raisonnables, de régler leurs dépenses sur leurs ressources. Puis, parce qu'on nous assurait, ce que nous savons d'ailleurs, qu'il était urgent d'ouvrir *dans le plus court délai possible*, à la nombreuse population ouvrière de cette localité, une église où l'exercice du culte pût être accompli avec la pompe et la dignité qu'aux temps où la foi était plus vive on considérait déjà comme d'indispensables auxiliaires ; une église où pussent se rendre, sans la répugnance qu'il est impossible de ne pas éprouver en pénétrant dans le local actuel étroit et malsain, les personnes dont l'exemple aurait sur le peuple une salutaire influence, où enfin, attirée peut-être par la seule curiosité qu'excitera le contraste existant entre le nouvel édifice et l'exiguité de l'ancien, mais ramenée au même lieu par l'attraction que les objets extérieurs exercent sur l'imagination, cette population qui nous est représentée comme arrivée à un déplorable degré de démoralisation, sentirait bientôt revivre en elle les principes religieux dont l'absence a causé tout le mal signalé et qui peuvent seuls l'arrêter.

« Ces deux avantages (un prix modéré et une prompte exécution) que le plan de M. de Bayser ne nous donnait pas, nous les trouvions dans celui de M. Grigny et nous ne devrions pas les laisser échapper.

« On nous dit aujourd'hui que le plan de M. de Bayser est conçu de telle sorte qu'on peut se borner à construire actuellement une partie de son église, à l'exemple de ce qu'il a fait pour l'église de Saint-Pierre, et remettre son achèvement à une époque plus éloignée ; que cette première partie coûterait 165.000 fr. qu'elle pourrait être terminée en quatre ou cinq ans et contenir 1.072 personnes ; qu'elle suffirait pendant dix ans si les finances de la ville ne lui permettaient pas de la compléter avant ce laps de temps et que nous possèderions du moins alors un beau monument qui ferait honneur au goût de ceux qui l'auraient voté.

« Cette perspective peut avoir des partisans sincères ; mais dans les circonstances actuelles, on peut très-raisonnablement lui préférer celle d'avoir en dix-huit mois, une église entière contenant 2.100 personnes et ne coûtant que 126.000 fr. ; car après avoir laissé les choses dans l'état déplorable où elles se trouvent maintenant, deux ou trois années de plus que si nous adoptions le projet de M. Grigny, nous n'aurions encore que la moitié en tout de ce que nous pourrions avoir pour prix inférieur. Avec le plan de M. Grigny, sans accabler le présent on n'aggrave pas l'avenir qui est déjà engagé pour plus de quinze années, et on jouit de suite, ce qui est une considération d'un grand poids dans un siècle où l'on voudrait que la rapidité de l'exécution égalât celle de la conception. Et d'ailleurs après dix années d'attente, et les autres années employées à terminer l'église de M. de Bayser, de deux choses l'une, ou la population de Capécure ne se serait ni étendue ni augmentée de manière à rendre nécessaire l'achèvement de l'église commencée et celle-ci se perpétuerait dans cet état incomplet et disgracieux que nous présente et que nous présentera encore longtemps l'église de Saint-Pierre, ou elle serait réellement devenue insuffisante, et dans ce cas ce ne serait pas un agrandissement du même local qui serait le plus utile de faire à Capécure, mais bien une seconde église et une seconde paroisse.

« En présence de cette alternative et de l'instabilité des choses humaines, il ne serait peut-être pas trop téméraire de prédire que nul de nous ne verrait terminer une église commencée dans de telles conditions.

« Nous avons déjà une demi-église, l'église de Saint-Pierre. Elle n'est ouverte au culte que depuis deux ans et déjà elle a, dit-on, besoin de réparations, parce que ce qui est fait avait besoin d'être protégé par ce qui reste à faire. Pour que la grande nef de l'église que M. de Bayser veut édifier à Capécure et qui constitue la moitié qu'il se propose de construire maintenant n'éprouve pas le même sort, ne faut-il pas qu'elle soit protégée par la flèche ? La terminerait-il de suite, ou ne l'élèverait-il que jusqu'à la hauteur des toits, comme à Saint-Pierre ? Si la question n'a pas d'importance au point de vue de la conservation de l'édifice, ce que nous livrons à l'appréciation de M. de Bayser lui-même, elle en a beaucoup sous le rapport de la dépense, ainsi qu'on va le voir.

« L'église Saint-Pierre d'une forme élégante, mais fort simple, a déjà coûté quelque chose comme 110.000 fr., cependant ses voûtes sont en plafond et elle n'a pas de flèche, elle n'a pas non plus été élevée sur pilotis. Des hommes que nous croyons compétents affirment qu'il est impossible de construire à Capécure la grande nef de l'église pour moins de 220.000 fr., et ils en jugent par comparaison. Cette nef est, disent-ils, incomparablement plus grande, plus ornée, plus travaillée que celle de Saint-Pierre et elle aura en outre des voûtes en pierre. Elle coûtera plus de la moitié en sus, et environ 170.000 fr. Il faut y ajouter le pilotage auquel M. de Bayser paraît tant tenir, et on devra le faire pour toute l'église. C'est 16.000 fr. de plus. Maintenant la flèche n'en peut pas coûter moins de 40.000. Ces trois sommes réunies forment plus de

220.000 fr. Si M. de Bayser affirme qu'il a tout prévu et qu'il ne dépassera pas la somme de 165.000 fr., nous ne douterons pas de sa sincérité, mais nous lui citerons les propres expressions de son éloquent et honorable ami M. Lardeur : « Presque tous les architectes, dit-il, com- « mettent les erreurs les plus graves à cet égard, même « lorsqu'ils sont de bonne foi. »

« On estime que l'église de M. de Bayser coûtera 380.000 fr. et que la moitié qui en constitue la partie principale sera construite pour 165.000. Le reste qui est l'accessoire, puisqu'on peut s'en passer, coûterait donc 215.000 fr., c'est-à-dire 50.000 fr. de plus que le principal. Et cependant dans la partie réservée à l'avenir il ne faut pas comprendre le pilotage, il ne faut pas non plus comprendre la flèche, car nous présumons qu'on ne voudra pas nous doter en même temps de deux églises sans flèches et sans chœurs [1]. Ne serait-ce donc pas, au contraire, la flèche, la nef et le *rond point supplémentaire* qui la clorera provisoirement qui coûteraient 215.000 fr. et le reste 165.000 fr. Cela paraît plus rationnel.

« Nous sommes convaincus que frappés comme nous de cette apparente anomalie, la nouvelle Commission provoquera à cet égard des explications précises, examinera les devis et s'assurera qu'en effet, pour construire la première partie de l'église de M. de Bayser, composée de la flèche, de la nef et du rond point provisoire, plus le pilo-

[1] Un brave marin qui accompagnait le digne curé de Saint-Pierre (M. Sergent) à sa dernière demeure disait dans son langage pittoresque à ceux qui l'entouraient : « V'la l'abbé Sergent dérapé et no église n'a encore ni queue ni tête : o sommes al' côte pour longtemps.

tage complet, il n'en coûterait que 165.000 fr. sauf bien entendu les fatals et inévitables 20 % supplémentaires.

« Nous en avons dit assez sur ce sujet, passons à un autre ordre d'idées.

« Nous croyons à l'avenir de Capécure, mais nous croyons en même temps que son développement ultérieur ne changera pas de caractère. C'est à l'industrie seule que cette localité doit l'importance qu'elle a acquise, c'est à l'industrie qu'elle devra de la conserver et de l'augmenter. Le jour où l'industrie disparaîtra ou subira un trop long chômage, il y aura un temps d'arrêt tel que la place sur laquelle sera construite son église pourrait bien retourner à l'état de prairie. Capécure est et sera toujours un centre industriel, jamais un centre artistique ; il pourra un jour ressembler à un faubourg de Manchester, jamais à une nouvelle Athènes, et jamais non plus une église d'un style simple et sévère n'y sera un objet de confusion pour ceux qui l'y auront élevée.

« Nous apprécions tout le talent de M. de Bayser, nous détachons à regret les yeux du beau plan qu'il a conçu, nous le préfèrerions, si nous pouvions nous en passer la fantaisie et s'il ne fallait pas trop attendre son exécution ; mais nous croyons qu'il y a fort peu de réflexion et infiniment d'exagération dans les motifs invoqués pour le faire préférer à celui de M. Grigny. Oh ! s'il s'agissait de bâtir une nouvelle église au sein d'une cité florissante, déjà riche en autres monuments, et devant à ses souvenirs comme à sa position de ne rien faire d'inférieur à ce qu'elle possède : ainsi par exemple au centre de la haute ville au lieu où la piété unie au génie élève en ce moment sur les ruines d'une noble église une autre noble église qui dominera les deux villes et Capécure, nous serions aussi exigeant que notre ancien collègue M. Lardeur! Et bien que, selon nous, l'église de M. Grigny soit supérieure à celle de Saint-Nicolas, nous ne voudrions pas non plus, si celle-ci disparaissait qu'elle fût remplacée par un monument qui ne serait pas en rapport avec la richesse du quartier et la position qu'il commande. C'est là que nous voudrions voir l'église de M. de Bayser. Mais lorsque nous considérons que Capécure est dans des conditions bien différentes; qu'une très-faible partie seulement de sa superficie est couverte d'habitations ; que sa population ne s'élève pas encore à 4.000 âmes, que la classe ouvrière qui la compose en majorité et qui a, comme on le sait, des habitudes nomades, peut, si l'industrie qui seule la retient dans ce quartier éprouvait un chômage quelconque, le déserter en grand nombre ; lorsque nous considérons, en outre, que l'église projetée doit être construite entre la gare du chemin de fer, qui en cache complètement la vue à la ville de Boulogne, et une place qui n'est encore qu'un marais, et autour de laquelle il n'existe pas encore une maison, nous demeurons convaincu que la préférence donnée à une église d'un style simple et sévère et à une dépense de 126.000 fr. sur une brillante basilique et une dépense de 380.000 fr. serait un acte parfaitement logique ne blessant ni le goût ni les convenances.

« Et si on nous repète encore le mot *avenir,* dont on a tant abusé, nous n'hésiterons pas à ajouter que sous ce rapport, l'adoption du plan modeste de M. Grigny et le vote de la somme nécessaire à sa réalisation, seraient déjà de la part du Conseil municipal des actes de grande libéralité plus faits en vue de cet avenir que pour répondre aux besoins du présent. Le présent nous le connaissons et nous pouvons en juger. Quant à l'*avenir*, il nous est encore facile de nous le figurer tel qu'il sera, s'il répond aux espérances que le présent autorise à concevoir. Nous voyons en face de l'église, à l'autre extrêmité de la place, une vaste caserne et ses accessoires ; nous voyons cette place garnie des maisons que le voisinage de cette caserne et celui des filatures ou autres usines, auront engagé les spéculateurs à construire ; nous voyons le chemin de fer atteindre le plus haut degré de prospérité et couvrant ses abords de bruyants ateliers ; nous voyons le bassin à flot terminé, des magasins et des chantiers beaucoup plus nombreux, une population beaucoup plus compacte d'ouvriers et de marins ; beaucoup plus de mouvement, beaucoup plus de bruit, beaucoup plus de fumée ! Et nous demandons quelle autre église que celle de M. Grigny on pourrait désirer voir dans ce milieu, église qui joint à une architecture simple et sévère des nefs capables de recevoir plus de 2000 personnes ? Nous demandons si ce n'était pas précisement celle-là qu'on bâtirait si elle ne l'était pas déjà ?

« Maintenant, que nos concitoyens ne croient pas que, dans notre désir d'économiser le temps et l'argent, nous n'ayons pris aucun souci du mérite de l'œuvre opposée à l'œuvre de M. de Bayser, et de sa solidité ni du caractère et de la valeur de M. Grigny comme architecte.

« M. Grigny a, depuis vingt ans, construit un grand nombre d'églises. Il a, entre autres, construit à Arras l'admirable église des dames du Saint Sacrement et il a exécuté à l'église Saint-Jacques de Douai une voûte considérée comme la plus grande qui existe en France. Il construit en ce moment à Valenciennes une église qui coûtera 700.000 fr. et une cathédrale s'élève à Genève sur ses plans. M. Grigny est connu dans le monde artistique comme un archéologue distingué ; à ce titre il a, en 1846, obtenu la première médaille du congrès scientifique de Lille. Partout où il a été appelé, il a dignement répondu à la confiance qu'on avait mise en lui. Enfin, un juge compétent en monuments religieux, Mgr l'évêque d'Arras en fait grand cas, et a rendu de lui à M. le Maire, un témoignage très-honorable.

« L'église qu'il présente pour Capécure est en style roman. Ce style préféré au style ogival par le clergé catholique, qui le considère comme plus sacerdotal, est aussi fort apprécié par les archéologues.

« L'époque Romano-byzantine, dit le chevalier Bard, « dans son Traité sur l'archéologie, est l'ère vraiment sacer- « dotale de l'architecture chrétienne. La plupart des monu- « ments qui la représentent eurent pour architectes des « prêtres. Ils furent aussi bien inspirés que ceux de l'école « ogivale ; mais l'inspiration qui les produisit, née dans « des temps plus bibliques et plus austères ne se mani- « feste pas dans le même sens. Je ne puis dissimuler mon « énergique sympathie pour l'école romano-byzantine.... « Le style ogival est plus idéal, sa forme est plus insai- « sissable, elle nous exalte et nous spiritualise. Le style « roman, plus positif, nous brise, nous anéantit et nous « fait mieux réfléchir au néant du monde. »

« L'examen calme, consciencieux, désintéressé du plan de M. Grigny démontrerait que son église a, dans ses modestes proportions, le caractère religieux qui distingue l'école romane, à commencer par ses fenêtres triples, symbole de la Trinité, et qu'elle est loin d'être sans grâce. Ne cherchant pas à produire l'effet sur le papier, M. Grigny n'a pas apporté à l'exécution de son plan le *fini* qui distingue les œuvres de M. de Bayser en général et le plan de son église en particulier. Les lignes de M. de Bayser, même les plus simples, ont une netteté, une élégance qui disposent singulièrement en leur faveur. Nous sommes convaincu que reproduit par M. de Bayser, le plan de M. Grigny doublerait de valeur quant à l'aspect. M. Grigny a négligé quelques détails, ou plutôt il n'a fait que les indiquer, et la couleur dont il les a couverts, annonce la confiance qu'il lui était permis d'avoir qu'on examinerait son œuvre avant de la condamner.

« M. Grigny a pensé qu'une église placée près des bâtiments du débarcadère de Capécure, lesquels présentent une très-grande masse dont les formes principales sont ogivales, devrait, si elle était construite dans le même style, avoir elle-même de grandes proportions et une grande richesse d'ornementation, pour ne pas ressembler à une simple dépendance de la gare. Ce fut aussi sans doute l'opinion de M. de Bayser, et l'un des motifs qui l'ont déterminé à donner à son église de style ogival ses grandes proportions. Mais, selon M. Grigny, la grandeur et la richesse d'ornementation nécessaire eussent coûté 600.000fr. et il savait qu'une semblable dépense ne pouvait pas nous être raisonnablement proposée. Il n'était pas d'ailleurs appelé pour cela, et il connaissait la pensée de M. le Maire ainsi que celle de la Commission devant laquelle il avait eu à s'expliquer. Il sut donc, pour pouvoir lutter avec la masse voisine et rester dans la limite de nos moyens, opposer un style à un autre, l'architecture romane à l'architecture ogivale, c'est-à-dire la sévérité et la simplicité au luxe et à la richesse. Nous croyons fermement qu'il a atteint son but et que son église figurerait très convenablement dans cette localité où tout lui serait contraste : aspect du sol, habitations, établissements privés ou publics.

« On a exprimé des craintes sur la solidité de cette église ; c'est même la seule objection sérieuse qui ait été présentée avec quelqu'insistance, et nous avons remarqué que plus les hommes qui ont combattu devant nous le plan de M. Grigny possédaient de lumière et d'instruction, plus ils étaient modérés et conciliants dans l'appréciation de ce plan sous le rapport artistique. C'est que si en cette matière le plus ignorant est ordinairement le plus sûr de son fait, les autres doutent et tout en déclarant, ce qui est aussi notre avis, que le plan de M. de Bayser était plus beau, plus majestueux, ils comprenaient que sa supériorité ne retirait rien au mérite relatif de l'œuvre de M. Grigny; qu'entre ces deux architectes qui ont fait leurs preuves, la différence consistait principalement, en ce que l'un comptait sur la libéralité de la ville, que l'autre la savait, au contraire, disposée à l'économie et que si M. Grigny qui avait élevé l'admirable église du Saint-Sacrement d'Arras, avait cru pouvoir disposer de 380.000 fr., il lui eût été facile de présenter un plan d'église dans le style gothique aussi riche que celui du savant architecte de la ville de Boulogne. Ceux qui ont vu cette église ne peuvent en douter. Pour ceux qui ignorent peut-être jusqu'à son existence, nous nous bornerons à citer quelques lignes du journal l'*Illustration* qui l'a fait connaître à toute la France.

« Pour l'achèvement de cette œuvre remarquable dans « laquelle M. Grigny a reçu le concours intelligent de « M. Dion chargé de la statuaire, et de M. Duthois chargé de « la sculpture décorative, deux ans à peine auront suffi, et « les dépenses n'auront pas dépassé le chiffre incroyable- « ment modique de 250.000fr. Pour cette somme et dans la « ville, des monuments religieux de même importance, « mais de style moderne, offrent une indigence ornementale « comparative telle que, la question de probité écartée, il « devient impossible de nier désormais que l'on ne puisse « construire des édifices d'architecture gothique à un prix « égal ou inférieur à celui que réclameraient les édifices « de style sans nom des lauréats académiques.

« On lit aussi dans le *Moniteur* du 23 de ce mois l'article suivant relatif à l'église de Notre-Dame qui s'élève à Genève sur les plans de M. Grigny :

« Des églises catholiques s'élèvent dans les deux prin- « cipales villes de la Suisse. A Genève, les travaux de l'église « Notre-Dame, suspendus à cause de la saison, reprendront « au printemps. Déjà on peut admirer l'élégante archi- « tecture de cet édifice qui coûtera au moins un million. »

« Des craintes, avons-nous dit, ont été exprimées sur la solidité de son église. Nous nous sommes d'abord demandé si on pouvait raisonnablement en avoir ; s'il était probable qu'un architecte qui, après vingt ans d'une expérience spéciale, est encore dans toute la force de l'âge et de l'intelligence, dont la réputation s'est étendue jusqu'à l'étranger qui lui demande ses plans et qui les exécute, dont les œuvres sont indiquées avec éloge dans les ouvrages scientifiques, qui a bâti trente églises et dont le nom se lie tellement au mouvement qui s'opère vers les idées religieuses qu'un des premiers orateurs chrétiens, l'abbé Combalot, vient de le citer du haut de la chaire à Notre-Dame ; que cet architecte fut tout à coup devenu ennemi de sa réputation, de son honneur même, pour nous pousser à faire une église qui manquerait de solidité ! Ce qui ne serait pas un défaut, mais bien sa condamnation absolue. — Cependant des hommes honorables, avec lesquels nous voudrions toujours être d'accord, insistaient tellement sur ces craintes, que nous dûmes porter nos investigations sur ce point aussi loin que nos faibles connaissances nous le permirent.

« Premièrement, nous apprîmes que contrairement à l'assertion qui en était faite et sur laquelle on appuyait avec force, M. Grigny connaissait bien la nature et la qualité des matériaux du pays ; qu'il était venu à Boulogne pour recueillir, à cet égard, les renseignements dont il avait besoin pour établir ses devis et qu'il avait été dirigé dans ses recherches par un des entrepreneurs de la ville.

« On reprochait à M. Grigny de vouloir substituer le bêton au pilotis, dont l'emploi, disait-on, était indispensable pour bâtir solidement à Capécure. Nous croyons que ce n'est pas sans raison qu'il évite cette dépense. Tout le monde sait que le sol de Capécure composé de terres d'alluvion et de sables n'a de solidité qu'à la surface, et que plus on le creuse plus on le trouve mouvant et délayé. C'est surtout dans la partie centrale de Capécure que cet état de chose se manifeste. Or, que se propose-t-on par le pilotage ? De fixer le sol en enfonçant dans un corps solide qu'on espère trouver à une certaine profondeur des pièces de bois armées de fer. Si ce corps solide n'existe pas, à quoi servent les pilotis? On a pu les employer au pied de la montagne, dans les nouvelles usines, car là la nature du sol est toute autre ; on a pu les employer ailleurs encore et croire qu'ils sont la seule cause de la solidité de l'édifice ; mais, en réalité, si les pilotis, pour être utiles, doivent être fixés à un sous-sol plus solide que la surface, ce n'est pas au centre de Capécure qu'on les employera avec tout le succès désirable. Nous nous garderons bien de critiquer l'usage que veut en faire M. de Bayser, mais nous nous croyons autorisé à soutenir que le bêton les remplacera sans inconvénient. L'église assise sur un rocher artificiel de bèton, liant de forts quartier de tuf apportés de la côte, n'aura rien à rcaindre de la nature marécageuse et sablonneuse du terrain. L'expérience des vingt dernières années a prouvé que le bêton peut s'employer très avantageusement dans les travaux les plus difficiles. L'accident arrivé à Calais, il y a peu de mois, le démontre suffisamment. En effet, des masses énormes de maçonnerie ont été déplacées par le poids des eaux de retenue, mais le bêton lui-même n'a pas bougé et servira encore de fondation aux nouvelles constructions.

« Enfin, on a reproché à M. Grigny l'épaisseur peu considérable de ses murs extérieurs. Voyez, dit-on, ceux du palais de justice, voyez même ceux du théatre : quelle différence !

« Il n'y a aucune comparaison à établir entre ces deux édifices et une église dont les murs, dans leur plus grande hauteur atteignent à peine celle du second étage d'une maison ordinaire et qui ne reçoivent aucun ébranlement de l'habitation. Mais, ajoute-t-on, ils ne pourront soutenir les voûtes en pierres qui les couronnent ; il y aura écartement.

« Il existe un grand nombre d'églises que l'on appelle avec raison des églises de dentelles, tant elles présentent peu de matière et dont les murs ne sont pas plus épais. Cependant elles bravent les siècles et ne bougent pas. Le secret de leur solidité est dans l'équilibre dont on a su observer les lois. Les murs extérieurs de M. Grigny ont 8^{m} 60 et 7^{m}50 de hauteur sur 0^{m}45 d'épaisseur. Les premiers sont ceux de la grande nef, les autres des côtés latéraux. Ces derniers sont incontestablement d'une épaisseur convenable, même au dire de la critique; l'écartement ne serait à craindre que pour les autres qui servent d'appui à la voûte principale.

« Nous croyons pouvoir faire cesser ces craintes. Premièrement, l'épaisseur des voûtes est proportionnée à celle des murs; secondement ceux-ci ne sont pas livrés à eux-mêmes et sont abondamment pourvus de piliers, de contreforts et des auxiliaires qu'on emploie dans les constructions de cette nature; enfin des poutres transversales servant de bases à la charpente des toits, solidement fixées dans les murs et en nombre suffisants, rendraient l'écartement impossible si un écartement était à redouter, mais l'ossature de l'église doit seule l'empêcher. L'ossature d'une église est cet ensemble d'arceaux, de piliers et de colonnes qui forment une espèce de *charpente-maçonnerie* que clot la muraille extérieure à peu près comme le ferait une toile étendue sur des poteaux. Nous ne prendrons pas sur nous d'affirmer que l'épaisseur des murs extérieurs d'une église est insignifiante quand l'ossature de cette église est bien combinée, mais il est certain que cette opinion est admise en architecture et qu'elle se trouve justifiée par la conservation parfaite jusqu'à nos jours de beaucoup d'églises du moyen-âge, qui ne sont qu'arceaux, colonnes et piliers clos par une dentelle de pierres.

« A ces observations joignons les propres paroles de M. Grigny :

« Pour être complètement rassuré sur la solidité de mes « voûtes, il ne faut que bien comprendre que les parties « d'une construction peuvent devenir solidaires les unes « des autres ; que les forces sans être égales, peuvent se « combiner sur des points essentiels ; enfin que l'équilibre « est la loi fondamentale de toute construction. Il ne fau- « dra donc pas s'étonner si mon projet trouve des contra- « dicteurs, il devait en être ainsi, vu l'oubli général où « était tombé, jusqu'à ces dernières années, cette grande « loi de l'architecture du moyen-âge. »

« Ce n'est pas non plus sur le prix et l'emploi des ma- « tériaux que je cherche et que j'obtiens des économies « dans les constructions, mais bien dans la combinaison « générale de mon système. Ainsi, je pourrais bâtir mes « églises à l'aide de piliers et de contreforts seulement, « sans exécuter les murailles formant la clôture, et c'est « surtout dans ces murailles qui ne servent à rien, comme « point de résistance, que je fais des économies. Voilà tout « le secret qui me permet de bâtir économiquement. »

« On a encore fait à M. Grigny sur les détails de ses devis et sur sa manière de procéder des reproches qu'il est inutile de reproduire ici et dont il a été fait justice dans un mémoire qui en démontre ou l'inexactitude ou la puérilité.

« L'honorable M. Fontaine, maire de Boulogne, qui comprend si bien les intérêts de la ville et dont le jugement est toujours si sain, si dégagé de toute considération contraire à ces mêmes intérêts, s'est exprimé sur cette question, dans la dernière séance du Conseil municipal, de manière à prouver qu'il l'avait étudiée avec le plus grand soin. Jamais sa parole n'avait été plus digne, plus persuasive, et nous sommes surpris que la grande majorité du Conseil n'ait pas accueilli ses conclusions avec empressement. Après avoir retracé l'historique de l'affaire et développé les motifs qui l'avaient forcé à abandonner le plan de M. de Bayser, il termine par ces paroles un discours aussi remarquable par la clarté des idées que par l'accent de profonde et loyale conviction qui les dictait.

« Nous sommes arrivés, Messieurs, au moment où « nous devons prendre sur cette affaire une décision défini- « tive; un plus long retard aurait de graves inconvénients « et je ne sais vraiment comment je pourrais l'expliquer « aux personnes qui, en dehors de cette enceinte, s'inté- « ressent aussi à sa solution. Je vous ai dit les graves mo- « tifs qui m'avaient forcé de renoncer au projet de M. de « Bayser. Mandataires de la cité, gardiens de ses intérêts, « vous devez les comprendre aussi bien que moi. Un ar- « chitecte étranger, mais sur le compte duquel il m'a été « donné des renseignements satisfaisants, et qui a une « grande expérience, nous offre un plan abordable quant à « la dépense, d'un aspect acceptable, et répondant aux be- « soins du présent et de l'avenir, puisque l'église qu'il pré- « sente est plus grande que l'église Saint-Nicolas. Une seule « crainte paraît vous préoccuper maintenant, et elle me « préoccupe aussi, car elle est capitale : c'est celle que l'é- « difice manque de solidité. Eh bien ! je viens vous indi- « quer le moyen d'obtenir satisfaction à cet égard : Je vous

« propose d'accepter le plan de M. Grigny, mais sous les « réserves suivantes :

« Je le soumettrai à l'examen de l'autorité supérieure, « j'appellerai particulièrement son attention sur la question « de solidité, je la prierai de provoquer l'opinion d'hommes « compétents. Si cette église ne présente pas assez de soli- « dité et qu'il faille pour la rendre telle qu'elle devrait être « ajouter au devis une dépense de 20 °/₀, c'est-à-dire de « porter le prix total de la construction à plus de 150.000 fr. « rien n'aura été fait et la question reviendra entière de- « vant vous. »

« Cette proposition n'a pas été adoptée par la majorité et les sept membres dont les noms suivent se sont seuls joints à M. le Maire : MM. Grandsire, Hamy, Mesureur, Ovion, Roberval, Saint-Gest, Belvalette. La discussion a été renvoyée à la session de février 1855.

« Quelle est la portée de ce vote qui fait peut-être à M. de Bayser, vis-à-vis de l'administration, une position à laquelle on n'a sans doute pas songé? On prétend qu'il implique le rejet du plan de M. Grigny et l'adoption, en principe de celui de M. de Bayser et que le renvoi à la session de février a pour but de donner à M. de Bayser le temps de modifier son travail et de ramener son devis à une somme de 150.000 fr., Fort bien. Mais que du moins on arrête quelque chose de possible et de promptement réalisable, non par morceaux, comme à Saint-Pierre, mais une église complète. Que M. de Bayser se mette à l'œuvre, on ne regardera pas à un mois ou deux, pourvu qu'il fasse enfin sortir la ville de cette ridicule position de voter tous les ans un crédit qui reste sans emploi, et de faire ériger Capécure en paroisse pour n'y entretenir qu'un curé *in partibus*.

« Que la position financière de la ville soit aussi prise en considération par l'architecte de la ville de Boulogne. Le temps où M. le Maire fixait à 200.000 fr. la somme qu'il croyait pouvoir dépenser pour l'église de Capécure était un temps d'aisance comparé au temps présent. La ville a depuis marché rapidement dans la voie des dépenses et elle est entrée dans celle des emprunts. Un mot dit à ce sujet trouvera ici son opportunité et donnera à réfléchir aux amis des arts et aux prophètes de l'avenir :

La ville a contracté l'année dernière un emprunt de	180.000 fr.
Sa dette antérieure est de	140.000 fr.
Le pont de la rue de la Lampe coûtera .	130.000 fr.
Le minimum d'intérêt (Chemin de fer de Boulogne) qu'elle sera bientôt obligée de payer s'élèvera à	150.000 fr.
L'église Saint-Pierre à achever. . . .	100.000 fr.
Il est encore dû sur le terrain domanial de l'établissement des bains plus de	70.000 fr.
Il faudra ajouter à la somme qu'on recevra des assureurs pour reconstruire le théâtre .	100.000 fr.
Pour la continuation de l'endiguement de la Liane et la promenade du petit rivage .	40.000 fr.
Pour la conduite des eaux à Capécure. .	30.000 fr.
Pour l'acquisition des casernes	300.000 fr.
Pour la halle au poisson qui y sera faite et pour l'appropriation des locaux à usage d'écoles destinées à certaines parties de la ville.	160.000 fr.
Total. . . .	1.400.000 fr.

« Un million quatre cent mille francs[1] de dettes à payer dans les dix ou douze premières années, ou de dépenses à effectuer en beaucoup moins de temps sans compter celles relatives à l'acquisition de plusieurs maisons sur la place des Victoires et dans les rues Thurot et Sainte-Croix ; à la continuation des travaux de l'hôtel-de-ville, des guichets de la porte des dunes, de la porte des degrés et de la promenade de bienfaisance ; à la construction d'écoles pour les filles dans le quartier Saint-Pierre, aux trottoirs demandés dans les principales rues, au paiement des terrains destinés à former deux nouveaux cimetières, et à agrandir l'ancien, le tout s'élevant à près de 300.000 fr. et qu'on se propose de payer annuellement sur l'excédant des recettes, déduction faite des dépenses ordinaires et obligatoires. Comment sortir de cette position si nous n'apportons pas la plus grande réserve dans le vote des nouvelles dépenses ? Il est douteux que l'autorité supérieure nous y autorise. Et si elle ne s'y opposait pas, il faudrait faire ce qu'on n'a pas fait pendant l'année calamiteuse de 1848, réformer largement les dépenses ordinaires, diminuer les subventions accordées aux établissements charitables, et de plus suspendre toute espèce d'amélioration. La ville serait ainsi condamnée pendant douze ans au moins à l'impuissance et à l'immobilité.

« Nous considérons donc qu'il serait extrêmement imprudent de dépenser en tout pour l'église de Capécure plus de 150.000 fr. C'est sur ce chiffre que M. de Bayser doit travailler, et encore trouvons-nous la somme bien forte

[1] Quand en 1854, M. Mesureur écrivait ces lignes, il ne soupçonnait pas que vingt-cinq ans plus tard Boulogne aurait eu dix millions de dettes.

pour nos moyens; mais dans ces conditions il nous est peut-être permis, comme l'a dit M. le Maire, d'espérer que la bienveillance du Gouvernement nous viendra en aide, ce que nous n'obtiendrions probablement pas si nous entreprenions une œuvre de longue haleine et hors de proportion avec nos ressources. On tend volontiers la main à l'homme raisonnable, un instant embarrassé, mais qui s'efforce d'améliorer sa position par l'ordre et l'économie; on la retire de celui qui, dans une position semblable, se livre à des dépenses inutiles et luxurieuses. Le Gouvernement sait aussi bien que nous, combien il importe qu'une église soit promptement construite à Capécure ; il connaît les besoins moraux de cette partie de la ville, tient beaucoup à ce qu'il y soit convenablement pourvu, et il verra avec satisfaction que nous agissons de manière à atteindre ce but le plus vite et le plus sûrement possible.

« Nous n'avons fait qu'effleurer au commencement de cet exposé la question d'urgence. Pour ceux qui douteraient encore qu'elle soit sérieuse, nous rapporterons ici quelques observations extraites d'un mémoire soumis au Conseil municipal par un digne ecclésiastique (M. l'abbé Rémont) et intitulé : Faut-il une église à Capécure? La faut-il de suite?

« Un quartier de Capécure est dans un état d'ignorance « et d'immoralité auquel rien n'est comparable dans le « diocèse. Cet état est la conséquence nécessaire de l'oubli « de Dieu, seul principe de la conscience et de tout bien. « Des infractions incessantes aux lois naturelles et divines « y produisent aussi la dégénérence physique. Là, le divorce « volontaire est en pratique, les liaisons coupables y sont « notoires et effrontées, et souvent le mariage lui-même ne

« va pas au delà de la formalité légale : contracté devant « l'autorité civile, il ne reçoit pas la sanction religieuse. « L'intempérance et la débauche s'affichent par des cris « sauvages poussés même près de la chapelle, ancien lieu de « honte dont elles regrettent la transformation, dans des ta- « vernes et dans la rue, à peu près régulièrement deux jours « et deux nuits par semaine. Les enfants témoins de tous « les désordres, chargent leur mémoire d'actions et de mots « ignobles en attendant qu'ils puissent entrer comme ac- « teurs dans ce monde dissolu.

« Il faut un remède à tant de maux et la religion peut « seule l'offrir; mais avec son sanctuaire actuel, avec sa « chapelle que peut-elle d'efficace pour cette localité? Des « abords sales, difficiles, obscurs, sillonnés par des hommes « à figures sinistres, des souvenirs odieux, un voisinage « abject, des vociférations au dehors, l'asphixie au dedans, « en éloignent ceux dont l'exemple influent entraînerait le « peuple, et ce peuple quel respect peut-il avoir pour un « pareil lieu ? — Lorsque déjà aucun bon sentiment ne l'y « attire, il saurait encore s'en défendre en alléguant son exi- « guité et son insalubrité. Mieux vaudrait peut-être que « cette chapelle n'existât pas, car, *devenue sa paroisse*, il « affectera de se croire obligé de n'en pas fréquenter d'autre « et excusé de ne pas remplir ses devoirs dans celle-ci.

« Il faudrait pouvoir parler à cette population dans un « local capable de la recevoir et propre à l'attirer. Ces fa- « milles nomades qui, hier encore, habitaient d'autres lieux, « d'autres centres industriels où peut-être elles ont con- « tracté l'insouciance de leurs plus nobles destinées, de leurs « plus pressants besoins, resteront livrées à leurs instincts, « et pour elles le monde des jouissances calmes et pures,

« des consolations pieuses, des résignations chrétiennes, « sera un monde inconnu, méprisé aussi longtemps qu'on « ne pourra les rattacher à un centre religieux d'où parti- « ront les efforts des ministres de la religion, pour faire de « ces éléments divers un tout homogène, croyant, pieux et « moral. Le mal est au sommet de la famille ; de là il dé- « coule sur les enfants et se perpétuera de génération en gé- « nération s'il n'est attaqué dans sa source par la religion. « Changer les parents, tel devrait être le premier soin ; c'est « à l'église que la transformation peut commencer ; c'est la « parole, ce sont les exhortations des prêtres qui la con- « tinueront et la consolideront. Une église et des prêtres, « voilà donc les moyens qui peuvent conduire au succès. Si « en présence d'un mal invétéré ils sont d'abord impuissants « sur les parents, que leur action puisse du moins s'exer- « cer sur les enfants, afin que devenus à leur tour chefs de « famille, ils commencent une ère nouvelle de génération. « C'est pour ces enfants que les instants sont précieux; c'est « surtout pour eux qu'il faut dire avec l'Évangile : ne re- « mettons pas à demain le soin de sauver une âme ! Ce n'est « pas le hasard qui a fait donner à l'église future de Capé- « cure le nom de Saint-Vincent de Paul. Il est dû à une « haute inspiration charitable et religieuse, il est éloquent. « etc.....

« Ne remettons donc pas à deux ans, à un an, à demain « même, la construction d'une église dans ce milieu perdu « et abandonné ; la génération virile s'y améliorera par « l'exemple et l'habitude, c'est déjà beaucoup; mais la jeune « génération l'attend pour devenir ce qu'il vous plaira « qu'elle devienne : enfants étiolés, initiés prématurement à « tous les vices, soldats du désordre si vous les abandon-

« nez ; citoyens sains, utiles et honnêtes si vous leur don- « nez des guides, un refuge et l'instruction religieuse.

« Déjà la ville a fait beaucoup pour ces pauvres créa- « tures ; elle leur a donné des écoles, des maîtres, des ins- « titutrices ; elle les a, autant que possible, soustraites aux « inspirations de la rue, aux spectacles des vices qui s'af- « fichent sur la voie publique ; mais le but que la sécurité « commune avait en vue est-il atteint ? Non, car en ren- « trant chez eux, le jeune garçon et la jeune fille trouveront « des parents dont l'église n'a pas sanctifié l'union, des « frères et des sœurs voués à l'impiété faute d'église... se- « ront-ils assez armés par les leçons des écoles pour se sou- « tenir eux-mêmes et plier leurs familles au joug de la mo- « rale ? Non, car une longue fréquentation de l'église et « les principes qui y sont enseignés avec persévérance et « autorité pourraient seuls leur en donner la force ; et cette « église leur manque comme elle manque à leurs parents. « Ils deviendraient donc bientôt ce que ceux-ci sont deve- « nus et, en définitive, les sacrifices que la ville s'est impo- « sés seraient perdus.

« Oh ! si l'on voyait de près ce désordre, cette immora- « lité, cette dépravation, il n'est pas un honnête homme, il « n'est pas un père de famille qui ne s'écrierait : Il faut là « une église et il la faut de suite . . . .

. . . .

« L. Mesureur.

« Boulogne, le 28 décembre 1854. »

CHAPITRE IX.

VIVES ATTAQUES CONTRE LE MÉMOIRE DE M. MESUREUR.

L'*Impartial* ne manqua pas d'attaquer ce consciencieux travail du rapporteur de l'ancienne Commission; nous lisons, en effet, dans son numéro du 4 janvier 1855 :

« La *Colonne* de dimanche nous gourmande en termes fort vifs de l'irrévérence avec laquelle, dans l'*Impartial* du 21 décembre, nous avons parlé du plan d'un architecte d'Arras, M. Grigny, que toutes sortes d'influences ont essayé de faire adopter par le Conseil municipal pour l'église à bâtir à Capécure; et nous recevons communication d'une brochure qui nous semble assez proche parente de l'article de la *Colonne* où M. Mesureur essaie, en bon style si ce n'est par de bonnes raisons, de venger ces influences des échecs qu'elles ont subis.

« Nous n'entreprendrons pas de répondre dans un article de journal à une brochure de 31 pages. Nous laisserons à des plumes plus compétentes et plus autorisées que la nôtre le soin de séparer du bon grain que ce pieux écrit renferme les quelques brins d'ivraie qui y sont mêlés : nous ne sommes pas assez oublieux des convenances pour nous permettre, nous jeune homme né d'hier à peine à la vie littéraire, de nous en prendre à un homme de l'âge et de l'autorité de M. Mesureur, conseiller municipal influent, magistrat savant, écrivain exercé et qui aurait sur nous tous les genres de supériorité.

« Nous le livrerons donc à des adversaires plus dignes de lui.

« Qu'il nous permette quelques petites remarques cependant.

« Si nous avons bonne mémoire, quand il s'est agi de la fameuse question du pont de la rue de la Lampe où il a joué un si grand rôle, on l'a entendu répéter sur tous les tons, que le temps ne faisait rien aux affaires municipales, que mieux valait étudier longtemps qu'exécuter à l'étourderie. Comment donc se fait-il qu'il reproche si fort aujourd'hui à M. de Bayser le soin même avec lequel cet habile architecte a étudié son projet et le temps qu'il a consacré ? On s'est donc bien trouvé d'avoir fait les choses si vite pour la paroisse nouvelle de Capécure ? La transformation en une église d'une misérable guinguette, à la grande affliction des amis éclairés de la religion, a donc été une œuvre fort profitable à la moralité publique [1] ? Toute cette précipitation inconsidérée a donc eu de bien brillants résultats, que l'on veut aujourd'hui dévorer encore une fois le temps et bâcler en toute hâte une église *telle quelle,* sans souci de l'art, de l'avenir, de l'influence heureuse qu'exercent sur les populations les beautés architecturales d'un édifice religieux.

« Ah ! d'un bout à l'autre de la brochure de M. Mesureur, il n'y a pas de termes si vifs de dédain qu'il ne les inflige à cette œuvre inexplicable de profanation de choses saintes accolées aux souvenirs des orgies les plus échevelées ! Eh bien ! nous le lui prédisons, c'est là, —

[1] Comprend-on que des catholiques puissent parler de la sorte lorsqu'il s'agit d'âmes à sauver ? Et le rédacteur de l'*Impartial* était le porte-plume de certains ultra-catholiques.

pour d'autres motifs, — ce que l'avenir réserve à son église, s'il a le malheur de parvenir à faire exécuter cette mesquine et pauvre conception à laquelle il lui plaît aujourd'hui d'accorder son puissant patronage ; avant dix ans, il pourra voir, s'il ne les exprime lui-même tout le premier, les regrets éclater de toutes parts et le plus juste discrédit s'attacher à une œuvre sans nom et aussi indigne de notre ville que de notre temps.

« Il nous semble bien aussi que dans cette même discussion du pont de la rue de la Lampe, M. Mesureur avait grande foi en *l'avenir* de Boulogne dont il est bien près de se moquer aujourd'hui. Comme il s'agissait de lancer la ville dans de fortes dépenses de percement de rues, de construction d'un pont gigantesque... etc... il avait trouvé avec facilité merveilleuse, cent moyens de la convaincre que son avenir était magnifique, qu'elle ne devait pas hésiter à faire largement les choses, que certaines économies étaient ruineuses. etc... Comment donc soutient-il une thèse toute contraire et lequel a raison de M. Mesureur d'hier et de M. Mesureur d'aujourd'hui ?

« C'est fort embarrassant et à moins de cesser de croire à notre propre bon sens, il faut bien que de ces variations si brusques nous concluions que l'imagination et la passion, ces folles du logis, sont de très mauvaises conseillères et qu'elles jouent plus d'un tour à qui les prend pour ses guides.

« Quant à la *Colonne* elle va être cette fois bien satisfaite. Si fort qu'elle nous ait tancé, nous reconnaissons humblement que c'était chose méritée, et nous nous inclinons sous sa mercuriale à grand fracas.

« Ah ! oui, nous sommes en effet bien coupable d'avoir

parlé avec peu de respect d'un homme en qui se personnifie, si l'on en croit certain monde, toute l'architecture religieuse de notre âge et qui, n'eût-il fait que la jolie chapelle des dames du Saint-Sacrement d'Arras, avait droit à tous nos égards.

« Pour être nés d'un sentiment exalté de justice et du chagrin que nous éprouvions à voir atteindre dans sa considération, dans son honneur, dans toute sa dignité d'artiste, l'architecte même de notre ville, nos traits d'irrévérence n'en existent pas moins et ils nous inspirent un profond repentir.

« M. Grigny a bâti la magnifique chapelle que nous citions tout à l'heure et qu'en vers et en prose mille voix ont célébrée. Il construit à la fois une église de Valenciennes, une cathédrale à Genève, dix ailleurs, il a le don de l'ubiquité, il court du Nord au Midi sans jamais se lasser, ordonnant ici, réformant là, maître en tous lieux et, comme César, dictant à quatre en même temps, conduisant de front vingt édifices, dont un seul suffirait à absorber toutes les qualités d'un grand architecte. Merveille ! il a dans ses portefeuilles des devis par centaines, des plans à ne pouvoir les compter. Il en a pour tous les emplacements, pour toutes les bourses, depuis le chétif village qui n'y peut mettre plus de 20.000 fr. jusqu'à la cité opulente qui y consacre un million. C'est l'Alexandre Dumas de l'architecture religieuse. Saluons donc, nous le voulons bien, de notre admiration, un si universel et si multiple génie et faisons amende honorable devant cette renommée.

« Cette légitime part faite à l'homme supérieur, il faut que l'on nous permette de revenir à notre église.

« Si le divin Homère sommeillait quelquefois, M. Grigny peut bien lui aussi de temps en temps dormir. Or, si grand architecte qu'il soit, de si haut qu'il mérite les ardentes sympathies qui le soutiennent, en est-il moins vrai que le plan transmis ici par lui et pris au hasard dans ses cartons, n'est rien de plus qu'un plan broché par quelque élève encore perdu dans les limbes de la plus complète ignorance.

« A-t-il été, oui ou non, rejeté tout d'une voix par le Conseil des bâtiments civils, quand il s'agissait de l'appliquer à la commune d'Oisy ?

« Est-il vrai que par économie, M. Grigny n'élève qu'à 1 m 50 le sol de son église au-dessus du *marais,* comme le dit fort bien M. Mesureur, au centre duquel elle doit reposer et qu'elle soit ainsi condamnée d'avance à pourrir sur pied, toute maculée des stigmates d'une irrémédiable humidité ?

« Est-il vrai que le sol des rues et places de Capécure devant être élevé au niveau des quais, son église en peu d'années serait enterrée de plus d'un mètre ?

« Est-il vrai que cette église est tellement exiguë que, perdue au milieu de la place immense de Capécure, elle apparaîtra comme quelque taupière au milieu d'une vaste plaine ?

« Est-il vrai qu'elle sera écrasée par la gare voisine, par les moindres habitations d'alentour, par les maisons de campagne si fièrement assises sur les monts d'Outreau, triste situation, ce nous semble, pour la maison de Dieu, que nos pères ne trouvaient jamais assez haute, assez hardiment élancée vers le ciel ?

« Est-il vrai que ses murs sans contreforts n'ont pas la

moitié de la solidité nécessaire pour résister à la poussée de ses voûtes ?

« Est-il vrai que toute sa décoration intérieure et les arêtes mêmes de ses piliers doivent être exécutés en mortier qui ne résistera pas aux moindres chocs, et que l'aire de cette église sera perpétuellement jonchée des débris pulvérulents de tous les angles à la portée des fidèles ?

« Est-il vrai que ne connaissant pas les matériaux du pays, M. Grigny a conçu sa décoration extérieure en moëllons de grès, c'est-à-dire formée de cette pierre locale si dure qu'elle résiste à tous les efforts du ciseau ?

« Est-il vrai que d'ordinaire un plan hâté, un devis à peine raisonné, soient gros des déceptions les plus cruelles et que sous couleur d'économie, cela menace toujours des dépenses excessives ?

« Est-il vrai enfin que dans toutes ces sortes de travaux rien ne supplée l'expérience et qu'il est au moins singulier que l'on aille chercher au loin un architecte étranger à notre pays pour nous bâtir une église quand nous avons sous la main un homme qui, a l'habileté la moins contestée, au sentiment artistique le plus épuré, joint une science pratique de notre terrain, de nos matériaux, de nos ouvriers, que tout le génie du monde ne peut remplacer, nous nous trompons, ne sait remplacer qu'à la condition de disposer de millions, parce que les grosses sommes couvrent toutes les bévues ?

« Quand la *Colonne* aura répondu catégoriquement à ces questions et à cent autres que nous pourrions poser, nous reconnaîtrons que nous avons eu tort de prendre le parti de l'œuvre de M. de Bayser contre celle de M. Grigny.

« Jusque-là, nous persistons ; ne retranchant rien, ne regrettant rien de notre article, si ce n'est d'avoir parlé avec légèreté d'un homme que ses travaux et ses mérites doivent faire respecter même quand il a tort.

« Quant aux âmes pieuses, aux saints ministres des autels, objet de notre profonde et reconnaissante vénération, qui veulent à tout prix du plan de M. Grigny, qui font bon marché de l'art, qui sacrifient tout à la promptitude de l'exécution, qui veulent, en un mot, qu'on leur *improvise* une église, dût-elle s'écrouler dans vingt ans, nous leur rappellerons respectueusement le mot de saint Jérôme qui s'est un jour trouvé être le mot d'un diplomate fort mondain : « Sachez gouverner votre zèle, car, il « ne prouve pas que vous ayez raison. »

Quand on lit cette prose de jeune homme légère, gouailleuse, mais vide d'arguments sérieux et solides, on ne peut s'empêcher de plaindre sincèrement les hommes qui, cachés derrière le rideau, faisaient une guerre sourde à l'œuvre de M. Grigny. Cet état de choses était bien pénible à l'abbé Rémont ; il sentait un besoin pressant d'une église à Capécure et il savait pertinemment que l'opposition venait de la part de certains catholiques ardents, reconnus comme tels par toute la cité, mais qui, dans le cas présent, mettaient avant le salut des âmes, une mesquine question d'art et une affaire de personnalité. L'abbé Rémont était toujours sur la brèche ; il fournissait des matériaux à ceux qui soutenaient son œuvre et dans les journaux et par les brochures, et ses défenseurs n'étaient souvent que des prête-noms qui voulaient bien signer ses écrits. L'abbé Rémont n'avait aucun espoir de faire construire à Capécure l'église de M. Grigny, mais il se servait de M. Grigny — du consentement de M. Grigny lui-même — pour entretenir la lutte et pour obliger les catholiques boulonnais à bâtir une église dans sa paroisse.

CHAPITRE X.

NOTES BIOGRAPHIQUES SUR L'ARCHITECTE GRIGNY.

Avant d'aller plus loin, il n'est peut-être pas inutile de dire un mot de M. Alexandre Grigny, l'architecte artésien, si vertement traité par le journal l'*Impartial*. D'ailleurs, M. Grigny va tout à l'heure entrer en scène lui-même et il est bon qu'on le connaisse.

Alexandre-Charles Grigny est né Arras le 8 avril 1815 ; c'est le fils d'un ouvrier, devenu à force de travail, d'intelligence et d'économie, entrepreneur de bâtiments.

Le père rude et courageux artisan, se défiant de sa tendresse, voulut, aussitôt qu'il le vit assez fort pour se livrer à quelques travaux manuels, que son fils entrât en apprentissage chez un étranger, chez un maître-maçon. Son désir était de lui voir continuer la profession paternelle et son expérience lui disait que son fils devait préalablement manier la truelle et le ciseau, pratiquer laborieusement lui-même pendant des années, avant de se poser maître, d'entreprendre et de commander.

« Quand tu sauras exécuter, lui répétait-il souvent, tu sauras bien commander et être bien obéi. » Ces paroles n'étaient pas oubliées par l'enfant docile de l'honorable et prudent ouvrier.

Apprenti-maçon, Alexandre Grigny fut une fois chargé par son maître d'aller exécuter quelques menus travaux d'intérieur dans la Communauté des dames du Saint-Sacrement d'Arras.

La Supérieure, en visitant les travaux, remarqua le jeune apprenti, dont la manière de faire sentait le zèle et l'intelligence, s'approcha de lui et lui adressa quelques paroles bienveillantes. Entre autres choses elle lui dit par manière d'acquit, en quelque sorte, et sous forme générale d'encouragement et certainement sans y attacher la moindre importance, la moindre signification, qu'elle lui confierait un jour la construction d'une chapelle s'il continuait à bien travailler.

On saura que, à cette époque déjà, l'esprit de la digne religieuse caressait avec affection un projet depuis longtemps conçu, la construction d'une chapelle dans l'institution qu'elle dirigeait. Au moment où elle rencontra Alexandre Grigny, elle s'occupait de son cher projet, et si elle en entretenait l'humble ouvrier, c'était par suite de ce besoin naturel d'épanchement que l'on ressent quand on a la pensée et le cœur pleins d'une chose aimée et poursuivie avec ardeur.

Toujours est-il que les paroles de la Supérieure, si peu sérieuses qu'elles fussent par rapport à celui auquel elles s'adressaient, descendirent profondément dans la mémoire de l'apprenti, s'y fixèrent, s'y incrustèrent avec une telle force, qu'elles furent tout à coup pour lui comme une illumination, une révélation d'aptitude, d'irrésistible vocation. Grigny voulut être architecte, il pensa et il resta convaincu qu'il ne pouvait plus être que cela.

A partir de ce moment, il se livra avec une dévorante

activité, une espèce de fièvre continue, qui excluait la fatigue du corps et de l'esprit, à l'étude du dessin et de l'architecture, puis au bout de quelques années, toujours maçon et simple architecte en théorie, il ne put plus se contenter de sa vie étroite, de ses travaux vulgaires, de son horizon borné. Le rêve éveillé dans sa pensée ardente étendit ses perspectives, lui donna le besoin de se mouvoir dans un cercle plus vaste, de s'attacher à des études plus élevées, plus en rapport avec les travaux dont le sentiment des beaux-arts faisait fortement germer l'idée en lui.

Muni de ses outils de maçon, il quitta un matin, par un beau soleil de printemps, le toit paternel et la ville d'Arras. A peine âgé de 20 ans, il marche sans hésitation, courageusement devant lui, réalisant ainsi dans toute sa fière et vigoureuse poësie le héros de George Sand, le compagnon du tour de France. Car, Alexandre Grigny ne manie la truelle que comme l'instrument de sa vie matérielle, le moyen nécessaire de mener à bonne fin sa belle et généreuse entreprise. C'est architecte qu'il veut être par l'étude consciencieuse et profonde de l'art et des monuments, et il parcourt longtemps la France et la Belgique, appliquant avec passion tous ses goûts d'artiste à l'étude des monuments et surtout des églises de ces deux pays.

Il rentra enfin à Arras et se résignant bravement à la force des choses, il s'établit maître-maçon, malgré ses tendances et ses révoltes intérieures d'artiste. La voix de la raison et le souvenir des leçons paternelles étaient écoutées religieusement par lui.

Il y avait trois ou quatre ans qu'il vivait ainsi à Arras de la vie de maçon, quand tout à coup il apprend que la

Communauté du Saint-Sacrement se prépare à construire une chapelle ; qu'à cet effet plusieurs architectes ont déjà été consultés et que même quelques-uns d'entre eux ont fourni des projets.

Son désappointement fut grand d'abord, amer même. Les paroles de la Supérieure, réveillées dans ses souvenirs, toujours jeunes de ce côté, y résonnaient avec plus de force que jamais, excitant en lui d'impatientes ardeurs, des exigences d'artiste qui lui semblaient les plus légitimes. « Travaillez, avait dit à l'enfant la religieuse, et vous construirez la chapelle. » L'enfant avait travaillé autant qu'on pouvait le faire de cœur et d'âme, de toutes les puissances humaines, et les paroles qu'il avait entendues, recueillies avec tant d'avidité ne pouvaient pas être des paroles banales, une encourageante flatterie adressée à un enfant, c'étaient de sérieux et sacrés engagements vis-à-vis de lui et dont il avait le droit de réclamer l'exécution au nom de tout ce qu'il avait fait pour acquérir ce droit. Il lui semblait en un mot que la réalisation du saint monument qui était devenu le rêve passionné de sa vie, qui l'avait fait ce qu'il était, ne pouvait appartenir qu'à lui, qu'en charger un autre, ce serait se rendre coupable à son égard d'un vol impossible. Grigny se rassure donc bientôt et dans sa confiance irréfléchie, instinctive en quelque sorte, sans renseignements sur les vues de la Communauté, sur l'emplacement du monument à construire, sur les caractères et les dimensions de ce monument, il fait à la hâte son projet de chapelle ; puis, il s'introduit, sous un prétexte dans l'établissement, glisse furtivement son projet par une grille et se retire en comptant sur sa bonne étoile, sur la justice de la Providence.

La démarche de Grigny était certes aussi singulière qu'aventurée, et cependant elle réussit. Le plan, signé du nom de son auteur, est trouvé par une sœur, remis aux mains de la Supérieure, examiné en Conseil, et malgré les défavorables conditions dans lesquelles il se produit, on le juge comme celui qui se rapproche le plus du but proposé.

La supérieure fait alors appeler près d'elle l'auteur du plan; une explication a lieu entre eux; on se reconnaît, on se rappelle, on s'étonne; la pensée pieuse voit dans ce qui se passe la main de Dieu; un nouveau projet est demandé mieux approprié aux lieux et aux choses arrêtées; et quelques jours après cette bienheureuse entrevue, Grigny revient avec le nouveau projet, cette fois fait en parfaite connaissance de cause, fait surtout avec amour, avec un religieux enthousiasme.

Il présente son projet et ce projet surprend, provoque l'admiration et le doute à la fois. La chapelle proposée est si élégante, si svelte, si gracieuse et si imposante dans son ensemble, elle est tellement chargée de détails et de difficultés d'exécution; la dépense présumée paraît devoir être si grande, qu'on hésite et qu'on regrette. C'est un rêve, un beau rêve qui ne pourra malheureusement pas se réaliser.

Le projet est soumis à des hommes compétents et leur suffrage vient sanctionner la surprise admirative qu'il a provoquée dans la Communauté; seulement la possibilité de l'exécution est mise en doute en présence des moyens qu'on peut seuls mettre à la disposition de l'architecte qui se propose.

C'est au tour de la sœur directrice de l'institution à poursuivre ardemment l'accomplissement du plan qu'on a fait briller à ses yeux, et qui lui montre sous une forme si éblouissante et qu'elle n'aurait jamais osé rêver, cette chapelle qui occupait depuis si longtemps sa pensée.

Et cependant vers le milieu de l'année 1842, heureux et sûr de lui-même, Grigny, à peine âgé de 27 ans, faisait poser la première pierre de la chapelle du Saint-Sacrement. Et avec quels soins, quelle patience, quelle attention minutieuse il dirigeait les travaux ! Estimé et aimé de tous ses anciens camarades de labeur, il les avait appelés à lui, avait fait passer en eux un peu de son feu sacré, les avait façonnés à sa manière et puis quand il en avait été sûr, il les avait mis à l'œuvre, choisissant lui-même les matériaux, examinant chaque pierre et donnant l'exemple et l'élan autour de lui. Et comme il était écouté ! Les paroles du père apparaissaient alors dans toute leur vérité avec toute l'autorite de l'expérience : « Celui-là seul qui sait exécuter sait commander. » Alexandre Grigny savait si bien exécuter, il inspirait une telle confiance et on l'aimait tant, qu'il n'avait pas même besoin de commander. On l'écoutait, on cherchait à l'imiter autant que possible ; c'était un travail fraternel entrepris par des frères, sous la direction d'un d'entre eux, supérieur seulement par l'intelligence et le talent.

Au bout de deux ans, l'œuvre s'élevait déjà de terre et pouvait être comprise ; et les travaux étaient suivis avec un vif intérêt par toute la population du dedans et du dehors.

A cette époque, en juin 1845, Grigny soumettait les plans de sa chapelle au Congrès de la société française pour la conservation des monuments et le Congrès lui décernait bientôt la première médaille d'architecture pour la

France. C'était certes un témoignage du mérite de l'artiste et de l'œuvre entreprise.

En 1847, l'académie d'Arras, reconnaissante et juste autant que possible, attachait sur la poitrine de Grigny une médaille d'or; alors son œuvre était presque achevée et l'admiration était grande, unanime.

Ce fut, en effet, un beau jour pour l'artiste et pour la ville d'Arras émerveillée que celui où la chapelle du Saint-Sacrement s'élança blanche, légère et hardie, sous un ciel radieux, avec sa flèche octogone, taillée comme une dentelle et dont la pointe s'élève à 57 mètres du sol, avec les vives arêtes de ses clochetons et de ses aiguilles dont le sommet s'épanouit gracieusement comme une luxuriante végétation tropicale, avec les longues et harmonieuses ogives de ses fenêtres aux vitraux de couleur.

Quand on voit cette riche et patiente architecture, les innombrables et les difficiles détails qui la distinguent, quand on mesure les dimensions de l'édifice, quand on calcule les limites étroites et ingrates dans lesquelles l'artiste a été obligé de se renfermer, on se dit que le monument a dû entraîner des dépenses immenses pour la Communauté qui l'a fait édifier, et cependant il ne coûte que 200.000 fr., comme il n'a coûté que cinq ans de travail à peine, c'est-à-dire presque rien en présence des travaux accomplis. C'est que l'architecte n'a pas fait de son entreprise une spéculation, mais une œuvre désintéressée d'artiste et d'amour; c'est qu'il a tenu à prouver qu'avec du courage, de la foi et le feu sacré de l'art, on pouvait presque faire des miracles.

L'autel de la chapelle fut aussi fait sur les dessins de Grigny, c'est un véritable prodige. Le buffet d'orgue est également des plus remarquables. M. de Caumont, présisident du Congrès archéologique, s'est écrié en le voyant que c'était le plus beau dans ce style qu'il eût vu tant ancien que moderne.

Le Conseil général du Pas-de-Calais, en 1849, demandait à *l'unanimité* la croix de la Légion d'honneur pour l'architecte Grigny.

A peine Grigny eut-il débuté par un chef-d'œuvre qu'il se lança dans la carrière de l'architecte avec l'entrain et l'enthousiasme dont il venait de donner des preuves éclatantes ; en 1854 il avait bâti plus de trente églises, toutes remarquables, plusieurs cathédrales, dignes d'entrer en parallèle avec leurs sœurs bâties dans les âges de foi du XIIIe et du XIVe siècles.

Grigny est mort il y a une dizaine d'années, après avoir construit d'innombrables églises en France et à l'étranger qui lui ont mérité un nom illustre parmi les architectes religieux. Jusqu'à son dernier soupir, Grigny fut un artiste bon, simple, modeste, et chrétien malgré ses magnifiques succès. Ses dernières années furent attristées par la perte de la vue, suite de ses incessants travaux. On peut encore dire à son éloge qu'il n'a jamais ambitionné la fortune ; le lucre n'avait pour lui aucun appas ; il s'est contenté de travailler pour vivre, il est mort pauvre.

Nous avons tenu à consigner ici ces détails biographiques sur l'architecte Grigny, afin que le lecteur ne se hâte point de juger cet homme remarquable par les articles de journaux et les brochures émanés de plumes boulonnaises que nous sommes forcé de rapporter pour être complet dans notre travail. Nous ferons voir tout à l'heure que Grigny savait répondre à ses contradicteurs, et que parfois il maniait aussi bien la plume que l'équerre et la règle.

CHAPITRE XI.

GRIGNY SE DÉFEND CONTRE SES ADVERSAIRES. — L'IMPARTIAL ATTAQUE A NOUVEAU.

Nous n'avons pas fait l'éloge de M. Grigny afin de rabaisser M. de Bayser, son émule. Loin de nous semblable pensée. Nous aurions aussi de bien belles choses à dire de l'architecte de la ville de Boulogne ; nous reconnaissons en lui un véritable génie, un artiste supérieur ; nous pourrions louer sa modestie, sa simplicité, son affabilité ; nous avons d'ailleurs la bonne fortune d'être de ses amis. « *Amicus Plato, magis amica veritas.* »

Maintenant M. Grigny entre en scène lui-même.

Nous lisons en effet dans la *Colonne* du 14 janvier 1855:

« Nous avons lu l'article de l'*Impartial* du 5 de ce mois, nous trouvons que le signataire de l'article est bien jeune pour écrire avec autant de fiel que celui qu'on y remarque. Il est aussi bien difficile de comprendre que *né d'hier à la vie littéraire,* comme il le dit lui-même, il se livre dès son début, avec tant d'amertume, à une polémique dont il n'aborde même pas la partie littéraire ; mais nous ne voulons pas nous charger d'approfondir ses sentiments.

« Une brochure ayant pour titre : *Question de la construction de l'église de Capécure* a été récemment publiée par M. Mesureur aîné, membre du Conseil municipal. Il faut être bien malheureusement organisé pour trouver dans cet écrit remarquable par son esprit de modération et de conciliation, l'occasion de se livrer à d'injurieuses récriminations. Nous en recommandons la lecture aux personnes qui voudraient se former une opinion nette sur la question qu'elle examine.

« Quant à nous personnellement, nous reconnaissons qu'étant peu versé dans l'architecture, en théorie comme en pratique, et que n'ayant pas la science infuse comme l'écrivain né d'hier à la vie littéraire, il nous est impossible de répondre par nous-même aux nombreuses questions artistiques qui nous sont adressées par notre savant adversaire.

« Cependant M. Grigny ayant bien voulu nous communiquer de nombreuses notes à l'aide desquelles il répond à toutes les objections peu fondées qu'on lui adresse, nous en citerons seulement quelques-unes dans l'impossibilité de pouvoir les insérer toutes à cause de leur étendue.

« L'*Impartial,* après avoir reproché à M. Grigny d'avoir fourni ses plans et devis, dans l'espace d'un mois, l'appelle l'Alexandre Dumas de l'architecture. M. Grigny répond :

« En nous appelant l'Alexandre Dumas de l'architecture, et en s'étonnant que nous ayons fourni nos plans et devis dans l'espace d'un mois, l'*Impartial* qui ne perd jamais son clocher de vue, nous montre combien il est resté en arrière des progrès de notre époque. Voudrait-il donc nous présenter pour type M. l'architecte de la ville, qui a mis deux ans à faire un projet de 400.000 fr. quand des hommes les plus compétents dont se compose la Commision d'examen des projets et de rédaction du programme de l'église de Notre-Dame de la Treille de Lille, actuellement mise au concours, n'accordent que six mois (jusqu'au 1er juillet 1855) pour l'étude des projets d'une cathédrale qui doit coûter trois millions, monument complet au point de vue de l'esthétique religieuse, avec trois dessins de vitraux, de carrelage et d'ameublement en rapport avec l'édifice.

« Comparé au futur lauréat de ce concours peut-on encore appeler baclé un projet de 100.000 fr. fait en un mois.

— « Au sujet de la critique du plan de M. Grigny, auquel on reproche de l'avoir pris au hasard dans ses cartons... l'architecte dit avec raison :

« Cette importance attachée au fini du dessin, qui sent à la fois l'écolier et le système, nous permet de vous dire que les beaux plans sont pour la plupart de véritables trompe-l'œil, non seulement pour celui qui fait bâtir, mais encore pour l'architecte lui-même, dont tous les soins doivent se porter sur l'exécution réelle ; les vieux maîtres y attachaient-ils donc cette importance ?

« En voyant les cartons de Michel-Ange dont le musée de Lille possède une riche collection, les profanes de l'*Impartial* diraient sans doute qu'il ne savait manier ni l'équerre ni le compas.

— « A cette question plus importante encore : « Le « plan a-t-il été oui ou non rejeté tout d'une voix par le « Conseil des bâtiments civils lorsqu'il s'agissait de l'appli- « quer à la commune d'Oisy ? » M. Grigny fait la réponse suivante :

« Oui, le projet de l'église d'Oisy, qui n'est pas celui de Capécure, a été rejeté par le Conseil des bâtiments civils, comme tous les projets que j'y ai présentés jusqu'à ce jour l'ont été par esprit d'opposition systématique.

« Mais n'en déplaise à l'*Impartial* et à la Commission des bâtiments civils elle-même, ce projet, revêtu de l'approbation ministérielle et préfectorale, est aujourd'hui en bonne voie d'exécution et démentira dans huit mois, par son complet achèvement, les sinistres prédictions des rapports de cette docte assemblée, composée alors de six membres, dont trois architectes de la localité, y compris M. l'architecte du département, dont MM. les collaborateurs de l'*Impartial* sont à même d'apprécier les dispositions à mon égard.

« Je m'estime donc bien heureux de pouvoir comme César dicter quatre projets à la fois, pour ne pas être comme presque tous les architectes du Pas-de-Calais sous la dépendance de ce czar de l'architecture départementale.

« Nous avons traité la question du sol dans le dernier Mémoire, nous n'en parlerons plus. Nous ajouterons cependant que presque toutes nos cathédrales n'ont qu'une ou deux marches au-dessus du niveau du sol et que le parvis d'Amiens est sans contredit le plus élevé que l'on connaisse.

— « Voici ce que répond M. Grigny au reproche d'exiguité qu'on lui adresse :

« Notre église est plus grande que celle de M. de Bayser et vous appelez taupière une église qui a un dôme de 80 pieds d'élévation, une flèche de 170 pieds, 30 pieds de plus que celle de Saint-Nicolas, le dôme surpasserait également de 30 pieds la voûte de Saint-Nicolas qui n'a que 50 pieds; une église établie dans des proportions relatives de hauteur et de largeur avec Saint-Bertin de Saint-Omer, si ce n'est mauvaise foi, avouez au moins que c'est la dernière ressource d'un adversaire à bout d'argumentation.

— « L'*Impartial* demande : Est-il vrai que les murs sans contreforts n'ont pas la moitié de la solidité nécessaire pour résister à la poussée des voûtes ?

« Je me suis réservé, dit M. Grigny, et me réserve encore (pour combattre les ignorantes observations qui me sont faites sur la poussée des voûtes) de demander à mes adversaires la preuve scientifique et mathématique du peu de solidité dont on les accuse, avec l'intention bien entendue de ne combattre qu'un adversaire sérieux. Voilà un défi, qu'on y réponde avant de se faire juge.

— « Est-il vrai, dit le même journal, que toutes les décorations et les arêtes des piliers de la nef et de leurs chapiteaux vont être exécutées en mortier? etc.

« Tranquilisez-vous, répond l'architecte, les piliers de la nef et leurs chapiteaux seront construits en pierre, il n'a été prévu de sculpture en mortier que pour les chapiteaux des petites galeries supérieures.

— « L'*Impartial* ajoute avec raison : que rien ne peut suppléer à l'expérience : M. Grigny répond par des faits concluants. « J'ai bâti trente églises dans différents pays, et partout ces monuments attestent le parti que j'ai su tirer des matériaux qu'offraient les différentes localités.

« Ne suis-je pas le premier qui ait introduit dans le nord de la France l'art de construire des églises monumentales en briques ? Et la qualification d'étranger qu'on ne m'épargne pas est-elle applicable à celui à qui tant de fois déjà le Conseil général du département a témoigné sa sollicitude d'une manière si flatteuse (MM. Adam et Chauveau-Sire en faisaient partie) ?

— Il est dit dans une dernière phrase : « Que les « grosses sommes couvrent toutes les bévues. » — Il me semble, dit M. Grigny, que cet argument devrait surtout s'appliquer au projet dont la dépense est la plus élevée.

« Puisqu'il est parlé de la chapelle du Saint-Sacrement, je mets quiconque au défi de me prouver que j'ai dépassé mon devis de plus de dix mille francs, somme insignifiante eu égard à la dépense générale, et surtout quand on considère que la moitié de cette dépense générale à été faite en main-d'œuvre. »

Comme on le voit et comme nous le faisions remarquer tout à l'heure, M. Grigny savait se défendre et réduire à néant les allégations du journal l'*Impartial*. Mais l'*Impartial* s'était embarqué dans une fausse route, il ne pouvait plus reculer. Aussi revient-il à la charge dans le numéro du 18 janvier 1855.

Après avoir raconté que la Commission chargée dans la dernière séance du Conseil municipal d'étudier, sur de nouveaux frais, la dépense du projet de construction d'une église à Capécure, avait décidé que les deux architectes en cause seraient invités à présenter, dans le délai d'un mois, chacun un nouveau plan d'une église complète avec son devis et dont le prix ne devrait pas s'élever au-delà de 150.000 fr., chiffre rigoureux, il ajoute :

« C'est évidemment une pensée de conciliation qui a dicté cette décision et, à ce titre, nous lui devons le plus scrupuleux respect, quoique, en principe, elle nous semble anormale par rapport à la qualité d'architecte de la ville que M. de Bayser porte si honorablement depuis tant d'années. Il nous eût semblé plus rationnel, ou d'ouvrir un concours entre tous les architectes du département et de la France, ainsi que cela se pratique souvent, ou de charger exclusivement M. de Bayser de préparer un nouveau plan dans les conditions nouvellement déterminées. A notre avis, l'une ou l'autre de ces deux mesures eût paru plus équitable que le terme moyen employé par la Commission.

« Quoi qu'il en soit, les deux artistes sont saisis de la demande de la Commission ; à eux de justifier, chacun de son côté, les espérances amassées sur leurs têtes par leurs partisans respectifs.

« Cette nouvelle phase de la question nous dispense de continuer, dans les termes où elle est engagée, la polémique ouverte entre les journaux de la localité sur cette affaire si grosse de tempêtes dans notre petite communauté boulonnaise.

« M. Grigny, avec cette touchante modestie qui sied si bien au talent, a jugé à propos de chanter ses propres louanges dans la *Colonne* et de répondre à nos observations, puisées à des sources respectables, par un dithyrambe en son honneur, par l'exaltation de ses hauts faits artistiques. M. Grigny a bâti trente églises : ce sont autant de chefs-d'œuvre ! M. Grigny a inventé la construction en briques des églises monumentales ; si ses plans n'ont jamais été approuvés par la Commission des bâtiments civils, ça été par esprit d'opposition systématique.... etc. Or, comme c'est M. Grigny qui le dit, il ne nous est pas permis d'élever le moindre doute sur tout cela ! »

— Ce bavardage du rédacteur de l'*Impartial* dénote un journaliste aux abois. C'est dénaturer la réponse de M. Grigny que de l'exposer de la sorte. L'architecte d'Arras était attaqué, il s'est défendu ; il aurait donc fallu, au gré de l'*Impartial*, que dans sa réponse il ne parlât pas de lui et ne se justifiât pas des imputations mensongères dont il était l'objet !

L'*Impartial* continue : « Avec une superbe essentiellement romantique et qui rappelle cette époque littéraire où la jeunesse des écoles traitait Racine de *polisson*, M. Grigny raille agréablement les plans trop bien faits qu'il nomme *trompe-l'œil* et qui sentent l'écolier et le système ; lui qui fabrique des projets par douzaines et à la minute il reproche à M. de Bayser d'avoir mis quatre ans à rédiger celui d'une église de 400.000 fr.

« Pour quiconque sait la vie laborieuse et incessamment occupée de mille détails administratifs et autres d'un architecte communal consciencieux, comme l'est M. de Bayser, cette période de quatre années se réduira singulièrement si on isole les heures consacrées à l'élévation de ce plan, reproduit en quatre expéditions et accompagné d'un devis sérieux de 170 pages. Si on ajoute à cette réduction les hésitations, les temporisations que l'architecte a dû essuyer entre le jour de la décision première de l'administration municipale et celui où l'ordre définitif lui fut donné, ce laps de temps s'amoindrira encore ; et l'on nous croira sans peine lorsque nous affirmerons, sur des renseignements authentiques, que le plan et le devis de l'église de Capécure ont été établis par M. de Bayser en quatre mois, du 1er janvier au 5 mai 1854. »

d'Hauttefeuile.

CHAPITRE XII.

MÉMOIRE DE M. LARDEUR. — JUBILATION DES ADVERSAIRES DE GRIGNY.

M. Lardeur, nous l'avons dit plus haut, s'était le premier, dans la presse locale, déclaré partisan de M. de Bayser et l'adversaire de M. Grigny. M. l'abbé Rémont avait été extrêmement chagriné de voir ce catholique influent descendre dans l'arène et retarder par ses écrits la construction de l'église de Capécure. Il semblait au respectable curé de Saint-Vincent de Paul que M. Lardeur, plus que tout autre, devait comprendre l'absolue nécessité d'une église à Capécure. Mais M. Lardeur avait sacrifié bien involontairement, nous n'en avons pas le moindre doute, son zèle pour le salut des âmes à son goût artistique et à ses sympathies en faveur de M. de Bayser. A peine vit-il se répandre en ville la brochure de M. Mesureur qu'il conçut aussitôt le dessein de la réfuter ; il se mit à l'œuvre et son Mémoire parut le 20 janvier 1855. L'*Impartial*, en annonçant le travail de M. Lardeur, disait : « Le Mémoire de M. Mesureur demandait en réponse un Mémoire ; à M. Lardeur, qui le premier avait éveillé l'attention du public sur la valeur des deux plans mis en présence, incombait naturellement le devoir de relever le gant jeté dans la lice par le défenseur habile de M. Grigny. Ajoutons que les choses se sont passées selon les règles de la pure courtoisie, que le nouveau combattant n'a abordé son adversaire que visière levée, lance inclinée et en lui tendant une main loyale et dégantée, qu'il n'a frappé ni à la tête ni au cœur, c'est constater un fait, qu'il ne viendra à la pensée de personne, pas même aux adversaires de l'auteur de la *réponse,* de révoquer en doute. Bornons-nous donc à dire, comme expression caractéristique de cette petite production locale, que l'axiôme de Buffon « le style c'est l'homme » y reçoit une nouvelle et frappante consécration et que l'opuscule de M. Lardeur, c'est M. Lardeur lui-même avec son langage vif, coloré, libre dans ses allures, ferme et convaincu, tel enfin que nous le connaissons tous. Une telle parole a de l'influence sur l'esprit des gens non prévenus, et l'effet de cette publication nécessaire et retardée par la modestie de l'auteur nous paraît devoir être décisif. »

Nous nous rangeons volontiers du côté de l'*Impartial* en ce qui concerne l'appréciation du style de M. Lardeur, c'est vif, spirituel, français, mais nous ne pouvons approuver l'opportunité de la publication. Nous vénérons, nous aimons M. Lardeur, nous connaissons son zèle, sa charité ; mais personne ne nous empêchera de penser qu'il s'est trompé dans la question de l'église de Capécure.

Nous nous sommes fait une loi de reproduire tous les documents, nous transcrivons le Mémoire de M. Lardeur.

Réponse au Mémoire
de M. L. Mesureur sur la question de la construction d'une église à Capécure.

« Un Mémoire fort habile a été publié dernièrement sur la construction d'une église à Capécure.

« L'esprit y est dru, les bonnes raisons le sont-elles autant ? c'est ce qu'il nous faut voir.

« Il est plus facile d'éblouir que de convaincre.

« Quelques lignes bien modestes, arrachées à une conviction profonde, m'ont valu l'honneur d'être nommé dans ce remarquable travail. Je suis pris à partie ; bon gré, mal gré, bien ou mal, il faut répondre et ce qui est plus dur froisser peut-être d'ardentes sympathies.

« Peu expert en architecture, — j'en serais convenu de bonne grâce avant qu'on eût la bonté de me le dire — il me faut disserter là-dessus devant un public fort restreint, il est vrai, mais choisi.

« Grosse affaire pour un homme de ma taille, et qui en est à son premier Mémoire.

« Des yeux pour voir, un peu de bon sens pour comparer, quelque instinct artistique qui peut, mon Dieu, faire fausse route, je ne dis pas non, l'amour sincère du vrai et du beau, j'ai cela de commun avec beaucoup de monde, rien de plus.

« Je n'en ai pas moins le droit incontestable de dire mon opinion, elle vaut ce qu'elle vaut, nul n'est obligé d'y prendre garde.

« Je suis dans cette occurrence le champion *d'idées particulières,* comme on me l'a reproché avec un peu d'aigreur, qu'on me le prouve par de meilleures raisons.

« Mais, je ne suis pas seul, j'ai de bons parrains. C'est là ma force.

« Je ne sais quelle sera l'issue de cette affaire. J'ai confiance dans la sagesse et l'esprit de justice du Conseil municipal.

« Toutefois, il arrive aux intentions les plus droites de s'égarer et nos adversaires peuvent avoir gain de cause.

« Soit! Encore une ou deux victoires disputées comme celle-là, le déplorable système que nous combattons aura fait son temps.

« Les opinions s'entre-choquent, la discussion s'anime, les amours-propres s'aigrissent parfois — et c'est là le plus grand mal — l'attention publique est éveillée, une petite étincelle allume un grand incendie; puis tout s'éteint, tout s'apaise et le calme renaît. Qu'on mesure alors le chemin que les idées saines ont fait dans les esprits. Il y a de quoi se consoler.

« Ce serait considérer les choses de bas que de ne voir dans toute cette affaire qu'une rivalité d'artistes.

« Assurément la position d'un homme de cœur et de talent, froissé dans son amour-propre le plus légitime, d'un ancien et dévoué serviteur de la ville menacé sans motifs sérieux d'une destitution partielle — disons le mot, il est dans toutes les bouches — cette position a droit aux plus chaudes sympathies. Témoin de sa vie laborieuse où pas une minute n'est perdue, confident de ses déboires, si faible que je sois moi-même, et coûte que coûte, je le défendrai jusqu'au bout.

« Des questions plus graves sont en cause, et au premier rang celle des constructions d'église à un prétendu bon marché qui ne peut aboutir qu'à des désastres et à l'abandon de toutes les traditions de l'art chrétien. Déplorer et combattre ce système, c'est très permis ; et si ce sont là des *idées particulières,* je le svois, avec bonheur, parties pour devenir des idées de tout le monde.

« Des voix vénérables font entendre, il est vrai, ce cri

qui retentit dans mon cœur comme celui de tous les catholiques : la sollicitude des âmes avant tout ! Nous ne comprendrons jamais bien, nous autres laïcs, cette pression sur des cœurs de prêtres et tout le poids de pareils soucis. Certes s'il faut opter entre une église sans style et rien, mon choix est fait, n'en parlons plus.

« Mais, j'ose le demander, les âmes seront-elles moins bien sollicitées dans des églises simples, mais correctes, durables, conformes aux bonnes traditions de l'art, que dans ces églises de fantaisie, d'une solidité plus que douteuse et d'un prétendu bon marché qui finit toujours par devenir horriblement cher.

« J'arrive au Mémoire.

« Je n'ai pas l'intention de suivre dans ses gracieux méandres cette prose abondante et facile, et je vais, à travers quelques bagatelles nécessaires pour égayer un peu la route, aux points essentiels. D'ailleurs, la question vient d'entrer dans une nouvelle phase. La nouvelle Commission vient de décider qu'on proposerait au Conseil municipal un projet d'église complète dont le devis ne dépasserait pas 150.000 fr.

« Soit ! M. Mesureur nous fait un tableau si lugubre de notre situation financière, il nous présente une image si enfumée de ce pauvre Capécure, qu'il faut bien se rendre. Cette idée d'ailleurs a du bon. Si l'accroissement de la population rend insuffisante l'église qu'il s'agit de bâtir aujourd'hui, on pourra en construire une seconde plus à portée d'un des grands groupes d'habitants disséminés sur la surface de ce vaste quartier. C'est une des pensées les plus justes du Mémoire que j'ai l'honneur de combattre. Je m'empresse de le reconnaître.

« Je ne regrette qu'une chose, mais je la regrette vivement, c'est qu'à l'architecte de la ville seul, n'ait pas été dévolu le soin d'étudier le nouveau plan. Il suffisait à la besogne. Dieu merci, il ne s'agit pas d'une cathédrale de trois millions. C'eût été un baume pour de cruelles blessures. Il n'y avait plus qu'à s'embrasser : au lieu de cela, il faut batailler encore. C'est déplaisant.

« Je ne m'arrête pas à relever par le menu toutes les inexactitudes, toutes les appréciations contestables qui se sont glissées sous la plume de M. Mesureur. Nous avons à cette heure un changement de front, et il faut diriger ses batteries sur un autre point.

« Avant tout, rendons justice une fois pour toutes à l'auteur du Mémoire. Chemin faisant, il couvre M. de Bayser de compliments et de fleurs. On ne saurait tuer les gens plus galamment et de meilleure grâce. — De quoi vous plaignez-vous ? Ne suis-je pas poli, modéré, charmant ? — Il me semble l'entendre : Nous connaissons cette rhétorique, elle ne prendra que les simples. Oh ! c'est un habile homme ! Que ne l'avions-nous pour ami dans cette affaire, comme je l'en suppliais en temps opportun ; elle serait gagnée depuis longtemps.

« Il est impossible toutefois de passer sous silence les *fatals et inévitables* 20 °/₀ que couvre un semblant de justice distributive — 20 °/₀ en sus à M. de Bayser ; 20°/₀ en sus à M. Grigny. — Égalité pour tous — oui-da !

« Cette balance n'est pas bonne.

« M. de Bayser la repousse. Tout son passé la repousse aussi. A n'envisager d'abord que le caractère bien connu des architectes, il y a pour tout homme de bonne foi des dissemblances dont il faut tenir compte.

« La probité n'est pas en cause. Je ne connais M. Grigny ni de près, ni de loin, seulement de réputation. Mais je connais ses amis, ce sont de bons garants, cela me suffit. D'animosité personnelle contre lui, ai-je besoin de le dire? je n'en ai pas. Si j'avais le malheur d'en avoir, mon premier devoir serait de me taire. Mon Dieu ! je n'en veux qu'à son plan. Hors de là, nous serions peut-être excellents amis.

« *Amicus Plato, magis amica veritas.*

« La vérité, c'est que nous avons pour nous jeter dans les aventures et les difficultés que contient un devis de cette sorte — d'un côté un architecte hardi, demandant aux lois de l'équilibre tout ce qu'elles peuvent donner et même un peu plus, prôné en vers, en prose et jusque dans la chaire, porté par le flot de ses admirateurs, animé par suite d'une foi imperturbable en son génie, — de l'autre, un homme froid, réservé, circonspect jusqu'à la timidité, ne laissant à l'imprévu que ce qu'il ne peut lui enlever, porté à l'exagération des difficultés, et par suite de la dépense, jaloux de l'exactitude de ses chiffres ainsi que de son honneur. — L'un est étranger à la localité et je ne lui en fais pas un crime ; on ne peut pas être de tous les pays, — l'autre est sur le terrain depuis dix-huit ans ; sur dix de ses devis pris au hasard, à peine en trouverait-on un qui excédât le chiffre prévu ; il serait plus facile d'en trouver qui soient restés au-dessous.

« Je le demande à tout homme sincère, quels sont les chiffres qui méritent le plus de confiance ?

« Aussi faut-il que M. Mesureur trouve bien peu à mordre sur ce point pour nous venir parler de l'hôtel de ville et invoquer l'exemple d'une construction toute exceptionnelle et qui n'est pas terminée.

« Mais l'art, dit-il, avait à y faire quelque chose.

« Oh ! oui, l'art avait à y faire quelque chose ! Il fallait convertir une méchante masure en un hôtel de ville modeste, mais convenable et approprié dans tous ses détails à sa destination.

« L'art, qui a du bon parfois, a fait (à part des difficultés insurmontables, telles que l'absence à peu près complète d'un soubassement, le manque de hauteur de l'étage, et la porte d'entrée condamnée à n'être qu'un placage plus ou moins heureux) une restauration qui est un chef-d'œuvre dans son genre ; toute la ville peut l'apprécier aujourd'hui. Que la grande salle, où le pinceau d'un maître retrace l'héroïsme de nos péres, avec tant de verve et d'éclat, reçoive toute l'ornementation nécessaire pour encadrer dignement la plus belle page de notre histoire, et M. Mesureur lui-même qui est un homme de goût, nous en dira des nouvelles. Qu'il veuille bien au moins, avant de nous gratifier d'une main si légère de ses fatals et inévitables 20 °/₀ attendre la reddition des comptes.

« Je ne le suivrai pas dans sa théorie de *l'ossature* des églises. Moi aussi je pourrais à l'aide de l'admirable dictionnaire raisonné d'architecture de M. Viollet-le-Duc disserter là-dessus ; à quoi bon ? Après avoir bien discuté sur des choses que nous ne comprenons guère mieux l'un que l'autre, pourrions-nous faire autrement que les augures et nous regarder sans rire ? Puis, il y a quelque péril à se lancer ainsi, tête baissée, dans la partie technologique de l'art avec le mince bagage d'une science improvisée, surtout s'il arrive à dix pas plus loin de montrer le bout de l'oreille et de chûter dans quelque réjouissante bévue.

De tels gens il est beaucoup
Qui prendraient Vaugirard pour Rome,
Et qui, caquetant au plus dru,
Parlent de tout et n'ont rien vu.

« C'est ce qui arrive un peu à mon honorable adversaire, ne lui en déplaise, et toute révérence gardée.

« Dieu me préserve d'appliquer la morale du fabliau trop au pied de la lettre à un homme de beaucoup d'esprit et de savoir, qui a beaucoup vu, tout peut-être, hormis la pointe d'une ogive au débarcadère de Boulogne. Non, vraiment l'ogive n'y pointe pas, et *l'ossature* de ce magnifique hangar ne présente pas les formes ogivales. On a beau être universel, la science humaine est toujours courte par quelque endroit.

« Que M. Mesureur qui raille fort agréablement et de bon ton, me pardonne cette innocente revanche, y compris les petits vers qui n'assaisonnent pas mal la sauce d'un Mémoire.

« Laissons le pilotage ; cette question redoutable sera *approfondie* ailleurs que dans nos belles petites brochures à la couverture jaune. Il le faudra bien.

« Accordons à M. Mesureur, puisqu'il y tient tant, son rocher de bêton. Ne dirait-on pas à l'entendre que « sa « masse indestructible doit fatiguer le temps ? » Je suis bien aise, en attendant, d'informer le public qu'il consiste tout bonnement en une ligne d'un mètre de largeur sur à peu près autant d'épaisseur. Rien de plus. Je souhaite bonne chance aux églises romanes qui doivent vivre là-dessus jusqu'à la fin du monde.

« Je passe, et comme sur des charbons ardents, sur le plus grand dôme de France, sur l'église de 700.000 fr. de

Valenciennes, sur la cathédrale de 350.000 fr. de Genève; je passe plus vite encore, crainte de les briser, sur les pinacles, clochetons et fleurons de la chapelle de 300.000 fr. d'Arras ! oui, 300.000 fr. ! Je n'en rabats point d'un denier, jusqu'à preuve contraire; mais on avait carte blanche, pas de reproche.Nous ne sommes présentement ni à Douai, ni à Valenciennes, ni à Genève, ni à Arras. Nous n'avons pas le don d'ubiquité. Nous sommes à Boulogne-sur-mer en présence du plan de M. Grigny.

« Même quand l'oiseau marche on sent qu'il a des ailes.

« Jugeons-le donc sur cet échantillon :

« Que M. Mesureur me passe ce terme, lui qui nous parle de *modicité de prix* d'église, de la *modération* de ceux de M. Grigny, de plusieurs plans *envoyés au choix,* comme si c'était marchandises sujettes à la hausse ou à la baisse. S'il voulait nous faire croire qu'on tient boutique d'églises toutes faites, s'y prendrait-il autrement?

« L'église proposée pour Capécure est donc, suivant le Mémoire, de style roman.

« D'abord pourquoi le style roman à supposer qu'elle appartienne à un roman quelconque ?

« Le style roman est peut-être de tous les styles d'architecture celui qui se prête le moins à un pastiche bien étudié, j'entends à une imitation plus sévère qu'un maussade et facile à *peu près*.

« Peut-on me citer une construction romane moderne dont l'aspect fasse illusion à un œil peu exercé ? Pour moi, je n'en ai jamais vu. Il est vrai que je n'ai pas beaucoup couru le monde. Aussi, je n'affirme pas.

« Il ne suffit pas pour faire du style roman d'arrondir portes et fenêtres en plein-cintre, de faire courir partout et à satiété des arcatures plus ou moins byzantines, de prétendre symboliser la sainte Trinité en faisant danser des fenêtres les unes au-dessus des autres au hasard et sans harmonie, non ! Le style roman par sa forte carrure, ses grandes masses, la pesanteur et l'austérité de ses formes, ses colonnes trapues, ses murs très-épais présente généralement un aspect ferme, robuste qui semble défier le temps.

« Il n'y a pas d'ossature qui tienne, il faut renoncer à produire cet effet avec des points d'appui grêlés, des formes mesquines et des murs de quarante-cinq centimètres.

« Mais ce ne sont là que des impressions d'amateur, c'est un peu comme les poètes, chose légère ! Une voix plus grave nous donnera tout à l'heure et au grand complet les véritables caractères de ce style.

« Et puis, est-ce justement à l'enfance de l'art qu'il faut demander ses inspirations quand on a, sous les yeux, cette profusion si variée de chefs-d'œuvre construits dans la belle époque de l'architecture chrétienne ?

« Que M. le chevalier Bard préfère le style roman au style ogival, c'est affaire de goût, ce qu'il est permis d'appeler à bon droit une idée particulière. Moi aussi, si j'ose me citer après l'auteur, peu connu du reste, d'un traité sur l'archéologie, moi aussi j'aime le style roman, sans le préférer toutefois, mais entendons-nous, dans ses véritables conditions et avec tout le prestige de sa majesté séculaire.

« Certes, un édifice qui tient là, debout, depuis six ou sept cents ans, qui a subi sans sourciller toutes les tempêtes atmosphériques, politiques et religieuses, la superbe basilique de Guillaume-le-Conquérant, par exemple, c'est beau ! qui en doute ? Qui peut pénétrer sous ces voûtes vénérables, fouler ces dalles où tant de générations se sont agenouillées, et ne pas être saisi d'un profond sentiment d'admiration, de recueillement et de respect ?

« Mais si le style roman « nous brise, nous anéantit et « nous fait réfléchir au néant du monde » le style ogival, tout en produisant le même effet par ses proportions grandioses, inspire mieux par ses formes élancées, aériennes, la prière confiante et l'amour ; tout en nous détachant de la terre, il nous rappelle mieux le séjour de l'éternelle béatitude.

« On y respire plus librement et il semble que l'âme s'y dilate mieux.

« Je ne sais si je m'abuse, mais l'action produite me paraît plus complètement chrétienne.

« Ce n'est pas assez de briser, d'écraser l'homme sous le poids de son néant, il faut lui relever la tête et le cœur, reporter ses pensées, ses aspirations vers le ciel.

« Le style roman, dites-vous, est préféré au style ogival par le clergé catholique. Oh ! oh ! vous êtes bien affirmatif. — Êtes-vous sûr de votre fait ?

« Le lendemain du jour où j'eus à la fois le plaisir de savourer votre fine littérature et le chagrin de nous voir si bien houspillés, je tombai par hasard sur un passage de la *Gazette de France* du 7 janvier dernier, que je transcris sans commentaire, rien que pour adoucir ce qu'il y a d'absolu dans cette assertion.

« Le Conseil municipal d'Amiens a récemment voté les « fonds nécessaires à la construction de trois nouvelles « églises qui seront élevées dans Amiens et dans ses fau-

« bourgs. Avant de se prononcer sur le style architectu-
« ral qu'il conviendrait d'employer, à l'érection de ces
« monuments au sein d'une cité qui se glorifie à bon
« droit de posséder l'une des plus belles cathédrales du
« monde catholique, on a eu l'heureuse pensée de prendre
« l'avis d'une Commission, en grande partie composée de
« membres choisis dans la société des antiquaires de Pi-
« cardie. M. l'abbé Jules Corblet vient de faire, au nom
« de cette Commission, un rapport des plus remarquables.
« Ce beau travail serait consulté avec profit par tous ceux
« qui sont appelés à construire des temples catholiques.
« Nous regrettons de ne pouvoir en reproduire qu'un trop
« court fragment.

« La plupart des architectes, dit M. Corblet, ont sage-
« ment compris qu'il ne s'agit point de choisir arbitraire-
« ment des modèles dans tous les styles du moyen-âge et
« d'en faire un éclectisme confus, mais que pour arriver à
« l'unité et à la beauté, il fallait se renfermer scrupuleu-
« sement dans la reproduction exclusive et fidèle de l'un
« des cinq grands styles qui ont fleuri du XIe au XVIe siècle.

« La Commission devait donc faire un choix entre le
« style romano-byzantin (XIe siècle), le style romano-ogi-
« val (XIIe siècle), le style ogival à lancettes (XIIIe siècle),
« le style ogival rayonnant (XIVe siècle) et le style flam-
« boyant (XVe et XVIe siècles). Elle ne pouvait pas ad-
« mettre l'architecture romane du XIe siècle, empreinte de
« souvenirs païens, formulant ses pensées en termes tou-
« jours identiques, et reproduisant les mêmes types d'une
« manière trop uniforme. C'est l'enfance de l'art. Sa jeu-
« nesse fleurit au XIIe siècle et n'atteint pas encore sa ma-
« turité complète ; la lutte opiniâtre de l'ogive et du plein-

« cintre constitue un style de transaction qui promet plus « de chefs-d'œuvre à l'avenir qu'il n'en donne au présent.

« Devait-on choisir le style rayonnant du XIVe siècle, « comme on l'a fait à Paris pour Sainte-Clotide ? Il est « sans doute plein de grâce et d'élégance, mais c'est alors « que l'art commence à perdre sa noble sévérité et la pu- « reté de ses lignes, l'afféterie commence à poindre dans « l'ornementation, et l'on aperçoit déjà le germe de toutes « les innovations funestes qui vont éclore au XVe siècle.

« Il ne pouvait être question du style flamboyant. Mal- « gré la grâce de ses allures, on ne peut méconnaître que « son audace trop souvent factice et la superfluité de son « ornementation prétentieuse en font une décadence de « l'art. Les essais qu'on a récemment tentés en Angle- « terre prouvent d'ailleurs que cette architecture a peu de « solidité et qu'elle coûte fort cher. La Commission de- « vait donc choisir pour modèle le style qui réunit tout à « la fois les conditions du bon marché, de la solidité et « d'une beauté tout à fait supérieure, c'est-à-dire le style « ogival du XIIIe siècle.

« Les trois nouvelles églises pourraient donc présenter « trois types différents, tout en reproduisant le plan, les « caractères généraux du siècle de saint Louis. Il existe « d'ailleurs des nuances chronologiques dans cette admi- « rable architecture qui fleurit depuis l'an 1180 jusqu'à « la fin du XIIIe siècle. »

« Vous voyez que les goûts sont partagés, et pour ma part, j'avoue que j'ai plus de confiance dans le goût qui s'est développé à l'ombre de la cathédrale d'Amiens que dans celui qui s'est perverti, peut-être, sous les voûtes écrasées du XVIIIe siècle.

« Pour l'amour du ciel, suivons l'exemple de nos voisins qui me paraissent bien appris sur la matière. Il ne tient qu'à nous d'avoir aussi la variété dans l'unité, c'est-à-dire trois nuances différentes d'architecture du XIIIe siècle, dans des édifices très-simples, très modestes, mais goût et d'un accent marqué.

« L'église de Saint-Pierre, qu'on achèvera un jour, il faut l'espérer.

« L'église de Capécure, pour laquelle, à mains jointes et sans rancune, je demande la préférence à mon loyal adversaire.

« Et l'église d'Équihen, charmant spécimen d'architecture ecclésiastique rurale. Presque partout on rentre dans la bonne voie à cet égard. Pourquoi Boulogne resterait-il en arrière ?

« Et voyez comme c'est bien rencontré. Voici venir, de son côté, M. Didron, un homme dont on ne contestera pas la compétence, avec un article très remarquable inséré dans les *Annales de l'archéologie,* sur le concours ouvert à Lille. Mêmes principes, mêmes doctrines, même exclusion du roman et surtout du roman-batard, même préférence pour le XIIIe siècle. Il n'y a pas moyen de récuser de pareilles autorités, ni de tenir devant des raisons si savantes et si bien déduites.

« A propos du concours ouvert à Lille, voilà une belle occasion pour les architectes dont le génie est méconnu ! Le jury est bien composé, le programme magnifique, et belle la chance pour le futur lauréat de poursuivre sa carrière en

Versant des torrents de lumière
Sur ses obscurs blasphémateurs.

« Mais j'oublie M. Grigny que je vois à cheval, dans un journal de dimanche dernier, sur quelques notes qu'il faut passer rapidement en revue avant de finir.

« Je néglige pour abréger celles qui ne me paraissent pas avoir de portée. En attendant le gros corps de réserve qu'il nous annonce, visitons les avant-postes et voyons l'avant-garde.

« M. de Bayser sait aussi bien que M. Grigny qu'on peut en six mois étudier le plan d'une église suivant toutes les conditions du programme de Lille. Mais il faut pour cela du repos, un peu de liberté d'esprit, et n'être pas écrasé par la besogne courante, au milieu de laquelle M. de Bayser a fait en quatre mois, non pas en deux ans, comme il plaît à M. Grigny de le dire après M. Mesureur, le plan de l'église de Capécure.

« Les hésitations que M. Mesureur a bien fait ressortir dans son Mémoire ne sont guères fixées d'une manière bien nette que dans les premiers jours de 1854. M. de Bayser a présenté son plan le 5 mai suivant.

« *La rapidité d'exécution égalant celle de la conception,* cela est bon sur les champs de bataille et dans les Mémoires de M. Mesureur. Mais en architecture, il y a des conditions de sage lenteur qu'on ne méprise pas impunément. Ce mépris ne sera jamais considéré comme un progrès, quoi qu'en dise M. Grigny. L'industrie est en progrès, oui. Ce progrès-là, je vous le concède.

« Le dédain avec lequel M. Grigny traite le fini du dessin qui sent *à la fois,* dit-il, *l'école* et *le système,* sent un peu trop l'homme de génie qui s'est affranchi de l'un et de l'autre.

« Si M. de Bayser a mis dans l'exécution de ses plans

la conscience et le soin qu'il apporte partout, nous fera-t-il croire que M. Grigny ait enluminé le sien pour le roi de Prusse ? La pureté des lignes, le bien-rendu des détails, donnent une idée nette du travail à adopter ou à exécuter, rien de plus, rien de moins. Conclure du fini du dessin à l'incorrection de l'exécution réelle et *vice-versa,* est-ce soutenable ? Le badigeon, voilà le trompe-l'œil ? Je ne connais pas au juste la manière des *vieux maîtres,* je connais la manière de ceux de notre temps qui suivent de plus près leurs traces, leurs dessins sont toujours soignés.

« Mais Michel-Ange ? — Eh mais, c'était Michel-Ange, et il avait passé par l'école.

« M. Grigny a passé, lui, par plus d'une Commission administrative, et nous savons par lui et par ailleurs qu'il s'en est mal trouvé. L'église d'Oisy qu'il veut reproduire à Capécure, avec quelques modifications qui sont loin d'améliorer ou d'embellir son plan, l'église d'Oisy, comme tous les projets qu'il a présentés, a été repoussée ; mais, nous dit-il, par *esprit d'opposition systématique.*

« *Opposition systématique,* à quoi ? s'il vous plaît, il faut s'entendre.

« Parlez-vous d'opposition systématique à des constructions qui ne présentent pas les garanties essentielles de solidité, à des plans systématiquement mauvais ? D'accord ! C'est le premier devoir de la Commission, sa raison d'être.

« Feriez-vous allusion à quelque opposition à votre personne, que sais-je ? à quelque secrète jalousie ? allons donc, c'est puéril, personne ne prendra le change.

« M. Grigny nous dit après cela qu'il a traité la question du sol de l'église dans le dernier Mémoire et qu'il n'en parlera plus. Il ajoute cependant que presque toutes nos cathédrales n'ont qu'une ou deux marches au-dessus du sol.

« C'est faire bon marché de l'exhaussement progressif et très connu du niveau du sol de nos vieux monuments, de *cette marée montante* des pavés de Paris, pour me servir des termes d'un poète célèbre. Que M. Grigny prenne cette mesure pour son église, que deviendra-t-elle dans quelques siècles, si toutefois les lois invariables de l'équilibre veulent bien lui faire la politesse de se modifier en sa faveur.

« Mais chut ! on n'entend point raillerie sur ce point capital.

« M. Grigny s'est réservé jusqu'à présent et se réserve encore (pour combattre les ignorantes observations qui lui sont faites sur la poussée des voûtes) de demander la preuve géométrique et mathématique du peu de solidité dont on les accuse si fièrement il demande un juge, un adversaire sérieux.

« Ce juge, cet adversaire sérieux, il va l'avoir.

« Assis, un soir, dans le fauteuil aux méditations, je songeais aux vertiges qui atteignent parfois les cervelles humaines. Les beaux dithyrambes de M. Mesureur, cette ardente admiration de partisans fort respectables, tout ce tapage autour du nom de M. Grigny m'avait un peu étourdi et je me demandais avec inquiétude : « Suis-je fou ou « bien ai-je la berlue ? » *E pur si muore !* C'est permis à Galilée, mais à un pauvre diable comme moi, il faut autre chose pour s'entêter dans ses *idées particulières* qu'une conviction purement instinctive, partant faillible et sujette à l'illusion.

« Je voulus en avoir l'âme nette, bien résolu à confesser mon tort, si j'avais tort. Rien ne me coûte moins.

« Protéger ce qu'on croit être la vérité, quand on a la conscience de sa force, c'est un grand bonheur.

« La défendre de son mieux quand est petit et faible, et qu'on la voit en péril, c'est un grand souci.

« Je pris alors un parti héroïque, et après avoir fait exécuter un calque, bien exact, du plan de M. Grigny, je l'envoyai à M. Viollet-le-Duc, architecte du gouvernement, inspecteur général des édifices diocésains. Tout le monde sait que M. Viollet-le-Duc est une des plus hautes célébrités en fait d'architecture religieuse ; inutile d'insister sur un fait qu'il ne viendra à la tête de personne, pas même de mes adversaires, de vouloir contester.

« Sans autre recommandation que l'accent que donne le désir sincère de s'éclairer, je le priai de me dire son avis.

« Avec une confiance qui m'honore au plus haut degré, cet architecte éminent voulut bien condescendre à la prière d'un homme qui lui tombait un peu de la lune, il faut bien le dire, et m'adresser, sous la date du 10 janvier, la réponse dont je vais donner l'analyse.

« Je tiens à la disposition des amateurs et des savants le texte lui-même et le petit croquis magistral, tracé à la plume, qui rend les choses sensibles aux yeux les moins exercés.

« Je dois ajouter que cette lettre n'est point un écrit destiné à la publicité, mais qu'elle doit être considérée comme un avis donné à une personne particulière qui l'a demandé.

« M. Viollet-le-Duc examine d'abord le projet au point de vue de la construction.

« Il trouve que les points d'appuis intérieurs sont faibles et ne résisteraient point à la pression, à moins de supposer ces points d'appuis en pierres de Tournay, par exemple, ou en pierres de Boulogne dites *marbre,* ce qui serait dispendieux.

« Examinant ensuite la coupe transversale, il observe que les arcs-boutants sont placés au-dessus de la poussée de la grande voûte et que ces arcs-boutants viennent d'ailleurs pousser sur des têtes de contreforts très peu épaisses et nullement chargées ; et il ne doute pas que dans une pareille position, le monument ne s'ouvre par le milieu, surtout si les voûtes sont construites en pierres.

« Il ne s'explique guère, d'ailleurs, la construction des voûtes, et il dit qu'on ne peut faire des voûtes d'arêtes engendrées par des demi-cylindres de diamètres différents, et que pour arriver au résultat que semble indiquer le dessin, il faudra tâtonner —; que généralement cela ne se peut tracer.

« Que ces voûtes, quoiqu'il en soit, poussent beaucoup plus que la voûte d'arête dite *gothique ;* et que c'est une raison de plus pour trouver les arcs-boutants insuffisants et mal maintenus à la culée.

« Il remarque encore que le chœur ne présente pas sur une surface considérable un seul point d'appui épais, lourd, solide par conséquent ; — que tout cela n'est que *quillage,* ne pourra être maintenu que par des moyens factices et ne présentera pas de durée.

« Il ajoute qu'il a vu déjà, depuis une vingtaine d'années qu'il est dans l'administration, des églises en projet, construites, tombées et de nouveau en projet aujourd'hui, et que malheureusement ces exemples sont trop nombreux.

« Que les âges que l'on prétend imiter étaient plus sincères dans leurs œuvres, faisaient, s'ils avaient peu de ressources, des projets très-simples qu'ils exécutaient d'une manière durable.

« Que vrais dans l'emploi de leurs matériaux, ils ne mettaient pas une triste vanité à paraître plus qu'ils n'étaient.

« Qu'il ne connaît pas le montant du devis, mais que pour bâtir une église de ce genre, solidement, en bons matériaux, avec les moyens propres à en assurer la durée, il faut compter au moins 280 fr. le mètre superficiel, que par conséquent pour 1100 mètres que couvre cette église, il trouve 308.000 fr.

« Puis, ne voulant pas entrer dans toutes les observations de détail que peut suggérer le plan, il fait seulement remarquer :

« 1° Les fâcheuses dispositions des chapelles en quart de cercle aux extrémités des bras de croix, disposition qui serait, dit-il, d'un déplorable effet, pitoyable et incommode pour le placement d'un autel.

« 2° La disposition toute provisoire de la sacristie qui ne s'arrange pas avec le plan et que l'auteur du projet s'est bien gardé d'indiquer dans la façade latérale, où forcément, ajoute-t-il, il faudra bien qu'elle paraisse en exécution.

« 3° Quant au style adopté, il trouve que je suis bien bon de le désigner par Roman, que le roman d'aucun pays ne ressemble à cela ; — que le roman de tous les pays est remarquable par son aspect simple, solide, par la sobriété des détails, par la tradition de la construction romane, par une grande sincérité dans les moyens d'exécution.

« Que l'édifice dont je lui soumets le plan, est, au contraire grèle, sans points d'appui résistants, qu'il est surchargé de moulures et d'arcs dont on ne comprend pas le sens; — qu'il présente des voûtes comme on n'en trouve à aucune époque romane, un clocher énorme sur une base qui ne pourra certainement le porter, l'aspect extérieur d'un édifice rhénan du XIIe siècle (sauf le clocher) avec un plan qui se rapproche de ceux du XIIIe du nord de la France.

« Qu'il n'y a pas dans tout cela un style, mais des réminiscences de plusieurs édifices d'âges différents et de contrées diverses; que cela ne serait qu'un demi-mal, si l'édifice était conçu de façon à tranquiliser sur le point capital de la solidité.

« M. Viollet-le-Duc revient encore après cela aux arcs-boutants, car, il ne veut pas, dit-il, que je puisse croire qu'il a légèrement examiné cette question importante, et il remarque que l'architecte a placé à leur base pour arrêter la poussée du pied de l'arc, un tirant en fer, c'est-à-dire qu'il vient attacher la culée de l'arc à un point faible, que ces arcs devraient, au contraire, contribuer à maintenir verticalement.

« Que cela ressemble un peu trop à l'homme qui s'assied sur un bâton qu'il tient par les deux bouts pour s'enlever où bon lui semble.

« Que M. Grigny réponde, s'il le peut, aux critiques que fait de son plan l'homme le plus compétent de la France, et peut-être de l'Europe, je le laisse aux prises avec cette décision souveraine.

« Assez procédé pour aujourd'hui.

« Pour moi, je rentre dans le silence qui m'est cher. Aussi bien n'ai-je voulu que donner un cadre à l'avis dont on vient de lire l'analyse. Que vaudraient les pauvres arguments que nous pourrions échanger encore après cette sentence magistrale !

« Tout le monde le comprend, je n'étais pas de force à lutter avec M. Mesureur et on lui avait promis — un peu en l'air — un adversaire digne de lui. J'ai voulu que parole donnée fût parole tenue. Qui m'en fera un crime ? Il y va d'assez gros risques.

« Mais il me tarde de rencontrer mon spirituel adversaire sur un terrain où nous puissions nous donner cordialement la main.

« Faut-il une église à Capécure ? La faut-il de suite ? Tout cela est radieux d'évidence dans son Mémoire. Il est impossible de sentir plus juste et de mieux l'exprimer. Amen donc sur ce point et de tout cœur.

« De tout cœur aussi j'adhère aux conditions éloquentes et énergiques qui couronnent si heureusement le beau travail de M. Mesureur. Ces misères-là, je les ai vues de près, le tableau n'est pas chargé.

« Bâtissons donc une église à Capécure et bâtissons-là de suite.

« Les églises ne sont pas seulement les véritables écoles des bonnes mœurs ; elles sont aussi, qu'on ne l'oublie pas, les meilleures gardiennes de la prospérité matérielle des villes. »

G. Lardeur,
ancien membre du Conseil municipal.
Boulogne, le 20 janvier 1855.

On comprend la jubilation de l'*Impartial* à l'apparition de la brochure de M. Lardeur. Après avoir donné une rapide analyse de cette brochure, il déclare que le débat doit être terminé, M. Viollet-le-Duc et M. Lardeur ont parlé, il ne reste plus qu'à s'incliner, aussi bien que pourrait-on répondre à des hommes de cette valeur? « Il ne reste plus à la Commission, dit l'*Impartial,* et au Conseil municipal qu'à suivre les conseils qui lui sont donnés. »

« Félicitons, continue l'*Impartial,* M. Lardeur et M. de Bayser et enfin nous-même de cet appui de M. Viollet-le-Duc. Nous nous rassurons et nous nous préparons pour la prochaine occasion, en nous disant qu'avec certains esprits fâcheusement doués :

Quiconque veut vivre en paix
Doit être sourd, aveugle et muet.

Qualités qui ne sont pas du domaine du journalisme, essentiellement, forcément curieux et bavard.

« Quant à M. Grigny en personne dont on nous retrace la vie studieuse et les succès artistiques, nous ne saurions trop lui répéter que nous n'avons jamais voulu mettre en cause ses qualités réelles. M. Grigny est le fils de ses œuvres ; il n'en a que plus de mérites et plus de droits à l'estime. Mais est-ce à dire pour cela que nous devons nous incliner devant un plan qui ne révèle aucune de ces qualités et dont le défaut principal et saillant est de n'avoir pas été conçu pour le lieu auquel il a ensuite été destiné? L'architecte d'Arras a fait un chef-d'œuvre de la chapelle du Saint-Sacrement, qui le conteste? Le poète du *Cid* a fait *Agésilas,* l'auteur d'*Andromaque* a signé de son nom les *Frères ennemis*. Pourquoi M. Grigny n'aurait-il pas subi, lui aussi, les caprices de l'inspiration, et donné le jour à une médiocrité la veille ou le lendemain d'une œuvre immortelle? Nous le plaçons, ce nous semble, en assez bonne compagnie pour qu'il se résolve à reconnaître franchement et sans fausse honte, la faiblesse de son plan d'église à Capécure. »

D'HAUTTEFEUILLE.

CHAPITRE XIII.

APPRÉCIATION DE LA PRESSE LOCALE.

L'*Impartial* l'entendait ainsi, mais la *Colonne* n'était pas tout à fait de son avis.

« M. Lardeur, disait-elle, vient de publier une brochure brillante d'esprit : est-ce pour paraître en avoir plus encore que l'auteur manifeste la crainte d'entrer en lice avec son ex-collègue, M. Mesureur, qui a traité le même sujet ? Ce serait une fausse modestie qui ne tromperait personne ; M. Lardeur a fait ses preuves. Cependant dans cette circonstance, son esprit habituel brille un peu à la façon d'un feu d'artifice, qui éblouit un instant les yeux des spectateurs pour les laisser ensuite dans la même obscurité.

« Cette comparaison est d'autant plus juste que, la question étant entrée dans une nouvelle phase, comme le fait remarquer M. Lardeur lui-même, on peut se demander pourquoi il a publié cette brochure qui, après tout, vient trop tard pour avoir la moindre influence sur la décision de la Commission.

« En effet, quel autre résultat pourrait-il attendre que de prolonger inutilement une irritation dont un esprit comme le sien devait être le premier à désirer la fin ? Est-ce de faire adopter par le Conseil municipal, malgré l'avis de la nouvelle Commission, malgré la volonté de M. le Maire qui serait dans ce cas vaincu par son subordonné, l'ancien plan de M. de Bayser au prix de 400.000 fr.? Cela est impossible.

« Il faut qu'il se tienne bien au dehors du mouvement et de l'opinion publique, pour ne pas savoir qu'en général elle se révolte à l'idée d'enfouir cette somme derrière le débarcadère, au milieu de la fumée des usines, pour ménager la susceptibilité d'un architecte.

« La Commission a jugé que ce plan péchait par trop de prétention, celui de M. Grigny par trop de modestie, et elle les a écartés tous deux en en demandant de nouveaux. Qu'est-ce donc que M. Lardeur trouve de si regrettable dans cette décision ? Et en quoi blesse-t-elle la susceptibilité de l'architecte de la ville? A Arras, à Amiens, à Lille, partout enfin on appelle des architectes étrangers à la localité, à concourir pour la présentation d'un plan d'église ou de cathédrale. Serait-il interdit à la ville de Boulogne d'user de ce moyen, d'exciter l'émulation et de faire un choix ?

« Puisque le premier plan de M. de Bayser est écarté, et qu'il n'y a plus lutte entre ce plan et celui de M. Grigny, également écarté, pourquoi continuer à attaquer ce dernier?

« Les amis de M. de Bayser ont demandé à Paris une consultation contre le plan de M. Grigny, elle leur a été donnée ; ils en auraient demandé une favorable à un autre architecte qu'ils l'auraient pu obtenir aussi ; le tout est de savoir exposer l'affaire ; il n'est pas d'avocat qui, consulté *loin des lieux,* ne puisse être amené à l'opinion qu'on désire lui faire exprimer... car... qui n'entend qu'une cloche n'entend qu'un son.

« Maintenant que le Conseil municipal est débarrassé de ce cauchemar de 400.000 fr. la demande faite aux deux architectes de chacun un nouveau plan de 150.000 fr. est, selon quelques personnes, de pure forme. M. Grigny se donnera, s'il le veut, la peine de faire un nouveau plan, ce n'est certes pas nous qui l'y encourageons, car il aura à lutter contre des influences de clocher qu'il est difficile de vaincre.

« Nous terminons en demandant à l'architecte de la ville, et non à d'autres, si, en conscience, les retards qu'a éprouvés cette affaire, ne proviennent pas un peu de son fait ? Invité par M. le Maire à faire un plan d'un prix modéré, a-t-il tenu compte de cette invitation ? N'en a-t-il pas, au contraire, présenté un dont le devis s'élevait à 380.000 fr. et lorsque M. le Maire lui déclara qu'il ne pouvait l'accepter et qu'il le pria d'en faire un autre, ne s'y refusa-t-il pas formellement ? N'est-ce pas ce qui a obligé M. le Maire de s'adresser à un autre architecte ? N'a-t-il pas ensuite essayé de nouveau à imposer son plan, en le faisant soutenir par ses amis ?

« Cependant, nous constatons aujourd'hui, avec plaisir, que grâce à la sage décision de la nouvelle Commission, M. de Bayser s'est remis à l'œuvre et va produire, dans l'espace d'un mois, un plan nouveau dont le devis ne dépassera pas 150.000 fr.

« Mais en tout cas, il est fâcheux que tant de bruit ait été fait et que tant de temps ait été perdu à cause de lui.

« En finissant, nous croyons devoir indiquer à MM. Lardeur et de Bayser, le seul moyen qu'il y ait encore de faire exécuter le beau plan *moyen-âge* pour lequel ces Messieurs montrent une si ardente prédilection, c'est de se mettre à la tête d'une souscription en prêchant d'exemple. Ils ont devant les yeux un précédent qui doit leur prouver que la foi et l'amour de l'art *transportent les montagnes*.

« Allons ! à l'œuvre, Messieurs, il suffit de trouver 200.000 fr. qui avec les 150.000 fr. votés par la ville vous permettront de satisfaire votre grand amour de l'art. Tout le monde vous applaudira et votre conscience vous dira que vous avez produit autre chose que des paroles. Ce n'est pas l'argent qui manque ici. Il suffirait, pour obtenir cette somme, que les souscripteurs boulonnais qui ont fourni un capital de près de six millions au dernier emprunt national consentissent à sacrifier les deux tiers seulement de leurs intérêts d'une année.

« Le conseil que nous donnons n'est pas impossible à suivre : la charité, la foi et la passion de l'art ont fait des choses encore plus extraordinaires. »

Il nous eût été facile de résumer tous les articles de journaux que nous insérons dans ce travail, mais nous avons cru devoir les reproduire en entier afin de conserver son caractère à la lutte soulevée à Boulogne à l'occasion de la construction de l'église de Capécure. Les deux journaux boulonnais étaient devenus chacun l'organe d'un parti, et c'étaient les membres influents de chaque parti qui joutaient ensemble sous le couvert de la signature des journalistes. Le curé de Capécure savait bien que la lutte seule pouvait lui faire obtenir une église, il savait bien que M. Grigny n'aurait jamais été préféré à son concurrent, néanmoins il priait M. Grigny de continuer ses efforts, ce à quoi M. Grigny se prêtait de bonne grâce bien que, lui aussi, fût convaincu de son échec.

CHAPITRE XIV.

RÉPONSE DE M. GRIGNY ARCHITECTE.

La querelle s'envenimait de plus en plus ; M. Lardeur avait été mordant et sarcastique à l'égard de M. Grigny, M. Grigny était en droit de répondre, il répondit d'une manière claire, lucide, serrée, en un mot victorieuse.

Ce fut l'*Impartial* qui ne fut pas content cette fois. Il avait fait l'éloge du Mémoire de M. Lardeur, il avait dit que le procès était irrévocablement fait à M. Grigny, que celui-ci était condamné sans appel. Voici M. Grigny qui reparaît dans la lice et, en quelques coups de plume, en quelques calculs, il bouleverse l'édifice de M. Lardeur.

« Nous espérions, dit l'*Impartial,* n'avoir plus à nous occuper du projet d'érection d'une église que pour constater purement et simplement la décision de la Commission instituée par le Conseil municipal et du Conseil municipal lui-même. Au point où en était la discussion soulevée à propos de ce projet, après les Mémoires de MM. Mesureur et Lardeur, contradictoires quant à la pensée et au but, mais parfaitement identiques sous le rapport de l'élévation du style et du respect des convenances, après les débats ouverts dans la presse locale, nous aimions à penser que chacun, ayant défendu l'œuvre de sa prédilection, la polémique n'irait pas plus loin, que le jugement à intervenir se produirait dans le silence et la dignité, qui convenaient doublement à une question de cet ordre.

« Mais nous avions compté sans M. Grigny ! Et voilà que soudain nous tombe sur la tête une nouvelle brochure, de forme extérieure toute semblable aux deux autres, mais quelle différence dans le langage ! quel déplacement dans les idées reçues de la déférence que l'on se doit entre gens de goût et de bonne compagnie ! Encore un degré et la discussion descend dans la rue... ce n'est pas nous qui franchirons ce rubicon qui sépare le savoir-vivre de l'absence de toute politesse. »

Et l'*Impartial* entre ensuite dans l'examen de la réponse de M. Grigny. Il reproche vertement à M. Grigny d'appeler M. de Bayser *l'agent salarié* de la commune, il lui fait un crime d'attaquer un confrère, il le tance de se plaindre qu'on a pris copie de ses plans à la mairie, il se scandalise de ce que M. Grigny appelle M. Lardeur : *président de la conférence de Saint-Vincent de Paul,* il se moque de l'architecte d'Arras qui ose contredire par des raisonnements mathématiques M. Viollet-le-Duc l'architecte qui a le plus vu et le plus étudié en Europe de monuments religieux de tous les âges. L'article de l'*Impartial* est long, ses arguments ne sont point forts. Les phrases à effet, le fiel et l'amertume y sont répandus à profusion. Le lecteur pourra se former une opinion lors qu'il aura pris connaissance de l'écrit de M. Grigny que nous transcrivons.

*Réponse de M. Grigny, architecte,
à la brochure de M. Lardeur, sur la construction
d'une église à Capécure.*

« Je n'ai pas sollicité l'honneur de présenter un plan pour l'église projetée de Capécure ; ce plan m'a été demandé et je l'ai fourni. C'est ainsi que, hors les concours publics, j'ai agi pour toutes les églises grandes et petites qui ont été construites sur mes plans ; mais je dois ajouter que si la forme et la richesse de quelques-unes m'ont parfois valu des éloges, architecte chrétien, j'ai éprouvé autant de satisfaction à rendre possible, pour de pauvres communes, la construction des humbles édifices religieux que, jusque-là, leurs faibles ressources ne leur avaient pas permis d'élever.

« Sans être dans ce cas, il m'avait été déclaré par la Commission du Conseil municipal de Boulogne, présidée par M. le Maire, et devant laquelle j'ai eu l'honneur de paraître, que cette ville ne pouvait consacrer à la construction de l'église de Capécure une somme de plus de 120 à 130 mille francs, et j'ai combiné mon plan de manière à ne pas dépasser cette somme et à donner à mes nefs une grandeur convenable, sans sacrifier la solidité de l'édifice au désir de construire une église de plus : je prie M. Lardeur d'en être bien convaincu.

« Pouvais-je penser qu'en répondant à l'appel d'une administration municipale, un des agents salariés, dépendant de cette administration, soulèverait en face de son chef, la tempête qui a éclaté contre mon œuvre ? Certes, quoique habitué à lutter et à lutter avec succès, contre le mauvais vouloir et l'envie, je me serais abstenu si j'eusse pu prévoir que, dans cette élégante et hospitalière ville de Boulogne, protectrice des arts, centre éclairé de la civilisation, il se trouverait des hommes qui porteraient leurs attaques contre un artiste étranger, appelé par leur premier magistrat, jusqu'aux personnalités les plus offensantes.

« Et là on ne s'est pas arrêté ; on a commis à mon égard un acte que je livre au jugement des boulonnais eux-mêmes : j'avais confié à M. le Maire de Boulogne, c'est-à-dire déposé à la Mairie pour qu'ils fussent soumis à la Commission et au Conseil municipal mes plans et mes devis. *On a,* et ce n'est ni M. le Maire, ni aucun des membres de la Commission, *on a,* dis-je, retiré de la Mairie ces plans et ces devis, on a calqué les premiers et copié les autres, pour les envoyer et les soumettre en tout ou en partie, sans en avoir reçu la mission, sans en avoir le droit, à l'examen unique d'un homme qu'on a érigé en juge souverain et qui en a complaisamment accepté le titre pour s'empresser de me condamner, en dernier ressort et par défaut, bien entendu ! Cependant, ces objets étaient ma propriété, et on les a jetés, en quelque sorte, sans le moindre scrupule, dans le domaine public ; on les a livrés à qui en a voulu profiter, soit pour le présent, soit pour l'avenir ! Je ne sais jusqu'à quel point le code correctionnel pourrait donner l'interprétation de cet acte que, je le répète, je livre au jugement des boulonnais, à l'appréciation des honnêtes gens.

« Les hommes qui se préoccupent sérieusement de l'art et de la construction des édifices religieux se demandent où aboutira cette tendance de notre époque à faire des écrivains des architectes et des architectes des écrivains. Pour moi, cette voie me paraît si périlleuse que je me garderais bien d'y faire un pas si je n'y étais poussé par le peu de loyauté de mes adversaires. Si j'abandonne un instant le compas pour prendre la plume, c'est moins pour répondre au Mémoire de M. Lardeur que pour traiter la grave question de la solidité de mon projet, et rassurer les hommes de bonne foi sur les doutes qu'aurait pu faire naître l'avis si légèrement donné par M. Viollet-le-Duc.

« M. Grigny, dit M. Lardeur dans son Mémoire, demande la preuve géométrique et mathématique du peu de solidité dont on l'accuse, et fièrement il demande un juge, un adversaire sérieux. Eh bien ! cet adversaire, ce juge, il va l'avoir !!! Tableau...

« M. Viollet-le-Duc est introduit !!

« Combien il doit paraître étrange à ceux qui veulent bien y réfléchir, que M. Viollet-le-Duc, personnage important, le *premier architecte* de l'Europe, s'empresse de donner si obligeamment à M. Lardeur, qui déclare lui-même *tomber de la lune* son avis étudié sur un plan d'église que doit bâtir la ville de Boulogne ! Que le maire de cette ville ou son délégué, qu'un supérieur de Communauté qui veut construire un monument religieux, qu'un donataire, qu'un homme enfin qui a une mission officielle soit accueilli avec empressement par M. l'inspecteur général des monuments diocésains, cela se comprend, mais M. Lardeur, tombé de la lune ! Cela doit surprendre, et M. Lardeur trouve le fait si prodigieux que pour l'annoncer, il entre dans de longs et minutieux préliminaires ; ainsi, *il s'assied dans le fauteuil aux mé-*

ditations et se demande d'abord s'il est fou... il ne dit pas si c'est avant ou après son voyage dans la lune ; puis sans résoudre la question, il *songe aux vertiges qui atteignent parfois les cervelles humaines* et se livre à un monologue vif et animé à la suite duquel il prend un parti héroïque ; celui d'écrire à M. Viollet-le-Duc.

« Le tableau est saisissant et M. Lardeur eût dû le compléter en s'éclairant d'une lampe fumeuse, et en accoudant sur le dossier de ce merveilleux fauteuil (que tout le monde voudra voir maintenant) le génie du mal soufflant à l'oreille de M. le Président de la société charitable de Saint Vincent de Paul : « écris à M. Viollet-le-Duc une lettre bien candide, je me charge de la lui commenter. »

« Vous souvient-il, M. le Président Lardeur, de nos vieilles légendes où l'esprit malin se mêle parfois de la contruction des églises? oui, eh bien! grâce à vous, l'église de Capécure aura aussi sa légende, et je vous promets, si je la bâtis, de vous y faire figurer en mettant votre *portraiture* dans quelque bas-relief ou à quelque gargouille.

« En attendant et vous laissant un instant dans la lune, votre demeure de prédilection, souffrez que je revienne à ce juge sérieux qui condamne un plan, à simple vue, sur vos calques,sans s'inquiéter des motifs qui ont guidé l'auteur du projet, sans sous-détails des devis, sans connaissance ni de la nature des matériaux à employer, ni de leur résistance et supposant que l'édifice coûterait 308.000 fr. lorsque le prix n'en doit être que de 128.000 fr.

« Est-ce là le jugement sérieux d'une des plus compétentes autorités en fait d'architecture? Non, il n'est pas sérieux celui qui descend du piédestal que lui a élevé sa position administrative pour se mêler aux petites intrigues de M. Lardeur et Cie, et dès lors son jugement n'est pas sérieux. De plus, il entre volontairement dans l'arène comme architecte ; ce n'est plus qu'un architecte que j'ai en face et je puis lui répondre carrément sans m'écarter des convenances.

« J'ai demandé que l'on me prouvât mathématiquement et par calculs que mon église n'était pas solide ; oui, je l'ai demandé avec confiance et *fièrement,* parce que j'étais sûr qu'on ne le pourrait pas. L'a-t-on fait ? on ne l'a pas même tenté ! On me répond par des phrases ou passionnées ou plaquées de mots pompeux ; mais de raisonnements, pas un mot ; et de calculs, pas un chiffre.

« Puisqu'on n'a pas osé aborder les chiffres, je m'en servirai, moi, pour faire justice des phrases.

« Je commence par la question de la solidité des voûtes.

« La grande nef de mon église aura sept mètres de largeur et sera surmontée d'une voûte en maçonnerie de pierres de Neufchâtel, représentant pour chaque travée, une surface de 45 mètres, du poids de 10.576 kilogr. : ce qui fait pour chaque côté de la nef et par travée, une résistance à opposer de 3.525 kilog.

« Voyons maintenant la résistance opposée :

« 1° Le mur latéral de la nef y compris son pilastre engagé d'une épaisseur de... 0^{m} 80.

« 2° Un arc-boutant de maçonnerie en pierres de Boulogne, d'une longueur de 3^{m} 50 et représentant un cube de 2^{m} 07 ou un poids de 4.189 kilog. poids déjà supérieur à celui nécessaire pour équilibrer la poussée des voûtes... 3^{m} 50.

« 3° Le mur des collatéraux avec pilastres et son

contrefort extérieur d'une épaisseur de 2^{m} de maçonneries massives... 2^{m} 00.

« 4° Enfin la chaîne en fer reliant la nef avec la partie de l'arc-boutant et formant ainsi une maçonnerie continue de 6^{m} 30 de longueur pour résister à quoi? à une poussée de 3^{m} 50 est-ce clair ?

« Et à l'égard de cette chaîne en fer qui a motivé une comparaison assez triviale pour un critique savant, j'ajoute, quoi qu'il en pense, que j'ai la preuve que cette chaîne est chargée par l'arc-boutant et que la poussée de la voûte elle-même (si poussée il y a, ce que j'examinerai tout à l'heure) contribuerait encore au maintien de sa solidité.

« *Examinant ensuite la coupe transversale,* dit M. Lardeur, *M. Viollet-le-Duc observe que les arcs-boutants sont placés au-dessous de la poussée de la grande voûte, et qu'ils viennent d'ailleurs pousser sur des têtes de contreforts.....* etc.......

« Si M. Viollet-le-Duc qui ne *veut pas, que l'on puisse croire qu'il a légèrement examiné cette question importante,* avait remarqué qu'il est facile de tirer une tangente se dirigeant vers le contrefort et passant par l'intrados de la voûte et l'intrados de l'arc-boutant, et que la même opération eût pu se répéter pour l'extrados si des raisons de conservation et d'économie ne m'eussent engagé à placer mes arcs-boutants sous le toit dont ils suivent la pente à l'effet de leur faire remplir l'usage des formes en charpente dont ils tiennent lieu; si, dis-je, M. Viollet-le-Duc avait fait ces remarques, je doute fort qu'il eût hasardé une critique que je puis réfuter doublement puisque c'est à dessein que j'ai combiné la légèreté de mes arcs-boutants et leur ai donné une forme aiguë afin d'en obtenir tout le résultat que j'en pouvais tirer, mettant d'ailleurs à profit, en cette circonstance, l'expérience dont la collégiale de Saint-Quentin nous offre un exemple et où les arcs-boutants trop pesants ont poussé les murailles en dedans. Il en a été de même des raisons qui m'ont fait replacer ces arcs-boutants à la retombée des voûtes, car il n'est pas un constructeur qui ne sache que dans tous les systèmes de voûtes (celles complètement cylindriques exceptées) c'est en cet endroit que s'exerce la poussée; vérité que je vais prouver surabondamment en répondant à cette autre assertion de M. Viollet-le-Duc :

« *Que ces voûtes poussent beaucoup plus que les voûtes d'arêtes dites gothiques.* »

« Assertion bien hasardée surtout de la part d'un homme qui ne *s'explique guère d'ailleurs la construction de ces voûtes.*

« En effet, le système des voûtes que j'emploie n'est pas nouveau, c'est le premier qui ait été connu après le dôme dont la vaste voûte du ciel fut le plus beau modèle.

« Je suis loin d'en être l'inventeur, M. Viollet-le-Duc en trouvera partout de semblables, et à tous les âges abandonnés, dans la période ogivale, nous les voyons renaître dans les églises des XVIIe et XVIIIe siècles.

« Leur construction, quoiqu'en plein cintre, est plus rationnelle que celle de la voûte d'arête, à arc brisé, attendu qu'elles n'ont pas, comme cette dernière, de solution de continuité, et qu'une rupture, quand elle a lieu, s'opére toujours vers le milieu de la distance comprise entre le sommet et la retombée de la voûte.

« Chaque voûte, reposant à la fois sur des arcades longitudinales et transversales, auxquelles elle sert d'épaulement, pourrait tenir d'elle-même sans le secours de ses voisines, tellement la poussée s'en répartit uniformément sur les arcades. J'en fournis immédiatement la preuve en rappelant à tous les habitants de Boulogne qui ont vu construire les voûtes de la cathédrale de M. Haffreingue, que plusieurs de ses voûtes, par suite de suspension de travaux *sont restées abandonnées à elles-mêmes sans qu'il en soit résulté la moindre lézarde.*

« Je pourrais citer encore comme se trouvant dans la même condition, beaucoup d'édifices et notamment l'église dite des Jésuites de Saint-Omer dont la hauteur est prodigieuse, qui n'a ni arcs-boutants ni contreforts et dont pourtant les voûtes sont semblables à celles de mon projet.

« Mais, je ne pourrais être du même avis pour la voûte ogivale qui, par sa forme aiguë et presque pyramidale pousse évidemment à sa base, poussée que vient encore augmenter l'énorme enveloppe des nervures d'arête ou diagonales. C'est ici qu'il y aurait inconvénient à placer les arcs-boutants trop haut, et un grand nombre d'églises ogivales en fournissent la démonstration. Quoique l'un des premiers partisans de l'architecture chrétienne, je ne suis pas si exclusivement passionné du style ogival, que je n'en aperçoive aussi les défectuosités et ne sache profiter des leçons de l'expérience.

« Il est facile quand on ne s'appuie sur aucune preuve de faire de longues critiques en quelques mots. Il n'en est pas de même de la réfutation. C'est, ce qui a fait dire à ce bon M. Basile : Calomniez ! Calomniez ! Il en restera toujours quelque chose! Comme je crois avoir traité les questions les plus importantes, je passerai plus rapidement sur les autres.

« La première critique de M. Viollet-le-Duc porte sur l'emploi des matériaux indiqués pour la construction des piliers ; il *désirerait,* dit M. Lardeur, *ou de la pierre de Tournay ou de la pierre de Boulogne.* M. Viollet-le-Duc suppose-t-il que je vais chercher mes pierres en Chine ?

« Cependant si ce bon M. Lardeur s'était donné la peine d'étudier mon devis, qui indique la pierre de Boulogne, il m'eût évité cette critique, mais il n'y regarde pas de si près, et, en fait de critique, il tient plus à la quantité qu'à la qualité.

« M. Viollet-le-Duc sait aussi bien que moi que mes piliers ont une force plus que suffisante pour porter le poids qui leur est assigné. Leur dimension l'emporte de beaucoup sur ceux de la cathédrale de Saint-Omer qui ont à supporter une *charge plus que double que celle des miens.*

« *M. Viollet-le-Duc remarque encore,* dit M. Lardeur, *que le chœur ne présente pas sur une surface considérable un seul point d'appui épais, lourd et solide et que tout cela n'est que quillage.*

« Ce reproche s'adresse précisément (et c'est ce qui donne une idée juste de l'espèce d'attention apportée par M. Viollet-le-Duc à l'examen de mon projet), ce reproche, dis-je, s'adresse précisément à la partie la plus solide de l'édifice ; solidité tellement évidente qu'il n'est pas même nécessaire d'être constructeur pour l'apprécier ! Les chapelles elles-mêmes, par leur disposition, ne viennent-elles pas appuyer la muraille de l'ambulatoire, et tenir avantageusement lieu de contrefort, et ne deviennent-elles pas aussi les appuis inébranlables de l'abside?

« Le clocher, avec son épaisse façade et ses lourds soutiens, n'a pas même était épargné par le critique.

« Le dôme seul, partie la plus délicate et la plus difficile d'exécution, paraît avoir trouvé grâce auprès de M. Viollet-le-Duc ; généreuse indulgence dont je ne puis malheureusement pas tenir compte à mon savant critique, car je présume qu'on n'a pas voulu rappeler à mon souvenir l'opposition acharnée qui m'a été faite relativement à la grande voûte de l'église Saint-Jacques à Douai, laquelle suivant de sinistres prédictions était inexécutable et devait s'écrouler avant d'être achevée; prédictions qui ont reçu le démenti le plus formel.

« Mais pourquoi enregistrer nos observations personnelles contre un adversaire qui donne ses avis selon les circonstances, quand nous pouvons le réfuter avec ses propres écrits? En effet, ne lisons-nous pas dans les *Annales archéologiques,* tome IV, page 292 et suivantes, écrites par M. Viollet-le-Duc :

« Ce n'est pas par excés de forces inutiles que les mo-
« numents du XVIIIe siècle pèchent. On ne saurait trop
« s'émerveiller qu'en cinquante ans, les artistes d'alors
« aient pu acquérir une telle expérience que rien ne leur
« a échappé et qu'ils n'ont rien fait *de trop;* qu'avec
« une sagacité dont on ne retrouve d'exemples que chez
« les Grecs, ils aient adopté et rempli franchement les
« programmes imposés par le clergé : *grands espaces*
« *pour la foule et économies de matériaux,* économies
« sans lesquelles ces entreprises devenaient insurmon-
« tables. Nous savons aujourd'hui le cas que l'on fait de

« cette dernière qualité ; nous copions en pierres des édi-
« fices antiques qui étaient construits en blocages et
« même en pisé, il est vrai que l'État n'en peut mais et
« les particuliers paient. L'État ne sait pas si un monu-
« ment qu'il fait bâtir peut être élevé avec mille mètres
« cubes de pierres de plus ou de moins. L'État a des
« écoles d'architecture qui lui coûtent fort cher, des pen-
« sionnaires à Rome, en Grèce, en Belgique : des gens
« qu'on envoie si loin doivent en savoir long... etc... »

« En vérité, ne dirait-on pas que ces lignes n'ont été écrites que pour appuyer mon projet ?

« En effet, M. Viollet-le-Duc s'y montre partisan des *grands espaces pour la foule et des économies de matériaux,* et mon église contiendrait 2500 personnes et ne coûterait que 130.000 fr. M. Viollet-le-Duc *blâme les excès de forces inutiles,* et je me suis étudié à éviter les excès. M. Viollet-le-Duc regrette que l'État paie sans savoir *si le monument qu'il fait bâtir peut être élevé avec mille mètres cubes de pierres de plus ou de moins,* et, à plus forte raison doit-il regretter qu'une commune paie 380.000 fr. ce qu'elle peut avoir pour 130.000 fr. Enfin M. Viollet-le-Duc frappe de l'aile, en passant, les *écoles d'architecture qui coûtent fort cher à l'État,* et c'est un élève sorti de ces serres chaudes qui veut, quoi qu'il en coûte, faire prévaloir ici ses idées apprises sur celles d'un homme qui suit ses propres inspirations.

« Que M. Viollet-le-Duc me permette de lui dire maintenant : Vous nous demandez, Monsieur, à nous petits architectes de province, qui n'avons à notre disposition que le denier du pauvre joint aux faibles ressources des communes, des imitations si fidèles des chefs-d'œuvre des Robert des Luzarches, des Pierre de Montereau, des Philippe de Cormont, montrez-nous donc les voûtes aëriennes, les flèches perçant la nue que vous avez bâties, à leur imitation, et, vous plaçant à la hauteur, qu'à juste titre, vous pouvez atteindre, veuillez mesurer la distance qu'il y a encore de vous à eux. Ces sortes de méditations font bien, elles calment, elles rendent indulgent. Vous dites et écrivez que pas un seul architecte de province n'est capable de bâtir une église ; permettez-moi de vous rappeler que votre premier pas dans la carrière de constructeur a été la salle de catéchisme attenante à la cathédrale d'Amiens. Je ne veux pas juger cette œuvre qui ne date que de quelques années, mais, si j'en crois l'opinion publique, ce premier pas n'a pas été heureux. Vous n'aviez sans doute pas alors à vos côtés la bourse où l'on puise la matière (qui tient trop souvent hélas ! lieu d'inspiration). Cependant on affirme que des églises de campagne ne coûtant pas la moitié de cette chapelle pourraient lui être très-avantageusement opposées sous le rapport de l'art, du goût et de la dimension.

« Je termine ma réponse aux critiques de M. Viollet-le-Duc par un mot sur le style de mon projet ; que dis-je *le style !* Mais, d'après M. Lardeur, M. Viollet-le-Duc pense que dans *tout cela* il n'y a pas de style, mais des réminiscences de plusieurs âges et de contrées diverses ; que cependant cela ne serait qu'un demi-mal s'il y avait solidité, et qu'en vérité, il trouve M. Lardeur *bien bon* de désigner ce prétendu style par Roman.

« Je n'ai pas d'objection à ce que M. Viollet-le-Duc trouve M. Lardeur *bien bon,* car sa brochure respire, en effet, la bonté la plus suave, mais je doute que M. Viollet-le-Duc, qui a du monde, se soit servi de l'expression dédaigneuse de *tout cela*. Quoi qu'il en soit, si M. Viollet-le-Duc a rencontré sur son passage des édifices de style roman pur, il me permettra de lui dire qu'ils sont rares et fort anciens et qu'il en est de même des édifices dits de style ogival. Je n'irai pas loin pour lui en fournir un exemple : Qu'il veuille bien visiter l'église Saint-Pierre non achevée, de Boulogne-sur-mer, il y verra des fenêtres empruntées à l'architecture anglaise du XIVe siècle et des colonnes inférieures à celles qui les surmontent empruntées au XIIIe siècle français, moins la perfection de la sculpture des chapiteaux de cette époque ; il verra que le porche a des moulures et une forme arabes et que la tour qui le surmonte est d'un style indéchiffrable. Comment M. Viollet-le-Duc désignera-t-il le style général de cette église que ce *bien bon* M. Lardeur qualifie d'ogival ?

« Quoi qu'il en dise, mon église projetée serait belle et harmonieuse, son style convient à la nature des matériaux et à leur couleur. Bâtie au sein d'une cité industrielle, elle est sévère ; érigée sous le vocable de Saint-Vincent de Paul, elle est d'une noble pauvreté. Le riche y entrerait sans dédain ; l'ouvrier avec confiance, car elle est simple comme l'honnête habit qu'il porte. Voilà ma religion en architecture, et qui donc aurait le droit d'imposer une formule à la prière ?

« A cette demande, j'entends répondre M. Lardeur ! C'est le moment de prier M. le Président de la société de Saint-Vincent de Paul de vouloir bien descendre du lieu élevé où je l'ai laissé et d'où après s'être adressé la question insidieuse et pleine d'avenir que j'ai rapportée, il a fait le saut périlleux et héroïque qu'il nous a dit sur le dos de M. Viollet-le-Duc. Je n'ai pas fini avec lui.

« Je conviens qu'il joue quelque peu de malheur avec moi ; ainsi il écrit et demande des informations où je construis et on a la dureté de lui répondre d'une manière infiniment flatteuse à mon endroit. Il me déchire charitablement dans un journal et un autre journal a l'impertinence de publier de moi la biographie la plus glorieuse, je ne crains pas de le proclamer, parce qu'elle dit d'où je pars et où je suis arrivé. Il n'est pas jusqu'à M. Viollet-le-Duc qui ne trouve que mon église est plus apparente qu'elle n'est réellement et n'en double la valeur estimative portée à mon devis, démentant ainsi l'épithète de *taupière* que lui donne l'*Impartial,* ce journal de M. Lardeur. J'en offre à M. Lardeur mes doléances sincères et j'y ajoute que nonobstant son *regret si vif* que l'architecte de la ville n'ait pas reçu seul la mission d'étudier le nouveau plan, ce qui devait naturellement lui procurer plus tard une préférence d'autant plus flatteuse, je persiste à présenter le mien au Conseil municipal. J'utilise de la manière suivante le supplément de prix proposé par la Commission : 1° j'ajoute à l'ornementation ; 2° j'exhausse le sol de l'église ; 3° je fais une sacristie en plus ; 4° j'emploie le surplus de la somme en pierres de Marquise aux endroits les plus nécessaires. Faire plus serait inutile, faire moins serait traiter avec dédain le droit d'initiative de la nouvelle Commission municipale. Je ne me dissimule pas les désavantages de ma position au point de vue de la prévention existante. Elle s'est, dit-on, manifestée d'une manière si violente que la première Commission n'a pas voulu laisser lire son rapport, tant le *parti pris* s'était montré en force avant toute discussion. Que deviendraient cependant l'art et les artistes si un tel système trouvait beaucoup d'imitateurs, si l'émulation était éteinte, l'expérience méprisée et les œuvres déjà exécutées considérées comme lettre morte ? Je n'en persiste pas moins, dis-je, à soutenir mon projet parce que j'ai la conviction, et une conviction acquise par des faits éclatants, que mon église, d'ailleurs d'une solidité parfaite, présente tous les avantages que le Conseil municipal bien inspiré doit désirer réunir dans cet édifice et que recommandait jadis M. Viollet-le-Duc : *grand espace pour la foule et économie de matériaux*. Je persiste encore, moins dans l'espoir de bâtir l'église, car là où existe la prévention, la balance n'est plus égale, que pour justifier la confiance dont on m'honore d'un autre côté ; dans tous les cas je me féliciterai, si j'ai pu contribuer à faire éclore un plan convenable par le stimulant de la concurrence et à hâter le moment où Capécure possèdera une église.

« Non seulement je garantis la solidité de la mienne, mais je garantis encore qu'avec les nouvelles additions, elle ne coûtera pas plus de 150.000 fr. Cependant M. Viollet-le-Duc estimant qu'elle couvrira 1.100 mètres superficiels, s'aventure jusqu'à dire que le mètre doit au moins, coûter en province 280 fr. et que la dépense totale de l'église s'élèvera à 308.000 fr.

« Rien de plus hardi que cette assertion. Quoi ! c'est au mètre superficiel et d'une manière invariable que M. Viollet-le-Duc établit ses calculs ! Ainsi, si une église a 20 mètres de hauteur sur une superficie de 1.100 mètres 308.000 fr. ! si elle a dix mètres elle coûtera encore 308.000 fr. ! si elle a des dômes 308.000 fr. ! si elle n'en a pas, le même prix! si elle n'a qu'une tour 308.000 fr.! si elle a un clocher, le même prix!

« En vérité, je demande à M. Lardeur lui-même ce qu'il pense de ce système?

« Il est un genre de prophétie que je signale à son attention : c'est celle qui consiste à prédire que les églises qui ne sont pas construites par des architectes officiels manquent de solidité et doivent nécessairement s'écrouler avant d'être terminées ; prophéties toujours démenties.

« Ainsi, j'ai construit à Douai une voûte d'une grandeur exceptionnelle. Grand scandale parmi les savants. Ils condamnent tout d'abord ma voûte ; elle ne pourra, disent-ils, s'achever! Cependant elle s'achève, ne s'ouvre pas et les savants en sont pour leurs prédictions.

« Les mêmes hommes avaient condamné d'avance l'église de Saint-Martin-les-Boulogne ; elle devait aussi s'écrouler. Une opposition des plus vives est faite à sa construction. Cependant cette église est debout, elle ne bouge pas et nargue les oiseaux de mauvais augure.

« Ils avaient également condamné le dôme de la cathédrale de M. Haffreingue. Ils voulaient l'abattre! ils allèrent si loin dans cette voie que le vénérable évêque d'Arras, Mgr de la Tour d'Auvergne, écrivit à M. Haffreingue, pour le *consoler* de l'écroulement de son dôme! Et cependant *tout cela,* comme dirait M. Lardeur, reste inébranlable, brille et verse des *torrents de lumière* sur M. Lardeur et compagnie.

« Ce sont aussi ces hommes qui condamnent mon église!

« Je l'assiérai, si je la construis, sur du bêton, quoiqu'en pense M. Lardeur, qui n'ayant rien à citer de

M. Viollet-le-Duc à ce sujet, ne s'en donne pas moins le charitable plaisir d'y consacrer un peu de cette fine littérature, destinée, dit-il, à égayer la route, M. le Président de la Société de Saint-Vincent de Paul éprouvant le besoin de traiter gaiement la question de la construction d'une église comme s'il s'agissait d'un roman de Paul de Kock. Et à ce sujet, je lui demanderai en passant, si c'est sérieusement ou pour égayer la route qu'il écrit que le bêton n'occupe dans mon plan qu'une ligne d'un mètre de largeur ? Je veux bien croire qu'il n'y a pas vu les nombreux rameaux, équivalant à une surface unique de cette indestructible matière qui, d'une épaisseur d'un mètre, porterait jusqu'à la *fin du monde* et beaucoup mieux que les pilotis inutiles au centre de Capécure, la plus lourde église gothique et les plaisanteries de M. Lardeur par dessus le marché.

« Il est un point essentiel sur lequel la Commission du Conseil municipal ne s'est pas expliquée. Elle a demandé le plan d'une église complète avec un devis de 150.000fr. seulement, mais de la dimension qui doit être donnée à cette église elle ne dit rien.

« Veut-elle une église pour toute la population actuelle de Capécure ou celle qui progressera d'ici à 15 ou 20 ans, ou n'en veut-elle que pour un millier de privilégiés ? Veut-elle une église pouvant assurer pour de longues années le service religieux, ou ne veut-elle qu'une chapelle temporaire décorée du nom d'église ? Veut-elle un *grand espace et économie de matériaux,* comme le voulait et le veut encore le clergé, selon M. Viollet-le-Duc, ou veut-elle un boudoir gothique et coûteux comme le veut M. Lardeur.

« J'aurais pu pour 150.000 fr. élever une église ogivale, mais ses dimensions seraient restreintes, elle ne contiendrait que mille personnes au plus, car ce genre d'architecture est le plus cher, les voûtes ogivales seules d'une église aussi grande que la mienne, coûteraient 8.000 fr. de plus. Mais j'ai pensé qu'il fallait au centre de Capécure une église capable de recevoir la moitié de la population quant à l'utilité ; et que pour le coup d'œil une petite église ogivale, cathédrale en miniature, produirait le plus piteux effet, surtout auprès des vastes constructions du débarcadère [1] sur une grande place et en face d'une grande caserne.

« L'utilité d'une église pouvant contenir 2.000 personnes au moins me paraît incontestable, dans ce quartier, en vue du but qu'on veut atteindre. Avec un seul et même avec deux ecclésiastiques, il la faut de cette dimension pour leur rendre leur tâche vraiment utile et surtout possible. Voudrait-on qu'un dimanche, par exemple, mille fidèles seulement fussent admis et le reste mis à la porte? La volonté de l'Empereur est, assure-t-on, d'avoir dans ce quartier une grande caserne ; voudrait-on que lorsque 800 militaires se rendront en corps à l'église toute la population civile en fut exclue ? Le tout par amour pour le genre ogival et par égard pour le goût favori de M. Lardeur ? Il y a plus : un des plus puissants moyens d'action sur les populations, trop longtemps écartées des voies religieuses, est de provoquer ces missions retentissantes dont on connaît les heureux résultats et d'appeler quel-

[1] Quand M. Grigny écrivait ce Mémoire, il n'était pas encore question de mettre l'église où elle se trouve maintenant ; on se proposait de la bâtir au bout de la place, près de la gare.

ques-uns de ces grands prédicateurs, qui laissent après eux la foi plus sincère lorsqu'on les a entendus ; il faut donc un grand espace et une église ne pouvant recevoir que mille personnes serait insuffisante.

« Il est des personnes pour lesquelles ces considérations n'ont aucune valeur. Elles prétendent qu'on n'éprouve de recueillement et de ferveur que dans le gothique et qu'on ne prie bien Dieu qu'entre deux ogives. Sacrifiant ainsi le nécessaire à la fantaisie, elles laisseraient sans scrupule la moitié d'une population dans la rue, pour loger l'autre selon les règles du genre qu'elles favorisent. Voilà ce qu'on peut appeler des *idées particulières* que ceux qui veulent sincèrement une église avec ses résultats, et non le triomphe d'un style, ne doivent pas approuver. Je demanderai à M. Lardeur, Président de la Société de Saint-Vincent de Paul, ce qu'il penserait d'un homme qui, ayant de l'argent pour habiller 100 pauvres en bonne toile, préférerait n'en revêtir que 50 en drap, laissant les autres nus ? Serait-ce de la charité bien entendue ?

« La place de Capécure est très-certainement le centre de cette localité. A des distances égales se trouvent au nord les dunes, au sud la montagne. Jusqu'à ce que deux ailes (si jamais elles doivent recevoir des populations agglomérées, ce que la disposition du sol ne semble pas permettre) aient besoin, l'une ou l'autre d'être érigées en paroisse, il se passera probablement plus d'un siècle ; mais admettons que dans 30 ans il y ait à Capécure 20.000 habitants comment seront-il répartis ? Est-ce que le centre, à cause de sa profondeur et de ses tenants et aboutissants, n'en aura pas les quatre cinquièmes ? Où alors élèverait-on d'autres églises et pour qui? Est-ce dans les dunes, sur le bord de la Liane, entre la rivière et le chemin de fer ou sur la côte d'Outreau? On voit donc que les idées les plus justes en apparence, ne résistent pas à la démonstration matérielle. Selon moi, et à moins que la carte que j'ai sous les yeux soit inexacte, l'église du centre doit pendant des siècles être l'unique ou du moins la prépondérante. M. Mesureur, dans son rapport, a donc émis une opinion erronée et M. Lardeur ne manque pas cependant de la trouver excellente. Il est inutile de dire dans quel but, le bout de l'oreille est trop apparent.

« Puisqu'à Boulogne, il faut, en fait d'édifices religieux, compter avec M. Lardeur, avant tout je lui dirai en terminant, que mon plan est fait à l'échelle de 0,01 centimètre seulement; qu'il n'a point dès lors l'apparence de celui qui serait fait sur l'échelle de 0,02 centimètres, par exemple, et qui, en réalité, ne serait que la moitié du mien. Que la Commission veuille bien y faire attention !

« Et maintenant pour prendre congé de M. le Président de la société de Saint-Vincent de Paul, qu'il me permette de le prier, quoi qu'il arrive d'employer l'influence qu'il a acquise dans la question à aplanir les obstacles qui s'opposeraient à la construction d'une église à Capécure. Je lui ai déjà dit un mot des légendes attachées aux édifices religieux, je lui rappellerai celle d'une des plus belles cathédrales d'Allemagne, qui n'est pas terminée quoique commencée depuis 8 siècles. Cette légende dit que l'esprit malin s'en mêle, soit en tarissant les ressources du prince, soit en frappant de vertige tous les architectes successifs, soit en leur suscitant des maladies ou des ennemis! Que

M. Lardeur y prenne garde : tout en déclarant qu'il veut une église à Capécure, il est déjà cause d'un retard qui à la vérité peut se réparer ; mais qu'il s'efforce donc d'apporter son puissant concours à l'achèvement de l'œuvre, car la population finirait par lui donner, dans la légende, une place qu'il n'envie sans doute pas, et qu'il ne mérite certainement pas.

A. GRIGNY.

CHAPITRE XV.

VOTE DU CONSEIL MUNICIPAL. — L'ÉGLISE EST A L'EAU.

Cette brochure de M. Grigny fit grand bruit dans la ville. L'*Impartial*, comme nous l'avons vu, dans le chapitre précédent l'attaqua avec amertume et s'efforça de la contredire sans y parvenir. La *Colonne* défendit l'architecte d'Arras : « Nous ne voulons pas, dit-elle, dans son numéro du 25 février, revenir sur le *Mémoire* de M. Grigny qui a été diversement apprécié... mais les attaques dont M. Grigny a été l'objet dans le principe étaient tellement injustes pour ne rien dire de plus, qu'on ne doit pas s'étonner que M. Grigny y ait répondu d'une manière un peu verte. »

En effet, les adversaires de M. Grigny qui l'avaient maltraité si gratuitement, étaient allés jusqu'à faire allusion aux traces laissées sur son visage par une douloureuse maladie contractée dans les fatigues d'un travail excessif de chaque jour.

Profondément blessé dans ce qu'on a de plus précieux au monde, une réputation acquise par un labeur incessant, par une longue expérience couronnée des succès les plus brillants, M. Grigny avait certes bien le droit de se montrer caustique et ironique dans sa réponse. Avant de le condamner, il faudrait seulement se trouver quelques heures dans la position qu'il dût subir pendant plusieurs semaines.

L'*Impartial* dans son numéro du 1er mars vint à la rescousse et rompit une lance contre la *Colonne* qui prenait encore la défense de l'architecte étranger.

Enfin, au terme indiqué par la nouvelle Commission, M. de Bayser livra son plan ; comme il était gothique, que ce style coûte plus cher et oblige à un élancement qui absorbe des matériaux dont le style roman surbaissé tire parti pour élargir les édifices, l'église de M. de Bayser ne contenait que 800 personnes et montait à 158.000 fr. huit mille francs de plus que le chiffre indiqué par le programme. L'église de M. Grigny, toujours romane, mais enrichie de tous les accessoires qui forment une petite cathédrale devait contenir plus de 2.000 personnes et coûtait 149.000 fr. mille francs de moins que le chiffre indiqué par le programme. La nouvelle Commission fit comme l'ancienne, elle adopta le plan de M. Grigny et rejeta celui de M. de Bayser, trop exigu pour un quartier appelé à devenir très populeux et comptant déjà 4.000 âmes. Il restait à passer par le jugement du Conseil municipal. Les amis de M. de Bayser, les amis du style gothique quand même, employèrent absolument les mêmes manœuvres que la première fois, sans penser qu'ils étaient dupes d'un parti qui ne voulait pas d'église, sans se douter plus que d'abord, qu'ils risquaient de sacrifier des intérêts plus que sacrés, à une affection personnelle, à un caprice de style.

Le 7 mars 1855, le Conseil municipal aborda la question des plans proposés par les deux architectes. La Commission, dont la majorité avait demandé le plan de M. Grigny, s'était divisée avant la séance par suite d'intrigues et de menées tout à fait analogues à celles que nous avons déjà eu l'occasion de signaler. M. Chauveau, qui cette fois était demeuré fidèle à son opinion nouvelle, lut un rapport qui n'était plus la pensée d'abord émise par la majorité de la Commission. On discuta à outrance pendant deux longues séances. M. Mesureur fit des efforts incroyables et parla des heures entières en faveur de M. Grigny ou plutôt en faveur de l'église de Capécure. Enfin, il fallut en venir aux voix. Tous les avantages possibles furent accordés à M. de Bayser. Des membres obtinrent que malgré le programme, le grand plan de M. de Bayser, au devis de 380.000 fr, fut remis aux voix. Il fut repoussé, le prix en était trop élevé. Le deuxième plan du même architecte, au devis de 158.000 fr. mis ensuite aux voix, fut aussi repoussé, l'église était trop petite... Il ne restait à voter que sur l'adoption ou le rejet du plan de M. Grigny au devis de 149.000 fr. La question pouvait se résumer ainsi : Capécure aura-t-il une église ou non ?

Donc ont voté :

Pour l'église :	Contre l'église:
MM. Fontaine, maire.	MM. Hamy, juge de paix.
Jardon, adjoint.	Lalouette.
Chauveau-Sire.	Gardère, adjoint.

MM. Grandsire.	MM. Pamart.
Mesureur, juge.	Buron.
Dr Ovion.	Baret-Ternaux.
Saint-gest.	Belvalette.
Mauduit.	Vidor-Boutillier.
Roberval.	Beaucourt-Mutuel.
. . . . .	Harrewyn.
. . . . .	Pierlay.

Neuf voix pour l'église, onze contre : donc pas d'église.

Pendant les débats, une pétition de huit notables de Capécure, demandant un ajournement indéfini ou un concours qui devait tout remettre en question pendant de longues années fut présenté au Conseil. Mais comme la lecture de cette pièce ne produisit aucun effet sur les conseillers, on ne lui opposa point une autre pétition que l'abbé Rémont informé à temps de la mesure, avait fait envoyer une heure avant la séance par huit autres notables dont la protestation eût neutralisé, au besoin, la supplique des premiers.

Dès qu'il fut constaté, par les votes, qu'il n'y aurait pas d'église à Capécure, une triste scène eut lieu dans la salle des séances. M. Lalouette, et d'autres membres dont nous tairons les noms se mirent à battre des mains en criant de toutes leurs forces : Bravo ! Bravo ! Il n'y aura pas d'église ! C'est tout ce que nous voulions ! Une juste pudeur porta certains membres à leur dire : Au moins gardez pour vous une joie si honteuse. — Quinze jours après, on trouvait M. Lalouette mort subitement dans son lit à la fleur de l'âge. — Nous omettons plusieurs faits de ce genre propres à faire réfléchir ceux qui avaient provoqué cet échec définitif et brisé toutes les espérances d'un prêtre qui luttait depuis trois ans et demi pour une œuvre qui eût exigé quatre ecclésiastiques. Apprécièrent-ils leur conduite ? Furent-ils éclairés sur la valeur des hommes auxquels ils s'étaient unis ? — Non, sans doute ; car pas un seul d'entre eux n'essaya de raviver le projet qu'ils avaient tué. Ils étaient feu et flamme avant la discussion ; ils gardèrent ensuite un silence profond.... ils avaient su détruire, ils ne surent point ou ils ne voulurent point édifier.

CHAPITRE XVI.

M. FONTAINE S'ENTEND AVEC M. RÉMONT. — M. DE BAYSER FAIT UN NOUVEAU PLAN. — IL EST VOTÉ. — NOUVELLES TRIBULATIONS.

Un mois se passa sans qu'il fût question d'église. M. Fontaine qui désirait vivement attacher son nom à cette bonne œuvre, et qui avait été fort pressé à Boulogne, à Paris, par le général de Cottes d'en finir avec cette affaire, s'entendit avec M. l'abbé Rémont pour qu'un nouveau plan de 180.000 fr. fût exécuté dans l'espace d'un mois par M. de Bayser. D'un autre côté, le curé de Capécure pria M. Latteux de Lattaignant d'engager M. de Bayser à se conformer aux idées du maire, et d'épargner au général de Cottes la peine de dire à l'empereur le cas qu'on avait fait à Boulogne de l'approbation donnée par Sa Majesté au plan de M. Grigny. M. l'abbé Rémont, jusqu'à ce jour, n'avait pas voulu que l'empereur fût informé de tout ce qui s'était passé. Il craignait de compromettre des hommes en place qui au demeurant malgré leurs idées particulières étaient de très honnêtes gens. Le curé de Capécure avait reçu de l'empereur, avant son départ, la permission de se présenter à la cour si les choses allaient mal, et il ne voulait profiter de cette autorisation qu'en désespoir de cause.

M. de Bayser fit dans l'espace d'un mois le plan demandé. Le 27 mai 1855, le Conseil réconcilié avec lui-même votait et adoptait à l'unanimité le plan d'église gothique, dont le devis s'élevait à 190.000 fr. présenté par M. de Bayser. La voix de M. Gardère seul manquait.

Pour l'exécution du plan, on devait payer 190.000 fr. en quatre années ; il fallait trouver des fonds. Sur ces entrefaites, M. Alex. Adam fut spontanément nommé maire de Boulogne par l'empereur. Dès lors on regarda l'église comme faite ; on connaissait le génie énergique de ce magistrat, sa sympathie pour Capécure qu'il avait organisé douze années auparavant en établissant une place au centre pour y bâtir l'église, sa sincère amitié pour M. l'abbé Rémont qui faisait œuvre de missionnaire depuis trois ans au milieu des ouvriers du quartier. Arrivé le 1er juillet 1855 aux affaires, M. Adam fit ajouter au devis de l'église une somme de 20.000 fr. afin d'agrandir la tour et les sacristies, perfectionnement qu'avait trouvé nécessaire M. Viollet-le-Duc, consulté par M. de Bayser pour l'ensemble du monument. Peu de temps après, il faisait voter un emprunt de 1.200.000 fr. et il allouait 210.000 fr. pour la construction de l'église. Le 28 mai 1856 il obtenait de l'État l'autorisation de réaliser son emprunt, quand les constructions auxquelles il devait servir auraient été approuvées par la commission des bâtiments civils de Paris.

Une marche si rapide et si heureuse devait être entravée : on espérait pouvoir commencer l'église au bord de l'hiver, vers le 15 octobre 1856. Les plans de l'église en même temps que ceux du théâtre, de la halle aux poissons, furent renvoyés condamnés par la Commission des bâtiments civils de Paris. L'auteur du rapport qui condamna l'église est l'architecte Hihorff, membre temporaire du jury d'examen. Sa censure est fort dure, très dédaigneuse. Il laisse percer dans son rapport une rivalité jalouse contre M. Viollet-le-Duc qui avait été cité comme approbateur du plan de M. de Bayser dans l'exposé envoyé de Boulogne. Étrange retour des choses d'ici-bas ! M. Viollet-le-Duc avait prêté son concours à MM. Lardeur et de Bayser, pour écarter le plan de M. Grigny, et c'est le nom de M. Viollet-le-Duc qui dispose visiblement M. Hihorff à écarter le plan de M. de Bayser. On avait repoussé le plan de M. Grigny parce qu'il n'était pas gothique et M. Hihorff exprime toute sa mauvaise humeur contre le gothique choisi par M. de Bayser. On incriminait M. Grigny parce qu'il avait copié, gâté son plan de l'église d'Oisy pour la reproduire à Boulogne et M. Hihorff reproche à M. de Bayser d'avoir mal imité la cathédrale de Dijon pour la répéter à Boulogne. On ne pouvait pardonner à M. Grigny d'avoir choisi un style écrasé qui lui permettait de donner à son église une étendue correspondante à la population et M. Hihorff blâme M. de Bayser de n'avoir pas choisi un style moderne dont l'élévation modérée l'eût laissé libre d'agrandir son église autant que l'exige la localité. Enfin, l'architecte de Paris indique comme modèle à copier la cathédrale d'Alby qui est du style flamboyant, gothique tertiaire, qui comporte des voûtes aussi basses que le style roman. C'est comme s'il eût dit à M. de Bayser : Vous eussiez dû imiter les plans de M. Grigny, dont vous avez blâmé et fait rejeter le travail. Tels sont les singuliers rapprochements qu'on est contraint de faire en lisant le rapport de M. Hihorff. Voici, du reste, les conclusions de ce rapport :

« Avis du Conseil des bâtiments civils de Paris...... Le Conseil.., après avoir entendu Hihorff en son rapport, sur le projet de la construction d'une église à Boulogne (Pas-de-Calais), vu les plans, vu le programme énonçant que l'église doit pouvoir contenir 1.150 personnes, abstraction faite du choix du style et des défauts qu'une servile imitation eût sans doute fait éviter.... Considérant d'abord que la disposition du plan ne peut satisfaire, ni à la condition principale de contenance, ni aux diverses exigences du culte, ce qui eût suffi pour la repousser.... Considérant aussi, qu'en admettant même qu'il eût été enjoint (par M. Viollet-le-Duc) d'imiter un monument, cet artiste s'est borné à copier partiellement une église d'une dimension beaucoup plus considérable, quand il eût dû la copier en totalité, ou s'inspirer d'un modèle beaucoup plus en rapport avec le terrain ou la dépense... Considérant en outre qu'on ne peut admettre les deux entrées dans la sacristie par le sanctuaire, en ce qu'elles auraient l'inconvénient grave de troubler le culte pendant la célébration de l'office divin... est d'avis, conformément aux conclusions du rapporteur, que le projet d'église ne peut être admis. — Pour le secrétaire, signé Halery... signature du président illisible. »

Les amis de l'architecte local lui prêtaient un talent

sûr ; toute concurrence était à leur estime une injure à son expérience éclairée, une guerre inutile. Le style gothique devait être choisi, dût-il forcer l'architecte à ne faire qu'une église deux fois, trois fois plus petite ; on voit aujourd'hui la valeur de cette assertion. Le curé de Capécure avait eu tort de vouloir une construction vaste, simple comme celle de M. Grigny, il avait, disait-on, manifesté des sympathies pour celui-ci ; double accusation fort mal fondée. Par rapport à l'étendue qu'il voulait faire donner à l'église, convenance qui devait l'emporter sur tout, le curé est justifié par le rapport Hihorff. Quant aux inclinations du curé vers un homme, vers un plan mis en présence de l'architecte de la ville et de son plan, il n'en exprima jamais, dès qu'il y eût concurrence. Il voulait une église, une église suffisante pour tous ; le grand plan de M. de Bayser eût été préféré par lui s'il eût été aussi réalisable que ceux de M. Grigny. En provoquant la concurrence de M. Grigny, le curé de Capécure fit-il une faute, comme on eût la charité de lui dire ? Nous sommes loin de le penser. M. Rémont n'avait pas eu recours à M. Grigny pour l'opposer à M. de Bayser, mais pour faire donner gratuitement et de suite un plan, un devis tout faits à M. de Bayser, acte généreux auquel M. Grigny s'était prêté secrètement. Quand par le fait exclusif de M. de Bayser et du Conseil qui ne voulurent point du plan *accepté d'abord,* la concurrence éclata, le curé, en homme habile, exploita la querelle pour obtenir une église, une église plus grande, plus d'argent, plus d'activité, sans prendre de parti. L'opposition croyant l'affaire perdue par l'inabordable plan de 400.000 fr. disait au curé : si vous aviez présenté un plan complet de 100.000 fr., vous auriez eu votre église. Et le curé présentant inopinément ce plan, venu du dehors, forçait les conseillers, pris par leurs paroles, à revenir sur une question qui semblait trépassée. Le public criait : On occupe, on entrave, on égare ce bon M. de Bayser qui sert, sans s'en douter, les vues des hommes qui ont dit au curé de Capécure : « Votre église, vous l'aurez quand nous aurons fini nos œuvres à peine commencées ; l'architecte sans qu'il y ait de sa faute, sera de plus en plus lent et il ne donnera que des projets irréalisables. » Fut-il donc si mal inspiré le curé de Capécure qui coupa tous ces nœuds gordiens en appelant l'architecte étranger, dont l'apparition abattit tous les entêtements, dérouta toutes les oppositions, mit tout le monde au pas, fit naître les plans d'église en quarante jours, raviva la question en la passionnant, excita une polémique dont le bon côté fut de persuader à tous qu'il fallait de suite une église vaste et complète et de faire allouer par gradation 210.000 fr. pour la réaliser au lieu de 100.000 fr. qu'on y destinait.

M. Grigny avait dit au curé de Capécure : « Je ne bâtirai sans doute pas votre église, mais je la ferai bâtir. » M. Grigny a eu raison, il a été le marteau qui a fait jaillir l'église de Capécure d'une enclume rouillée.

Nous lisons dans les notes de M. le Curé de Capécure ces mots qui ont trait à l'endroit du récit où nous sommes arrivé : « Nous espérons que le retard apporté par la Commission de Paris ne sera ni long ni funeste à l'œuvre. On est tous heureux que M. de Bayser soit le constructeur, c'était son désir, son intérêt, le vœu de ses amis. M. Grigny s'est retiré volontiers, il l'eût fait plus tôt si on le lui avait permis. Il était, en effet, chargé de construire dix églises à la fois ; puis sa réputation n'a pas eu besoin de grandir depuis son coup d'essai, la chapelle du Saint-Sacrement d'Arras. Boulogne à la fin lui a témoigné sa reconnaissance en lui offrant 1500 fr. Quant au style choisi par M. de Bayser, nous le préférons à tous les autres, mais nous regrettons qu'il l'ait employé chez nous, attendu que limité dans la dépense il ne peut nous bâtir une église assez vaste, le gothique coûtant beaucoup plus cher que le grec et le roman. Nous aurions préféré l'utile à l'agréable. Un mot en passant sur l'église d'Oisy que M. Grigny devait reproduire à Capécure considérablement agrandie et embellie. L'architecte du département était venu proclamer à Boulogne qu'il avait condamné cette église ; le ministre des Cultes en a ordonné la construction. M. Viollet-le-Duc avait affirmé qu'elle coûterait 300.000 fr.; M. Grigny l'a terminée pour 80,000 fr. Elle devait s'écrouler avant d'être achevée, elle fait aujourd'hui l'admiration des connaisseurs, et, comme disait M. Mesureur, elle se porte fort bien.

CHAPITRE XVII.

ORGANISATION DE LA PAROISSE.

Nous reviendrons bientôt à la question de l'église ; le plan de M. de Bayser est condamné par la Commission des bâtiments civils, retenons ce détail, et, dans ce chapitre occupons-nous de l'organisation de la paroisse à un autre point de vue.

Aussitôt la paroisse érigée, le curé pria M. le Maire de faire nommer fabriciens par le préfet M. Chauveau filateur et M. Duhamel rentier; il pria l'évêque de nommer de son côté fabriciens MM. Famchon rentier, Copin professeur et Tellier-Malo négociant. M. Chauveau fut élu président du Conseil. Le bureau se composa du curé président, de M. Duhamel trésorier, de M. Copin secrétaire du Conseil comme du bureau et de M. Famchon. La fabrique entra en fonctions vers la fin de 1854.

Avant l'érection de la cure, M. l'abbé Rémont avait eu recours à des expédients pour se procurer des chantres. Il ne pouvait donner que 400 fr. et le logement à un premier chantre. Après plusieurs mois d'instances auprès du maire, il obtint qu'une place de gardien-fossoyeur fût créée au cimetière de Capécure en faveur du premier chantre auquel la ville fit un traitement de 450 fr.; ce qui le mit à même de vivre. Un second chantre était nécessaire; le curé découvrit, dans une usine, un ancien instituteur qui consentit à chanter pour deux francs chaque dimanche ou fête. Il n'y avait point de bedeau d'abord, mais un vieux militaire nommé Wargnier qui avait fait les campagnes d'Anvers et d'Afrique, ayant rempli longtemps ces fonctions gratuitement avec une tenacité qui semblait indiquer une vocation, on finit par l'appointer et par le revêtir de l'uniforme qu'il ambitionnait. Tous ces employés, y compris Delplanque le second chantre, furent maintenus dans leurs fonctions par la fabrique. Un suisse manquait, on en fit un avec un excellent ouvrier nommé Bihez. Quoique pauvre, il ne travaillait pas le dimanche ; on lui paya son dimanche et afin de pouvoir l'employer dans la semaine, le curé lui obtint à la grande usine continentale une place de garde de nuit aux appointements de 750 fr. De cette manière on pouvait en disposer pour les enterrements et les mariages. Le premier harmonium, instrument bien mesquin, d'un seul jeu, fut acheté par le Curé, touché d'abord par le jeune Docquois que tua son zèle pour l'organisation des chœurs de chant : il mourut poitrinaire à 19 ans. La sœur de M. l'abbé Rémont suppléa ensuite l'organiste qu'on ne pouvait rétribuer. Les religieuses institutrices du quartier, les sœurs de Saint-Joseph d'Abbeville, se chargèrent de blanchir, de plisser le linge, à condition qu'on leur laisserait la modeste offrande payée par leurs élèves aisées pour leurs chaises ou bancs à la chapelle.

La plupart des employés dont nous venons de parler ci-dessus sont morts. Il ne nous reste plus que Bihez[1] le suisse, brave homme, peu malin, dont nous ne voudrions pas nous séparer en raison de ses anciens services et parce qu'il nous est comme une relique de l'organisation primitive de la paroisse.

Une des plus graves difficultés restait à vaincre. Capécure comptait 4.300 habitants et le curé était seul depuis trois ans. Il fallait un vicaire. Il manquait mille francs au curé pour y tenir à la rigueur avec un coadjuteur. Le curé s'adressa au maire, M. Adam, afin d'en obtenir une subvention exceptionnelle et provisoire en faveur du vicaire. M. le Maire, ayant la conviction que le traitement légal de 500 fr. pouvant seul, d'après le droit, être fourni au vicaire par la commune, exprima le regret qu'il éprou-

[1] Il vient de mourir à l'âge de 80 ans à l'hospice de Boulogne, février 1893.

vait de ne pouvoir violer la légalité, mais il offrit au curé de lui faire allouer pour lui-même une indemnité de logement bien qu'il fût logé gratuitement dans les dépendances de la chapelle. — Le curé refusa cette indemnité et pria M. le Maire de la placer sur la tête du vicaire, de l'élever à 500 fr. lui disant que certaines communes logeaient leurs vicaires et qu'avec cette indemnité jointe au traitement légal, il satisferait le curé de Capécure sans violer le droit. M. Adam accueillit cette combinaison avec empressement, car il n'avait rien tant à cœur qu'obliger M. Rémont, la fit admettre par le Conseil municipal qui s'écria tout d'une voix qu'on ferait le même sacrifice quand il faudrait un deuxième et un troisième vicaire à Capécure, qu'on savait bien que la paroisse était pauvre etc., etc. Par suite de cet acte généreux, M. Denis, prêtre ordonné à Noël, vint inaugurer le vicariat de Saint-Vincent de Paul le 5 janvier 1856. La besogne devint alors supportable, la vie plus agréable et l'on put sérieusement tenter d'opérer le bien. A l'époque où le vicariat de Capécure fut créé, le casuel fourni par le quartier était loin de suffire aux besoins du curé ; l'évêque le lui alloua tout entier provisoirement. Cependant le curé préleva annuellement sur ce casuel 100 fr. pour le vicaire, la fabrique lui vota une somme égale, de sorte qu'avec le traitement de la ville, les honoraires de messes, le vicaire eût en moyenne de 16 à 1700 fr.

On constata à la fin de 1856 qu'un peu d'amélioration s'était manifestée dans le quartier au point de vue moral et religieux. Aux premières Pâques on avait remarqué qu'il restait 170 pratiquants dans la nouvelle paroisse ; et avec les convertis on avait atteint le chiffre de 250. La seconde année, un Père Jésuite, le P. Gaudichaud, vint donner une mission et le nombre des communions, depuis le commencement du carême jusqu'à la fin du temps pascal, fut de 700. La troisième année on compta 500 pâques. Le nombre n'en augmenta pas en 1856 bien qu'il y eut deux Rédemptoristes occupés à prêcher sans cesse pendant quinze jours, à dater du dimanche de la Quasimodo. Dans le petit noyau ordinaire, la piété avait fait quelques progrès. Aux solennités de la première année, on ne comptait que 25 communions ; à la Toussaint de 1856, il y en eut 135.

En l'année 1857, le 7 avril, la congrégation du Cœur immaculé de Marie établie depuis six mois, pour les jeunes filles de la paroisse, fut approuvée par Mgr Parisis. Au début, on compta cinquante congréganistes, le nombre s'en trouva bientôt doublé. Cette congrégation existe encore dans la paroisse. Une soixantaine de jeunes filles en font partie. Voici les statuts approuvés par l'autorité épiscopale.

Association de la sainte Vierge.

Art. I. Le but de l'association est 1° de procurer aux jeunes filles de la classe ouvrière les moyens de conserver leur innocence par l'éloignement des plaisirs dangereux, 2° de les aider à sanctifier les jours de dimanches et fètes par la cessation du travail défendu, par l'accomplissement des devoirs religieux et par des récréations honnêtes, 3° de consoler le Cœur de Jésus-Christ des blasphèmes et des profanations qui l'outragent, 4° de procurer autant qu'il est possible aux jeunes personnes de la classe ouvrière des secours spirituels et temporels dans leurs maladies et des prières après la mort.

Art. II. L'association est placée sous la protection du Cœur immaculé de Marie.

Conditions d'admission.

Art. III. L'association étant spécialement destinée aux jeunes ouvrières, on n'y admettra que des personnes appartenant à cette classe de la société. Toutefois le directeur a, sous ce rapport, une grande liberté d'action.

Art. IV. Toute jeune personne ouvrière, à quelque genre de travaux qu'elle se livre, pourra être admise dans l'association, à condition d'avoir fait sa première communion, d'être âgée d'environ 15 à 14 ans et d'appartenir à la paroisse. Cependant pour des motifs suffisants on peut aussi y admettre des personnes d'une autre paroisse.

Composition de l'association.

Art. V. L'association comprend trois catégories ou divisions ; la première celle des *postulantes,* la seconde celle des *aspirantes,* et la troisième celle des *associées.*

Des postulantes.

Art. VI. Cette première division comprend les jeunes personnes qui, après avoir exprimé le désir sérieux de faire partie de l'association sont admises, à faire preuve de leur bonne volonté, à se conformer à l'esprit et aux règles de l'œuvre.

Art. VII. Le temps de l'épreuve durera deux mois pendant lesquels la jeune postulante partagera les exercices religieux et les récréations des autres membres de l'association.

Art. viii. Dès son entrée, elle sera placée sous le patronage et la surveillance de l'une des associées qui sera comme son ange gardien, qui l'aidera à bien comprendre le but de l'œuvre et qui lui en communiquera l'esprit. C'est à elle ou à la présidente qu'elle s'adressera dans les difficultés.

Art. ix. Outre l'assiduité aux offices de l'église et aux réunions du dimanche après les vêpres de la paroisse, elle fera chaque jour, comme pratique particulière 1° une invocation au Cœur immaculé et affligé de Marie, afin de recommander au Sacré-Cœur de Jésus toutes les âmes des associées, 2° une invocation à saint Joseph patron de la bonne mort, 3° une invocation aux saints anges protecteurs de la jeunesse. Le dimanche, elle y ajoutera une dizaine de chapelet pour les profanateurs de ce saint jour et du saint nom de Dieu et pour les âmes que Dieu doit appeler à lui dans la semaine qui commence et pour les âmes qu'il a appelées dans le cours de la semaine précédente.

Art. x. L'aspirante est celle qui, après la première épreuve est montée d'un degré dans l'association et sollicite son admission définitive.

Art. xi. Les obligations sont les mêmes que précédemment ; cependant elle doit montrer plus de fidélité à observer les règles, plus de ferveur et de zèle dans la réception des sacrements, plus de piété dans toute sa conduite, plus de simplicité dans sa toilette, plus d'éloignement des sociétés et des plaisirs du monde.

Art. xii. Elle devra s'étudier à sanctifier son travail et

toutes ses actions par l'esprit de foi et à éviter l'oisiveté et les occupations inutiles.

Art. xiii. Elle s'efforcera, par ses exemples et par son zèle plein de prudence, de douceur et de charité, de faire pénétrer l'amour de la vertu et la pratique de la religion au sein de sa famille dont elle doit être comme l'ange protecteur.

Art. xiv. Après deux ou trois mois de cette nouvelle probation, l'aspirante pourra être définitivement admise au nombre des associées.

Des associées.

Art. xv. Les jeunes personnes, qui sous le titre d'associées, forment l'association proprement dite devront se distinguer par une vertu réelle et par une piété solide. Elles s'appliqueront à diriger toutes leurs intentions et leurs actions vers la fin spéciale de l'œuvre.

Art. xvi. Tous les dimanches après les vêpres,les associées se réuniront afin de réciter en commun le chapelet de Notre-Dame des Sept-Douleurs pour les morts de la semaine passée et pour ceux qui paraîtront devant Dieu la semaine suivante, le *Memorare* et une invocation aux Sacrés-Cœurs de Jésus et de Marie, à saint Joseph pour les membres de l'association et pour la jeunesse de la paroisse, le *Miserere* en expiation des blasphèmes, de la profanation du dimanche et des désordres de la jeunesse pendant la semaine qui vient de s'écouler. A cette réunion dont elles ne devront pas s'absenter sans raisons légitimes, il leur sera fait une courte exhortation.

Art. xvii. Le premier et le quinze de chaque mois, la présidente tirera au sort le jour où chaque associée fera pendant la quinzaine la sainte communion (cet article est depuis bien longtemps remplacé par le suivant).

Art. xviii. Autant que possible, les associées feront ensemble la communion le premier dimanche du mois et tâcheront d'y amener les aspirantes et les postulantes.

Art. xix. Chacune des associées montrera un grand zèle pour les postulantes et les aspirantes qui lui seront confiées ; les associées seront industrieuses pour porter les âmes de leurs compagnes au service de Dieu.

Art. xx. Chacune s'efforcera avec zèle et discrétion de connaître les malades de son quartier, les jeunes personnes éloignées du bien pour les y amener et les pauvres ouvriers qui auraient besoin de soulagement afin de venir à leur aide si on le peut et afin de les signaler à la charité des autres.

Art. xxi. Si par une circonstance malheureuse, une associée s'oubliait au point de fréquenter les plaisirs dangereux ou de travailler le dimanche par habitude et sans permission de son confesseur, ou si elle montrait une légèreté de conduite qui serait un scandale pour l'association, elle serait d'abord avertie une ou deux fois avec douceur et charité par la présidente, puis séparée pendant un mois de l'association. On priera particulièrement pour elle pendant ce temps qui lui sera laissé pour réfléchir. Mais si après tous ces moyens, il n'y avait pas d'amélioration dans sa conduite, elle sera entièrement exclue de l'association.

Devoirs généraux.

Art. xxii. Un des buts particuliers de l'association étant de consoler le Cœur de Jésus-Christ des blasphèmes et des profanations qui l'outragent aussi bien que des déréglements de la jeunesse, toutes les jeunes personnes qui participent à l'association, à quelque degré que ce soit, s'appliqueront à établir en elles l'amour de Notre-Seigneur et à le dédommager par leur conduite de l'ingratitude et des offenses dont il est l'objet.

ART. XXIII. Elles auront pour la Très Sainte Vierge, leur mère et leur patronne, une grande dévotion qu'elles feront consister dans une compassion sincère à ses douleurs et dans l'imitation de ses vertus comme le moyen le plus assuré de mériter sa protection.

ART. XXIV. Comme il n'est rien de plus efficace pour conserver la piété et pour s'avancer dans la perfection des vertus que la fréquentation des sacrements, toutes se proposeront de communier le premier dimanche de chaque mois et aux fêtes principales de Notre-Seigneur et de la Très Sainte Vierge.

ART. XXV. Chacune choisira librement son confesseur après y avoir réfléchi devant Dieu, mais il est interdit de s'entretenir, soit en public soit en particulier, ou des confesseurs ou des ministres de Dieu en général afin de mieux conserver pour eux le respect qui leur est dû.

ART. XXVI. Toutes devront s'abstenir de fréquenter les divertissements et les plaisirs dangereux, tels que théatres, bals, etc.

ART. XXVII. Elles sont toutes obligées d'assister aux assemblées de l'association qui ont lieu tous les dimanches, et fêtes après les vêpres de la paroisse. En cas d'empêchement légitime, elles devront en donner avis à l'avance à la présidente, ou la faire prévenir le plus tôt possible après l'assemblée.

Art. xxviii. La charité la plus parfaite doit régner entre tous les membres de l'association, mais on l'exercera particulièrement envers les malades. Lorsque quelqu'une aura connaissance de la maladie d'une de ses consœurs, elle préviendra la présidente et on prendra des mesures pour procurer à la malade des consolations dont elle a besoin, des secours temporels, et s'il y a lieu, des secours de la religion.

Art. xxix. Les associées rempliront les mêmes œuvres de charité, lorsqu'il leur sera possible de le faire envers des personnes étrangères à l'association et particulièrement envers les familles pauvres de la classe ouvrière. Mais elles seront dirigées dans cette œuvre par la présidente ou par un membre du Conseil ; s'il y avait lieu de procurer un confesseur au malade, on aura soin de ne pas gêner sa liberté dans le choix.

Art. xxx. Pour subvenir à ces dépenses et aux autres de l'association, il y aura dans le lieu des assemblées un tronc destiné à recevoir les offrandes volontaires de chacune ; le tronc sera fermé à deux clefs dont une restera entre les mains de la supérieure des sœurs de Saint-Joseph qui le fera ouvrir sous ses yeux et l'autre sera remise à la trésorière.

Art. xxxi. Il sera bon, dans quelques circonstances, de faire connaître aux jeunes personnes qui le demanderaient, le but et les avantages de l'association, afin d'exciter en elles le désir d'en profiter. Mais généralement, on s'abstiendra de parler indiscrètement de ses pratiques ou de ce qui se passe aux réunions, afin de conserver à l'œuvre le cachet d'humilité qui doit être sa sauvegarde.

Gouvernement de l'association.

Art. xxxii. L'association est gouvernée 1° par un prêtre directeur nommé par Mgr l'Évêque, 2° par une supérieure des sœurs de saint Joseph, 3° par un conseil composé d'une présidente, de deux assistantes, d'une secrétaire et d'une trésorière qui seront prises exclusivement parmi les associées.

Art. xxxiii. Le directeur a le droit de prononcer en dernier ressort sur toutes les questions concernant l'association; toutes les décisions graves doivent lui être soumises, et elles ne sont valables qu'autant qu'elles ont reçu son approbation. Monseigneur a nommé le curé de la paroisse directeur de l'association; il peut se faire suppléer par un vicaire.

Art. xxxiv. La supérieure est la représentante du directeur, elle a la conduite générale de la congrégation.

Art. xxxv. Les membres du conseil sont élues par les associées elle-mêmes à la pluralité des suffrages. Toutefois les élections ne sont valides qu'après avoir été d'abord approuvées par la supérieure et ensuite ratifiées par le directeur. Elles seront renouvelées chaque année. Les membres sortant sont indéfiniment rééligibles.

Art. xxxvi. Le conseil se réunit tous les mois à l'effet de délibérer sur les intérêts spirituels et temporels de l'association, il peut cependant s'assembler extraordinairement si des circonstances particulières le demandent, par exemple l'admission des aspirantes, des associées etc.

Art. xxxvii. Les membres du conseil se garderont en de se prévaloir de l'honneur qui leur est fait, mais au contraire chacune, selon sa dignité, se regardera comme plus étroitement obligée à se distinguer entre toutes les autres par ses bons exemples, par une humilité plus sincère, par une piété plus solide, par une observance plus fidèle des règlements, par un zèle plus grand pour le bien de l'association.

De la présidente.

Art. xxxviii. La présidente exerce une vigilance active, mais pleine de douceur sur toute l'association pour en maintenir l'esprit et les règles. Si dans certains cas, son action n'est pas suffisamment efficace, elle s'adressera à la supérieure qui l'aidera de son influence et de ses conseils. Elle préside aux assemblées générales qui ont lieu tous les dimanches après vêpres, ainsi qu'aux réunions spéciales des associées après la grand'messe et aux réunions du conseil.

Art. xxxix. Elle examinera une fois le mois les postulantes et les aspirantes afin de les entretenir des moyens d'avancer dans le bien et au besoin elle s'appliquera à ranimer la ferveur dans celles en qui on remarquerait de la négligence ou qui seraient portées à se décourager.

Des assistantes.

Art. xl. Les assistantes sont les auxiliaires de la présidente et la remplacent en cas d'empêchement ou d'absence; elles partagent sa sollicitude et ses soins pour le bien de l'association et travaillent de concert avec elle à prévenir les abus et à les corriger s'ils paraissent.

De la secrétaire.

ART. XLI. La secrétaire est chargée de toutes les écritures de l'association ; elle tiendra deux registres dont un destiné à recevoir les noms et adresses des postulantes, aspirantes, associées, ainsi que la date de leur admission ; dans l'autre elle inscrira les principales délibérations du conseil, et ce qui se passe d'intéressant dans le cours du mois pour en rendre compte à la réunion mensuelle.

De la trésorière

ART. XLII. La trésorière tient un compte exact des recettes et des dépenses de l'association ; elle reçoit le produit des quêtes et des offrandes de quelque part qu'elles viennent ; mais elle ne fait aucune dépense sans une autorisation du conseil, et après l'avoir inscrite, elle la fait contresigner par la présidente. Elle ouvre tous les mois le tronc destiné à recevoir les offrandes en présence de la supérieure et de la présidente, mais la caisse de l'association doit toujours demeurer chez les sœurs de Saint-Joseph.

Exercices religieux.

ART. XLIII. Outre l'accomplissement des devoirs du chrétien qui se feront à la paroisse, tels que l'assistance aux offices de l'église et la réception des sacrements, l'association fera ses exercices particuliers dans la salle des réunions.

ART. XLIV. Les fêtes de l'association sont l'Immaculée Conception le 8 décembre, la fête de Notre-Dame des Sept-

Douleurs le troisième dimanche de septembre et la fète du saint Cœur de Marie, le dimanche après l'octave de l'Assomption.

Art. xlv. Chaque année, le lendemain de la fète des Sept-Douleurs, M. le curé de la paroisse sera prié de dire la messe pour toutes les associées défuntes, et, si les ressources de l'association le permettent, on fera dire une messe pour chaque associée dans la quinzaine qui suivra son décès.

Art. xlvi. Ce réglement sera lu en entier, une fois chaque année, dans une assemblée générale de tous les membres de l'association présidée par le Directeur qui pourra, à cette occasion, faire remarquer les manquements qui auraient pu s'introduire, rappeler l'esprit de l'œuvre et ranimer le zèle par l'observation des règles.

Comme nous le disions plus haut, cette congrégation établie par M. l'abbé Rémont existe encore dans la paroisse, elle compte une soixantaine d'associées, et une trentaine de postulantes et d'aspirantes. Cette œuvre a fait beaucoup de bien dans la paroisse et nous fondons sur elle les meilleures espérances pour l'avenir si tant est qu'à l'époque où nous vivons l'heure soit encore à l'espérance.

CHAPITRE XVIII.

L'ARCHITECTE DE BOULOGNE DÉFEND SON PLAN CONTRE LA COMMISSION DES BATIMENTS CIVILS. — EMPRUNT MUNICIPAL.

L'architecte de Boulogne, nous l'avons dit tout à l'heure, avait été condamné, par le Conseil des bâtiments civils de

Paris, à étudier un nouveau plan d'église pour Capécure. Au lieu de se soumettre, il crut devoir défendre son œuvre et envoyer des observations à ses juges. Le Conseil municipal l'appuya et résolut de joindre ses propres observations à celles de l'architecte officiel. Le 10 novembre 1856, M. le maire de Boulogne transmit secrètement au curé de Capécure la réplique de M. de Bayser, engageant M. l'abbé Rémont à donner son avis sur cette réponse avant qu'elle fût envoyée.

Le curé écrivit au maire que la réponse était fort habile et, pour cette raison, très nuisible à l'œuvre, attendu que le plus grand tort d'un subalterne c'est d'être plus éclairé que ses maîtres; que, selon lui, le Jury de la capitale ne s'avouerait pas vaincu par un architecte de province, qu'enfin l'unique moyen d'obtenir l'approbation d'un plan qu'on refusait de corriger, c'était d'en faire imposer l'approbation par l'empereur même. Néanmoins dans sa séance du 10 décembre suivant, le Conseil municipal décida qu'on enverrait les observations proposées au Jury de Paris avec le plan primitif auquel on n'avait rien changé, sinon les portes des sacristies. Il est probable qu'après cet envoi, l'administration boulonnaise apprit que le Conseil de Paris ne se déjugerait pas, car, au commencement de janvier 1857, M. le maire de Boulogne alla reprendre aux bureaux des bâtiments civils les plans de l'église de Capécure, et obtint du ministre compétent que le préfet d'Arras fût autorisé à les examiner. Ce fonctionnaire s'empressa d'user du pouvoir discrétionnaire dont il était investi et, le 10 janvier, il renvoyait approuvés les plans de l'église que la Commission départementale n'eut pas sans doute le loisir d'apprécier.

Le curé de Capécure avait rappelé au maire que l'empereur avait provoqué la construction d'une église à Capécure, et qu'une demande pour le mobilier pouvait être adressée à Sa Majesté. Cette demande fut faite et bien accueillie, et M. Hamille, directeur au ministère des cultes, reçut de la Cour l'ordre de fixer une allocation, mais pour cela il fallait que les plans et devis repassassent à Paris afin que le ministre vît par lui-même s'ils étaient dignes de la munificence impériale.

Pendant que la question de l'allocation se traitait à Paris, M. Adam engagea le curé de Capécure à chercher les 210.000 fr. que la ville devait emprunter pour bâtir l'église. L'argent était rare, il rapportait d'énormes bénéfices employé dans l'industrie. Aussi la ville autorisée à emprunter 1,200,000 fr, à 5 % remboursables dans vingt ans ne trouvait-elle pas de prêteurs. Le curé que le maire avait d'abord empêché de recourir à cet expédient se mit en quête à condition que l'argent qu'il obtiendrait servirait exclusivement à bâtir l'église ; que cet argent resterait entre les mains de MM. Fontaine et Lesage banquiers et n'en sortirait que pour solder les entrepreneurs des travaux achevés à l'église. En quelques semaines, le curé réussit, non sans peine, à faire couvrir son emprunt spécial. Comme les prêteurs ne contribuaient à cet emprunt que par des motifs de religion et d'affection, c'est un devoir de reconnaissance de consigner ici leurs noms et leur mise individuelle.

Lesage, frère et sœurs, 30.000 fr. — Le Roy-Mabille 5.000 fr. — Fontaine Louis, 10.000 fr. — Copin-Gossiamme, 15.000 fr. — Duhamel-Foulet, 3.000 fr. — Adam Charles, 5.000 fr. — Rémont Félicité, 2.000 fr. — Ducatel, ferblantier,

3.000 fr. — Mme FLAHAUT-ADAM, 5.000 fr.— SAUVAGE-DESTRÉE, 2.000 fr. — LEHOCQ, maître cordonnier, 6.000 fr. — RENARD Louis, 2.000 fr. — COQUEREL, maître cordier, 1,000 fr. — FAMCHON père, 1.000 fr. — CROUY Adolphe, 2.000 fr. — GONSART, d'Outreau, 4.000. — LESAGE, frère et sœurs (bis), 20.000 fr. — HECQUET, prêtre, 2.000 fr. — TERNAUX Charles, 2.000 fr. — SOROT, père, 1.000 fr. — FOURMENTIN-BACLIN, 5.000 fr. — RAMET, chapelier, 1.000 fr. — COILLOT, sœurs, 2.000 fr. — LECLERCQ-UTASSE, 3.000 fr. — De MONTBRUN, Antoinette, 2,000 fr. — PRENEL Victoire, 5.000 fr. — GROS, avocat, 2.000 fr. — LESAGE Henriette, 2.000 fr. — PERROCHAUD, médecin, 1.000 fr. — M. FLAHAUT-ADAM, 3.000. fr. — M. LORGNIER, 1.000 fr. — FOURNIER Virginie, 2.000 fr. — COZETTE Célestine, 3.000 fr. — Melle LATTEUX, 2.000 fr. — BEDLÉ, Mélanie, 1.000 fr. — Achille ADAM, 5.000 fr. — CHOQUEL François, 4.000 fr. — Les dames de la VISITATION, 6.000 fr. — WACONGNE, lieutenant des douanes, 1.000, fr.— BARET Stéphanie, 3.000 fr. — Vve de BARDES, 1.000 fr. — Vve DELMARCY-DUTERTRE, 1.000 fr. — Hercule ADAM. 5.000 fr. — L'abbé QUANDALLE, 1.000 fr. — Mme de NANTEUIL, 10.000 fr. — Ignace BRUNET, 3.000 fr. — Philippine PATOUX, 1.000 fr. — WISSOCQ, curé de Belle, 1.000 fr. — LEMATTRE Auguste, 2.000 fr. — HAMY, médecin, 5.000 fr. — BRUNET-SIRE, 1.000 fr. — BRUNET Victorine, 2.000 fr. — BRUNET Agnès, 2.000 fr. — COPIN-GOSSIAMME (bis), 5.000 fr.

Quand l'emprunt fut réalisé, on apprit que l'empereur, sur la demande de M. l'abbé Rémont, avait accordé 24.000 fr. pour l'église de Capécure. Avant de solliciter cette allocation pour meubler l'édifice, le curé avait attendu que la ville eût vôté le prix complet porté au devis, mais le ministre exigea que l'allocation servît à l'embellissement du bâtiment et que les plans fussent de nouveau soumis au Jury parisien qu'on avait éludé. M. de Bayser fut obligé de retoucher son œuvre, de mettre une flèche etc., etc. Il avait promis son travail pour la fin de mai, on ne l'obtint qu'en octobre. Les plans refondus pour la septième fois, sous la direction de M. Viollet-le-Duc qui devait les juger, furent définitivement renvoyés approuvés le jour de la fête de la Purification de la sainte Vierge, le 2 février 1857. M. de Bayser avait pris 15.000 fr. sur l'allocation de l'empereur pour embellir l'église. Le curé fut presque surpris du succès, il avait lieu de croire qu'on voulait perdre le projet à force d'obstacles; voilà pourquoi il chercha souvent au dehors une pression qui finit par vaincre l'opposition, par forcer les ennemis du projet à faire même du zèle en sa faveur. Les soupçons du curé étaient fondés : M. Fontaine, ancien maire, a, depuis sa retraite, spontanément avoué à M. l'abbé Rémont que ni lui, ni ses amis n'avaient l'intention de faire l'église de Capécure, mais qu'ils y avaient enfin été amenés par l'intervention de M. Grigny, par la ténacité avec laquelle on revenait à la charge le lendemain d'une défaite et surtout par l'absence de rancune chez un prêtre qui avait dû être froissé souvent au fond de son âme. Cet aveu de M. Fontaine a été fait dans des circonstances et d'une manière qui honorent à la fois et l'ancien maire et le curé de Capécure. Celui-ci était malade, on craignait pour ses jours, M. Fontaine demande à voir le mourant, on l'introduit et tendant la main il dit : Cher abbé Rémont, on prétend que vous êtes gravement atteint, je viens vous prier de me pardonner, car vous devez m'en vouloir au fond du cœur ; vous êtes trop fin pour ne pas savoir que dans le début tout étant partisan à l'extérieur de votre œuvre, j'en étais secrètement l'ennemi ; mais vous m'avez vaincu par votre ténacité, et par les remercîments que vous m'adressiez et qui n'étant pas mérités, me chagrinaient amèrement. Voyant votre résignation, votre persévérance, votre bonté, je me suis dit « je bâtirai une église à Capécure » et alors j'ai été tout à fait pour vous. — En mourant, M. Fontaine a laissé 4.000 fr. à l'église et à la paroisse de Saint-Vincent de Paul.

CHAPITRE XIX.

ADJUDICATION DES TRAVAUX.

Peu de jours avant l'adjudication les plans durent, d'après les nouveaux règlements diocésains, être examinés par une Commission d'ecclésiastiques. Le curé, en les envoyant, pria la Commission de passer sur les irrégularités qu'elle croirait remarquer, attendu que la municipalité fatiguée, ne tiendrait pas compte de la censure, qu'il lui suffisait d'avoir obtenu l'approbation de la préfecture et du ministère ou que l'opposition se servirait de la critique pour remettre tout en question et perdre complètement le projet, selon le désir qu'elle en avait toujours manifesté. M. Parenty, vicaire général, qui présidait la Commission, voulait qu'on suivît l'avis du curé, mais une partie du Comité à la tête duquel se trouvait M. Van Drival voulut, par amour de l'art, exercer son droit, remplir son mandat. La Commission déclara donc que les grandes bases du clocher étaient trop élancées, les rosaces des fenêtres supérieures trop exiguës, le portail trop pauvre d'ornements, les colonnes trop courtes, les arcatures trop écrasées, les colonnettes engagées dans l'étage supérieur trop minces, les murs et surtout le chœur trop nus, les nefs latérales trop étroites; qu'enfin il eût fallu un *triforium* ou galerie, pour orner le tour intérieur de l'église, une flèche au lieu d'un clocher en bois pour couronner l'édifice qui d'ailleurs serait insuffisant pour l'avenir s'il ne l'était déjà pour le présent. Monseigneur absent, signa le rapport de la Commission à son retour, proposant, selon les conclusions du rapporteur, qu'on fournît un autre plan. Le curé bien que sachant de science certaine que de nouvelles demandes feraient annuler toutes les concessions successivement arrachées par dix années de luttes, communiqua pourtant la censure ecclésiastique à l'architecte. Ce dernier répondit qu'on lui demandait ce qu'il eût fait avec un argent qu'on n'aurait jamais, que par une étrange coïncidence, la censure de ces Messieurs était tombée sur des modifications imposées comme parfaites par M. Viollet-le-Duc, inspecteur des monuments diocésains, architecte de Notre-Dame de Paris et que, vu les circonstances, il lui était impossible de revenir sur son travail, que d'ailleurs le monument terminé ferait oublier la critique par la régularité visible des proportions. Monseigneur avait songé à faire prévaloir les idées de son Comité par l'intervention du ministre des Cultes, mais le curé de Capécure obtint de Sa Grandeur qu'elle n'en fît rien et qu'elle laissât réaliser le plan de M. de Bayser.

Le 22 mars 1858 on procéda à l'adjudication de l'église: on avait différé cette mesure parce qu'on voulait mettre simultanément en adjudication le théatre pour la construction duquel tous les conseillers municipaux avaient à peine trouvé à domicile un emprunt de 97.000 fr. sur 200.000 fr. qu'il fallait réunir. On avait dit au curé de Capécure qu'on n'adjugerait son église que quand il aurait trouvé les 210.000 fr. nécessaires à son adjudication, mais pour le théatre on se montra plus accommodant puisqu'on le mit en adjudication avant d'avoir trouvé la moitié de la somme nécessaire. Le théatre fut adjugé à M. Alex. Grouy pour une somme inférieure à celle qui avait été allouée par l'architecte, on avait fixé des prix fort acceptables. Il n'en était pas de même pour l'église dont le devis, fait plusieurs années auparavant, n'était plus à la hauteur des prix courants, on le savait du reste. Les travaux étaient évalués à 225.000 fr. on les mit en adjudication au rabais ; aucun entrepreneur ne soumissionna pour ce prix. Seulement M. Paque offrit de construire l'église pour 244.800 fr., mais comme sa proposition était en sens inverse des conditions posées, on repoussa son offre.

En présence de ce fait au moins étrange, le curé crut devoir recourir à ses moyens ordinaires, il s'entretint avec M. le Maire, qui tenta d'obtenir un entrepreneur en traitant de gré à gré. Le 22 avril, ce magistrat déclarait au Conseil que trois soumissions lui avaient été remises pour la construction de l'église avec augmentation sur les devis. M. Paque demandait 244.800 fr. M. Boistelle 244.000 fr. et M. Crouy Adolphe 240.265 fr. 50c. Le Conseil municipal accepta l'offre de M. Crouy. Mais le Préfet qui devait sanctionner ce marché refusa obstinément déclarant qu'il était anormal. On sut du reste que le Préfet était hostile à M. Crouy et que des intrigues avaient agi sur lui. M. le Préfet ayant exigé que l'on procédât selon le mécanisme légal à une troisième adjudication, elle eut lieu le 13 mai pour la somme de 240.000 fr. et M. Crouy Adolphe qui s'était présenté seul fut déclaré irrévocablement adjudicataire par M. le Préfet.

CHAPITRE XX.

BÉNÉDICTION DE LA PREMIÈRE PIERRE. — DISCOURS DU MAIRE DE BOULOGNE. — DU SOUS-PRÉFET. — DE MGR PARISIS.

Le 18 aout eut lieu la bénédiction et la pose de la première pierre de l'église de Saint-Vincent de Paul. Cette intéressante cérémonie s'accomplit avec beaucoup de solennité. Convoqués par M. le Maire, un grand nombre des principaux fonctionnaires de la ville, M. le Sous-Préfet, MM. les adjoints et membres du Conseil municipal, MM. les directeurs et inspecteurs des douanes, M. l'inspecteur du télégraphe, les membres des diverses administrations locales, l'architecte et l'entrepreneur du bâtiment MM. de Bayser et Crouy, s'étaient réunis à la cure de la paroisse nouvelle et c'est de là que le cortège, présidé par Mgr Parisis, entouré de M. le vicaire général Lequette de M. l'abbé Rémont curé de Saint-Vincent de Paul, des autres chanoines et curés de la ville et d'un nombreux clergé, se rendit processionnellement sur le chantier de la construction projetée. Une tente y avait été élevée et décorée avec goût ; le cortège y prit place. C'est alors que M. le maire de Boulogne adressa aux assistants l'allocution suivante :

« Messieurs,

« Lorsque je pris, en 1830, l'administration de la ville de Boulogne-sur-mer, je compris de suite l'importance que devait prendre le plateau de Capécure, la nécessité de sa réunion à la commune de Boulogne. Mes prévisions se sont réalisées et tous mes efforts ont tendu, après avoir obtenu cette réunion, à faire entrer la ville en possession de tous les terrains domaniaux indispensables à son développement, à la construction des divers établissements dont le besoin ne pouvait tarder à se faire sentir.

« Le commerce maritime devait s'y porter, car l'emplacement d'un bassin à flot s'y trouvait : l'industrie devait s'y fixer, car là seulement elle pouvait se développer ; le chemin de fer y devait avoir sa station, car elle ne pouvait ailleurs prendre cette extension toujours croissante à laquelle il est impossible d'assigner des limites.

« Le moment est venu de donner à Capécure les établissements que réclame son intéressante population. Au premier rang se trouvait naturellement la construction d'une église destinée à faire cesser ce fâcheux état provisoire si peu digne d'une religion qui tient à honneur de donner à la maison de Dieu l'éclat imposant d'un monument où le culte est célébré. Une place magnifique, sur laquelle l'emplacement destiné à une église avait été réservé, va recevoir le temple placé sous l'invocation de Saint-Vincent de Paul : ainsi s'accomplira le premier de nos devoirs, celui de contribuer à la satisfaction des besoins religieux de la population de Capécure, confiée à notre sollicitude, comme nous l'avons fait autrefois, en contribuant à l'érection de l'église de Saint-Pierre que réclamait avec instance notre population maritime.

« Lorsque nous voyons dans notre ville même, un prêtre dévoué, animé de ce zèle ardent que peut seul inspirer le sentiment religieux, entreprendre de relever l'antique cathédrale de Boulogne, lorsque nous voyons d'autres ecclésiastiques faire élever au milieu de nous et de nos campagnes des églises plus modestes et non moins utiles ; quand nous voyons enfin notre département se couvrir d'établissements religieux destinés à l'éducation de nos enfants et au soulagement de ceux qui souffrent, comment pourrions-nous rester en dehors de cet élan qui porte à faire le bien sous tant de formes ? comment pourrions-nous résister à l'impulsion donnée à tout son diocèse par le vénérable prélat dont la parole touchante ne s'adresse jamais à nous en vain ?

« Chacun a voulu apporter sa pierre à l'édifice qui va recevoir sa bénédiction. L'Empereur avait recommandé sa prompte exécution, et, par son ordre, le concours du gouvernement est venu s'ajouter aux sacrifices de la ville de Boulogne : Sa Majesté témoignant ainsi de son amour pour le culte de nos pères et de l'interêt qu'Elle porte au respectable ecclésiastique qui s'est dévoué avec tant d'ardeur à la population de Capécure. Heureux aujourd'hui du succès de ses efforts et de sa persévérance que l'abbé Rémont reçoive tous nos remerciements pour tout le bien qu'il a déjà fait, et nos vœux pour que Dieu lui permette d'accomplir sa mission. »

— M. le Sous-Préfet qui représentait dans cette cérémonie le Gouvernement voulut marquer la part que l'Empereur lui-même avait daigné prendre à cette entreprise depuis si longtemps et si vivement désirée. Voici en quels termes le sous-préfet M. Menche de Loisne s'exprima :

« Monseigneur, Messieurs,

« C'est un honneur pour la ville de Boulogne de voir un des prélats dont s'honore l'église de France venir présider à cette solennité.

« En vous rendant ainsi au désir de l'administration municipale, vous vous êtes souvenu, Monseigneur, que l'érection de cette paroisse est due à l'initiative personnelle de l'Empereur qui a daigné visiter lui-même ces lieux et désigner la place où devait s'élever l'église de Capécure.

« Votre Grandeur sait quel noble exemple donnent à tous les fidèles l'Empereur et l'Impératrice et comment Leurs Majestés ont contribué à relever la religion catholique qui est la religion de nos pères, le salut de nos âmes et la gloire de notre nation.

« Napoléon III a voulu que la France restât la fille aînée de l'Église. Le Souverain Pontife est rentré dans la ville Éternelle protégé contre les ingrats, les impies, et les révolutionnaires par les aigles françaises, et lorsque chaque année du haut du Vatican le Saint Père donne la bénédiction *Urbi et orbi,* il voit d'abord agenouillés à ses pieds nos généraux et nos soldats, les glorieux représentants de notre pays.

« Puisse cette sainte bénédiction porter tous ses fruits ! Puisse Dieu qui a déjà sauvé si miraculeusement les jours de l'Empereur et de l'Impératrice, protéger toujours ainsi la France et le monde ! Puisse-t-il exaucer la prière que

Leurs Majestés adressaient avant-hier à la patronne de notre patrie dans le sanctuaire vénéré de sainte Anne d'Auray !

« Suivant l'exemple donné depuis près de dix siècles par nos grands rois, l'Empereur et l'Impératrice ont aussi prié dans la cathédrale de Boulogne, remerciant Dieu de qui vient toute grandeur et toute gloire et qui a confié à la dynastie Napoléonnienne les destinées de la France.

« Je ne dirai pas, Monseigneur, devant vous, comment l'Empereur a été vraiment l'élu de Dieu, de même qu'il a été l'élu de la nation. Votre Grandeur a une intelligence trop supérieure pour ne pas mieux que nous tous comprendre ce que peut le génie quand il s'appuie sur la foi.

« Mais dans ces lieux que vous allez bénir, Monseigneur, et dans lesquels s'agenouilleront bientôt les fidèles, j'ai dû associer à cette solennité religieuse le nom de l'Empereur parce que Napoléon III n'est jamais resté étranger à aucune grande idée, à aucune noble inspiration. Comme Charlemagne, il a reçu de Dieu et il tient dans ses mains l'épée qui protège l'Église et la France. »

En consignant dans ce travail le discours de M. le Sous-Préfet de Boulogne, nous ne pouvons nous empêcher de nous dire à nous-même que les choses sont bien changées en France depuis vingt-huit ans. Si aujourd'hui un sous-préfet s'avisait de tenir un langage religieux comme l'a fait M. Menche de Loisne à la bénédiction de la première pierre de l'église de Saint-Vincent, tout aussitôt la meute des journalistes impies crierait au scandale et demanderait la destitution immédiate du fonctionnaire qui aurait eu l'audace de croire en Dieu et d'affirmer publiquement sa foi. Il suffit aujourd'hui d'aller à la messe pour être noté comme suspect et pour perdre sa place si on en tient une du Gouvernement.

Mgr Parisis ne pouvait ne pas répondre à M. le Sous-Préfet et à M. le Maire. Il répondit en effet avec la hauteur de vues et de langage, la profondeur de pensées et la force que la religion inspire à ceux qui parlent en son nom. Voici le discours de Sa Grandeur :

« Messieurs,

« Dans les actes extérieurs du culte catholique, il y a presque toujours deux sens ; un sens naturel que la théologie appelle *sensus obvius* et un sens symbolique figuré qui est souvent le plus instructif et le plus essentiel. C'est précisément ce qui se rencontre dans la cérémonie que nous avons l'honneur de présider, elle a deux sens.

« Le sens naturel vient de vous être exposé d'une manière si convenable et si complète que je ne vois pas ce que je pourrais vous en dire encore. Qu'ajouter à l'exposé si net et si animé de M. le Maire ? Qu'ajouter aux paroles si chaleureuses et si chrétiennes de M. le Sous-Préfet ?

« Vous l'avez tous compris, Messieurs, il s'agit de poser et de bénir le fondement d'une église que la cité fait construire à ses frais pour une population intéressante, laborieuse, toujours croissante et livrée, plus que d'autres, à ces agitations modernes qui amènent des besoins nouveaux.

« Œuvre humanitaire, puisque par là on vient au secours de ceux qui souffrent ou peuvent souffrir.

« Œuvre sociale, puisque les sociétés reposent sur les

mœurs et que les mœurs sont surtout affermies par la religion.

« Enfin, œuvre chrétienne, puisque c'est surtout dans le temple que s'accomplissent les actes et que se reçoivent les grâces du salut éternel ; et que, dès lors, en rapprochant les temples des populations, on leur rend leur salut éternel plus facile.

« Telle est cette belle œuvre que l'Empereur a daigné honorer de son auguste et puissant concours, à laquelle le Conseil municipal, malgré des charges énormes d'ailleurs, veut bien consacrer de riches crédits, et que le premier magistrat de la ville a conduite à bonne fin, malgré tant d'obstacles, avec cette élévation d'intelligence et cette énergie persévérante de volonté que chacun lui connaît. Assurément, Messieurs, il y a bien là pour nous matière à vous adresser de vives et affectueuses félicitations, et nous le ferions d'autant plus volontiers qu'elles s'adresseraient à cette chère ville de Boulogne que nous aimons tant et qui le mérite de plus en plus.

« Mais en tout cela Messieurs, que vous dirions-nous que vous ne sachiez déjà, que l'on ne vous ait dit ? Cependant mon devoir est de vous instruire et une réunion aussi distinguée a droit d'attendre de nous quelques enseignements dignes d'elle. J'essaierai de le faire, Messieurs, précisément en vous expliquant le second sens de la cérémonie ; le sens symbolique sans lequel véritablement on n'aurait pas ici l'intelligence des choses.

« En effet, qui de vous, Messieurs, pourrait me dire pourquoi on ne bénit qu'une pierre ? Pourquoi vous ne demandez pas la bénédiction de toutes les fondations et de toute l'enceinte que la maison de Dieu doit recouvrir ?

« C'est précisément parce que cette pierre est un symbole, parce qu'elle est l'image de la vraie pierre angulaire qui est Notre-Seigneur Jésus-Christ seul fondement de toutes choses dans les sociétés modernes. C'est là ce que vous allez entendre développer dans les paroles mêmes de la sainte Liturgie.

« Jésus-Christ fondement de tout ! Si cela est vrai, Messieurs, c'est un grand miracle et une grande preuve de sa divinité ; car autrement s'il n'était qu'un homme, comment son nom, son signe, sa mémoire seraient-ils l'axe sur lequel tout roule parmi nous, la pierre autour de laquelle se débattent toutes les questions modernes ?

« Ce prodige est d'autant plus extraordinaire qu'il a été plus anciennement, plus formellement prédit. Dans les anciennes Écritures, Isaïe parle d'une pierre élevée, choisie, précieuse et il y est dit que celui qui croira en elle ne sera pas confondu. David dit que cette pierre, après avoir été rejetée par les constructeurs, est devenue la pierre angulaire. Et les Écritures du testament nouveau qui devaient être les explications des anciennes, disent positivement que cette pierre est Notre-Seigneur Jésus-Christ, qu'il ne peut pas y avoir d'autre fondement des choses humaines, que ce sera une pierre de contradiction et de scandale.

« Voilà donc la prophétie formelle, évidente, d'une authenticité incontestable.

« Et maintenant, Messieurs, je vous demande si elle ne s'accomplit pas parmi nous. Je n'interroge pas l'histoire, je ne vais pas chercher des faits au loin, je vous dis : ouvrez les yeux et prêtez l'oreille ; voyez, entendez ce qui se passe ici même parmi nous. Y a-t-il aujourd'hui une seule grande question sociale, où Jésus-Christ ne soit pas expressément en cause? On peut être contre lui, on peut être pour lui; mais le mettre hors la question, c'est impossible. *Lapis offensionis et petra scandali.*

« Ceux qui veulent sauver la société, quand même ils ne sont pas assez chrétiens pour leur propre compte, se rapprochent de nous par instinct, parce qu'ils savent, parce qu'ils sentent que nous avons avec nous la pierre angulaire de l'édifice. Et ceux qui veulent bouleverser le monde, s'attaquent toujours d'abord et principalement à cette pierre. Écoutez leurs discours et lisez leurs écrits; depuis l'origine, c'est toujours le même langage. Dès le principe au milieu de Jérusalem, ils ont dit : *Crucifige eum.* Plus tard, enchérissant sur le cynisme du blasphème ils ont dit : *Ecrasons l'infame!* Autrefois, ils disaient : *Nolumus hunc regnare super nos,* maintenant il disent : *A bas!*

« Croyez-le bien, Messieurs, ce ne sont ni les dynasties, ni les constitutions, ni les formes du gouvernement qui les gênent, c'est la pierre angulaire qui les irrite : *petra scandali.*

« Certes, en vous parlant de leurs menaces, ne croyez pas que nous exprimions des craintes. Le Sauveur a dit lui-même : Si quelqu'un vient se heurter contre cette pierre, il s'y brisera, et si cette pierre tombe sur lui, elle l'écrasera. Mais nous avons voulu vous signaler ce phénomène; et puisque souvent on nous demande sur la religion des preuves faciles à saisir, nous vous en signalons une palpable, éclatante, accessible à tous.

« Aussi, Messieurs, pour revenir sur ce qui a été si bien dit des sentiments et des actes religieux de l'empereur, nous sommes bien sûr (et je le sais) que comme homme il suit en cela ses convictions les plus intimes, mais comme souverain, rien ne nous prouve mieux qu'il a reçu mission de reconstituer l'ordre social.

« Avant lui, d'autres ont hésité ; ils ont cherché leur appui dans les combinaisons de la sagesse humaine ; ils ont craint de s'appuyer franchement sur la pierre angulaire, et, alors, ils ont bâti sur le sable : *Et venerunt flumina et flaverunt venti ;* la tempête est venue, et son souffle les a emportés comme une vaine poussière.

« Napoléon III adore Jésus-Christ et il l'implore comme son principal soutien.

« Messieurs, la France est catholique. Nulle part, on ne le sent mieux qu'à Boulogne. La France sait gré à son souverain de cette franche profession de foi, et c'est là plus que tout le reste ce qui lui vaut la confiance des peuples, en même temps que les bénédictions de l'Église. »

Sitôt après cette magnifique improvisation, commencèrent les prières liturgiques. Puis furent renfermés dans un tube en verre, contenu lui-même dans une boite en plomb : le procès-verbal de la cérémonie signé des principaux assistants, une médaille en argent de Notre-Dame de Boulogne, une médaille en cuivre de saint Vincent de Paul, deux exemplaires en bronze de la médaille commémorative de la visite de la reine d'Angleterre à Boulogne en 1855, une pièce d'argent de vingt baïoques, à l'effigie de Sa Sainteté le pape Pie IX, enfin une série des monnaies au millésime de l'année. La soudure effectuée, le tout fut déposé dans une cavité ménagée dans la pierre de taille, placée au milieu de la fondation du mur qui termine le chevet de l'église, et tandis qu'un immense bloc venait recouvrir cette pierre, Monseigneur procéda à la bénédiction.

« Une quête fut faite sur le terrain même par un prêtre, et par des dames de la ville à l'entrée de l'enceinte réservée, dans le but louable d'achever de payer le mobilier de la chapelle provisoire et de pourvoir de meubles l'église nouvelle.

« Au retour de la procession, toutes les familles de Capécure, inscrites au bureau de bienfaisance, reçurent un pain au presbytère.

« Un journal de la localité rapportant cette circonstance ajoute : « Tout le monde sait d'ailleurs que M. l'abbé Rémont est un prêtre aussi zélé que modeste, que l'empereur lui-même a su apprécier pendant son court séjour à l'hôtel Brigton à Capécure. »

Les autorités furent conviées à assister à une modeste agape à la Cure.

Nous lisons dans les notes de M. l'abbé Rémont : « Il manquait un homme bien-aimé à la cérémonie, le général de Cottes, aide-de-camp de l'empereur, qui avait aidé le curé de Capécure dans toutes ses difficultés. Par un télégramme, il fit connaître qu'il arrivait trop tard de Sainte-Anne d'Auray pour assister à la fête. »

CHAPITRE XXI.

DÉTAILS SUR L'ÉTAT RELIGIEUX DE LA PAROISSE.

Nous lisons dans les notes de M. l'abbé Rémont les quelques détails suivants qu'il ne nous est pas permis d'omettre et qui trouvent leur application aux années 1857-1859.

« Le nombre des communions pascales est augmenté de soixante-cinq. Il semble que l'exiguité du local limite nécessairement le nombre des pratiquants et des assistants aux saints offices. Il y a à noter qu'il y a amélioration parmi ceux qui sont revenus à Dieu. Les Saluts du Carême, du mois de Marie, les offices des fêtes supprimées sont beaucoup plus fréquentés. La congrégation qui compte environ quatre-vingt jeunes filles se réunit le dimanche chez les Sœurs et vient à l'église pour les exercices religieux. Les protestants avaient organisé des réunions au quartier Moras, leur projet était sans doute d'acheter assez d'adeptes pour bâtir un temple à Capécure comme aux Tintelleries. En vertu des lois pénales sur les rassemblements, sur les locations illicites et occultes pour l'exercice d'un culte, sous la direction d'un ministre improvisé, sans commission (ce ministre était un nommé Doumin libraire), le curé a requis l'intervention du procureur impérial qui a dû intervenir contre les menées des dissidents. D'après ses ordres, la police, un vendredi soir, a cerné le club protestant, réuni et surpris dans la maison d'un sieur Œters, cabaretier. Après avoir pris le nom de quarante inculpés on les a dispersés avec menace d'un procès et défense de se réunir de nouveau. Chaque assistant recevait deux francs de la société biblique à chaque séance. Le mal paraît avoir été coupé dans sa racine et la plupart des dupes qu'on avait attirés se sont empressés de venir écouter, à l'église, la réfutation des erreurs qu'on leur prêchait et même de faire leurs pâques.

« Le 17 juillet 1859, les journaux nous apprennent la mort du général de Cottes, dont il a été parlé plusieurs fois déjà et qui avait été le bras droit de l'abbé Rémont dans toutes les difficultés que le pouvoir civil avait créées contre la paroisse de Saint-Vincent de Paul. Sa mort arrivée la veille de la bataille de Solférino fut subite et occasionnée par la rupture d'un anévrisme. C'était un des généraux les plus braves et les plus distingués de l'armée française. Le *Moniteur de l'armée* fit un éloge pompeux de ce brave officier dont les états de service étaient des plus brillants. De Cottes était né à la Jamaïque en 1807, il était en 1827 lieutenant aux carabiniers, capitaine de hussards en 1833, chef d'escadron au 1er régiment de chasseurs d'Afrique en 1839 ; de 1839 à 1848 il se distingua dans une foule de combats sur le sol africain ; au combat de l'Oued-Lalley (31 décembre 1839) il tua de sa main cinq arabes et un porte-drapeau ; il fut mis, pour ce fait, à l'ordre du jour par le maréchal Vallée. Rentré en France comme colonel, il devint général de brigade en 1851, puis aide-de-camp du prince président. Nous le voyons général de division en 1854 et maintenu dans ses fonctions d'aide-de-camp. Le général de Cottes qui avait accompagné l'empereur à l'armée d'Italie allait sans doute ajouter de nouveaux titres de gloire à sa belle réputation militaire, lorsqu'il a été enlevé à un âge où il avait encore une longue carrière à parcourir. Le général de Cottes était prêt pour la mort soudaine qui l'a frappé. Toute l'armée le connaissait comme un fervent chrétien autant que comme habile général et vaillant soldat ; il communiait souvent dans la semaine et assistait chaque jour à la messe. Tout ce qui touchait à la religion l'intéressait vivement. Les œuvres des militaires avaient ses sympathies et on l'a vu souvent, avec son uniforme de général, aller à la sainte table avec de simples soldats. Si la Providence eût laissé des jours au général de

Cottes, il est probable qu'il serait mort sous l'habit d'une autre milice; il avait le projet, après avoir entouré de ses soins et de son affection sa vénérable mère, d'entrer dans une maison de Trappistes. La veille de sa mort, au grand quartier général, il avait reçu la sainte communion comme il avait l'habitude de le faire. Puisse le Seigneur récompenser cet homme de bien qui a tant contribué au succès de l'organisation religieuse du quartier de Capécure! »

CHAPITRE XXII.

LOTERIE POUR L'ACHAT DU MOBILIER D'ÉGLISE.

L'église était en construction; on pouvait craindre l'absence de toute ressource pour la meubler. Le curé de Capécure demanda au préfet la permission d'organiser une loterie de dix mille francs dont le profit aurait servi à pourvoir l'église des objets indispensables au culte.

Le préfet ayant consulté le ministre répondit que, vu le grand nombre de loteries autorisées, on regrettait de ne pouvoir permettre celle de Capécure.

Mgr Haffreingue, ayant été autorisé après l'échec de Capécure à ouvrir une loterie annuelle de 5.000 fr. en faveur de Notre-Dame, on écrivit de nouveau à Arras pour obtenir le droit de faire deux loteries de 5.000 fr. chacune, le préfet pouvant autoriser des loteries ne dépassant pas ce chiffre. On répondit favorablement pour une seule d'abord, le 21 mai 1859. Mais voilà que le 28 juin, on écrit au nom du préfet au curé de Capécure, que les loteries qui n'ont pour objet que les églises sont prohibées, que l'exception faite en faveur de Mgr Haffreingue n'est pas applicable dans le cas présent. C'était au nom du ministre qu'on répondait ainsi de nouveau. On soupçonnait déjà, on finit par croire qu'une malveillance occulte était la cause de ce refus ; on en eût même bientôt la certitude. En effet, M. le Préfet, venu pour les bains à Capécure, visité par le curé, déclara qu'il se rappelait d'avoir autorisé la loterie de Saint-Vincent de Paul, mais qu'il ne se souvenait point d'avoir rapporté cette autorisation qui était de son ressort exclusif, qu'en définitif, il promettait d'envoyer dans le plus bref délai un arrêté autorisant la loterie.

Cet arrêté vint effectivement le 29 septembre 1859. Il fut réglé que le tirage aurait lieu le lundi de Pâques 1860. Les lots sollicités abondérent, ils égalaient à peu près en valeur la somme de 5.000 fr. représentée par les billets mis en circulation. La famille Brunet avait donné une pendule ; Mlle Lesage et M. Foissey avaient fait le même don ; la famille Lehocq un lit complètement garni ; M. Lesage un magnifique fauteuil d'un prix élevé ; M. Parmentier deux autres fauteuils de valeur ; MM. Crouy, Lacour, Mme Martinet des couteaux à manche d'argent et d'autres objets précieux ; Mme la baronne de Mesnil son plus beau bracelet d'or, M. Achille Adam un coffret en aluminium très riche, etc. Tous les billets furent placés ; on eût même pu en placer beaucoup davantage si la loi l'eût permis. Le produit net de cette loterie, réalisée sans frais, fut de 5.000 fr. Au produit de cette loterie, une bonne et généreuse personne de Capécure[1] joignit 1.900 fr. destinés à acheter le chemin de croix.

[1] Mme Fourmentin.

Nous lisons dans les notes du curé : « Les travaux de l'église n'ont pas marché activement à la fin de l'année 1859, on a bien perdu trois mois volontairement. Le génie malfaisant qui voulait empêcher la construction de l'église semble s'attacher à la faire languir. Vers Pâques 1860, on a attendu pendant six semaines certains plans de détail. A la même époque, les sœurs de Saint-Joseph ont commencé à résider à Capécure où elles ont ouvert un asile libre.

« Les Frères de la doctrine chrétienne et les sœurs de Saint-Joseph avaient, même avant la fondation de la paroisse, des écoles à Capécure. Mais les Frères et les Sœurs venaient seulement y faire la classe. Les Frères logeaient au boulevard des Tintelleries à la maison centrale des Frères et les Sœurs à la place Navarin à la maison de Saint-Nicolas. Ce fut en 1860 que les Sœurs établirent à Capécure une maison indépendante. Les frères s'y étaient déjà fixés de la même façon plusieurs années auparavant. Les classes des Frères se trouvaient à l'angle ouest de la rue de Constantine et de la rue d'Outreau ; les classes des Sœurs au bord de la rue Alexandre Adam non loin de la rue du Moulin à Vapeur. Les Frères eurent leur logement avec leurs classes ; les Sœurs durent louer une maison dans la rue de Constantine. »

CHAPITRE XXIII.

L'ÉGLISE EST ACHEVÉE. — SA CONSÉCRATION PAR MGR PARISIS.

L'église adjugée le 13 mai 1858, devait être terminée en trois années sous peine d'une amende pour chaque jour de retard. Il eût été possible de l'achever en deux années comme le théatre, comme l'église de Bréquerecque et celle des Rédemptoristes dont il fut question après et qui furent finies avant. Mais, pendant la construction, l'architecte, d'après l'entrepreneur, donna toujours ses plans de détail en retard, et l'entrepreneur, d'après l'architecte, ne fit travailler à l'église que quand il n'eut pas d'argent à gagner ailleurs. Toujours est-il qu'au bout de trois ans, l'église était loin d'être achevée. A cette époque, M. Adam, tracassé par une injuste et sotte coalition, donna sa démission de maire. M. Crouy, l'entrepreneur, devint adjoint, par conséquent supérieur de l'architecte de la ville et il obligea celui-ci à lui donner un an de délai avec exemption d'amende et à le débarrasser du surveillant que la ville lui avait imposé et qu'elle l'obligeait de payer 1.800 fr. par an afin d'activer l'exécution. M. Crouy, maître et libre, marcha comme il voulut. Pourtant, comme la chapelle devait être vendue et que le curé, empoisonné par l'air méphitique de ce local trop restreint, était atteint d'une bronchite fort grave, on résolut d'ouvrir au culte la moitié de l'église le 30 mars 1862. Il n'y eut qu'une bénédiction partielle du sanctuaire que fit M. l'abbé Rémont, malgré son état de souffrance. La cérémonie fut fort simple ; on ne voulut rien enlever à celle que devait présider l'évêque à l'époque de la consécration.

Le fait fut constaté dans un journal de la localité en ces termes : « La nouvelle église de Capécure, sous l'invocation de Saint-Vincent de Paul, a été livrée dimanche dernier au culte. Presque toute la population de cette partie importante de la ville est venue saluer de sa présence cet heureux événement. M. l'abbé Rémont, curé de la paroisse, dont les efforts ont déjà aidé si puissamment à la création du nouveau temple, a fait une quête pour l'ameublement des autels et les autres besoins si nombreux de la jeune église. M. l'abbé Denis, vicaire de Saint-Vincent de Paul, a prononcé, à cette occasion, une allocution remarquable et qui a produit sur tous une bonne et douce impression.

« Le monument est de style gothique ancien, à voûtes plates, un peu basses, supportées par des colonnes simples; il est en général fort sobre d'ornements, ses proportions au dehors comme à l'intérieur sont harmonieuses et fort satisfaisantes au regard. Il est construit en pierres blanches de Creil. »

Enfin l'église fut terminée et prête à être consacrée en juillet 1862. Le jour de la consécration fut fixé au 19 juillet, fète de saint Vincent de Paul. Nous assistions nous-même à la cérémonie et parmi les comptes-rendus qui en ont été faits le plus complet est celui du journal *La Colonne;* nous le reproduisons.

« Le 17 août 1858, en présence d'un immense concours de fidèles, Mgr Parisis procédait à la bénédiction de la première pierre de l'église de Saint-Vincent de Paul.

« Le monument dont l'illustre prélat daignait alors poser la première pierre est aujourd'hui achevé du moins extérieurement; sa flèche, d'une légèreté aérienne, semble s'élancer vers le ciel, et notre cité compte un charmant édifice de plus. Ce qui caractérise surtout la nouvelle œuvre de M. de Bayser, c'est l'alliance souvent heureuse de la beauté sévère du dessin avec la gracieuse élégance de l'ornementation, c'est l'harmonie de l'ensemble et des détails, c'est enfin l'art le mieux inspiré, répandant ses richesses sur la face et dans l'intérieur du temple, sans jamais nuire à sa destination auguste. Le mérite de l'architecte qui, à travers de nombreux obstacles, a conçu et réalisé le plan de ce sanctuaire est assez généralement reconnu, et il n'est pas besoin de lui décerner désormais d'inutiles éloges.

« La population si laborieuse de Capécure a vu, avec une pieuse allégresse, sortir du sol et s'élever triomphante cette église que sa foi avait depuis longtemps appelée avec ardeur. Elle éprouvait naturellement une amère tristesse quand, portée au pied des autels par amour pour Dieu, elle considérait ce réduit indigne et provisoire où trônait la Majesté du Très-Haut. Les échos tumultueux des fêtes profanes de la ville venaient troubler la paix profonde que doit inspirer le lieu saint. Ces souvenirs des folies mondaines encore retentissantes ; cette salle hier livrée au plaisir, tout à coup transformée en sanctuaire de prière; le prestige de cette transformation étrange, toutes ces pensées obsédaient l'âme. Aussi les fidèles ont-ils salué avec transport le couronnement du splendide édifice qui devait recevoir dignement leur Dieu. Mais leur satisfaction a été entière et bientôt elle a été universellement partagée à Boulogne, lorsqu'est arrivée ici la nouvelle que Mgr Parisis se disposait à venir consacrer solennellement la nouvelle église.

« Cette imposante cérémonie que le diocèse n'a pas vue depuis trois quarts de siècle a été célébrée aujourd'hui. Elle a duré depuis six heures du matin jusqu'à onze heures. On sait que le clergé seul peut assister aux phases principales de cette cérémonie. Une de ses parties, toute extérieure, a été suivie avec beaucoup de piété par un grand concours de peuple ; c'est celle de la translation dans l'église des reliques réservées à l'autel, et qui, suivant la liturgie romaine, avaient été disposées sur une estrade dressée en face du portail. L'énumération des multiples et majestueuses cérémonies que comporte la consécration, exigerait une connaissance intime des rites et ne saurait, dans tous les cas, trouver place dans ce compte-rendu trop rapide.

« A dix heures, Monseigneur montait à l'autel, l'office divin était commencé. Les autorités, invitées par le maire (M. Gosselin) à la cérémonie, s'étaient présentées et avaient pris place dans le transept où des sièges leur avaient été préparés. On remarquait parmi elles, indépendamment de M. le maire et de MM. les adjoints, M. le sous-préfet, M. le président du tribunal civil, M. le président du tribunal de commerce, quelques uns de MM. les conseillers municipaux et les principaux représentants des autorités maritimes, militaires et civiles. Pendant la messe et à différents intervalles, la brillante fanfare du 8me bataillon de chasseurs (mise à la disposition du curé par le commandant Lochner aussi bon chrétien que bon soldat) exécutait des morceaux d'harmonie religieuse, sous la conduite de son habile chef, M. Vitteaux.

« Ainsi qu'il avait été annoncé, le sermon a été donné par M. l'abbé Robitaille, chanoine titulaire d'Arras. L'éminent et savant prédicateur avait pris pour texte de son discours ces paroles de la Genèse : *hæc est domus Dei, et porta cœli.*

« M. l'abbé Robitaille a d'abord expliqué avec une clarté et une précision remarquables, les cérémonies de la consécration. Il s'est attaché ensuite à en démontrer le sens spirituel dans un langage plein de simplicité, de chaleur, d'élévation ; il a révélé à l'assistance pieusement attentive les profondeurs du symbolisme chrétien ; puis l'orateur a établi avec une éclatante supériorité cette vérité sublime : que le temple consacré par l'aspersion, l'inscription, l'onction, l'illumination était l'image de l'âme humaine. L'aspersion, en effet, c'est la figure du baptême d'où l'enfant se dégage revêtu de l'innocence primitive. L'inscription, c'est l'enseignement, déposé en nous, des vérités et des lois suprêmes. L'onction, c'est la grâce qui nous communique la vertu, la développe en nous, la soutient dans les sacrements. L'illumination enfin, c'est la lumière radieuse qui se lève sur notre dernier soupir et qui nous ouvre la patrie céleste.

« Nous ne suivrons pas M. le chanoine Robitaille dans ses commentaires des moindres pratiques employées dans la consécration. Une de ses définitions a notamment été admirable : l'orateur parlait du mélange sacré que l'Évêque opère dans l'eau bénite du vin, de la cendre et du sel. Ce mélange, disait-il, est la figure du Christ homme et Dieu tout ensemble. L'eau symbolise son humanité, le vin sa divinité, la cendre sa mort, le sel son incorruptibilité.

« Puis, dans une péroraison aussi judicieusement pensée que fortement exprimée, M. le chanoine Robitaille a rappelé les motifs qui ont dû inspirer à Sa Grandeur la résolution de consacrer elle-même cette nouvelle église de Capécure, Monseigneur devait trouver une ample compensation des fatigues d'une si longue cérémonie dans les joies ineffables qu'elle lui faisait éprouver. Boulogne, est la ville des églises ; Sa Grandeur a déjà vu s'en élever deux dans notre cité depuis qu'elle est dans ce diocèse. Boulogne, cité de Notre-Dame, située en face de l'Angleterre, à qui elle tend une main amie pour la retirer de l'erreur, est profondément chrétienne.

« Aussi Monseigneur a-t-il voulu lui donner un nouveau témoignage de paternelle et spéciale affection en venant présider cette solennité si édifiante.

« Après la messe, Sa Grandeur visiblement impressionnée, a daigné adresser quelques paroles aux fidèles. Nous regrettons de ne pouvoir reproduire cette improvisation éloquente. Si nos souvenirs sont exacts, voici un passage que nous rapportons de mémoire : « Honneur à vous, ma-
« gistrats si dévoués, si sages, qui, dans ces temps d'in-
« quiétudes et de souffrances, au milieu de tous les sacri-
« fices qu'exige la prospérité de cette ville, ne négligez rien
« pour donner satisfaction à ses interêts religieux et mo-
« raux qui purifient, élèvent et maintiennent dans l'ordre
« les choses de ce monde. Remerciements à vous, braves
« militaires, qui par votre présence et vos mélodieux et
« si religieux accords, avez contribué à rendre cette fête
« plus belle ! Félicitations à vous, homme de talent, qui
« avez su imprimer à cette église un caractère conforme
« aux inspirations les plus pures de l'art chrétien ! Bé-

« nédictions à vous, pieux et bon prêtre, qui, malgré les « difficultés, avez poursuivi l'exécution de cette œuvre et « n'avez pas craint de compromettre une santé bien chère, « mais qui goûtez aujourd'hui avec nous des joies inef- « fables. »

« Monseigneur a terminé cette chaleureuse allocution en exhortant les assistants à venir souvent prier dans le nouveau temple pour acquérir le bonheur éternel.

« Telle a été cette imposante solennité à laquelle s'était rendu un grand concours de fidèles et qui laissera dans les âmes d'ineffaçables souvenirs. »

Edmond MAGNIER[1].

On travailla encore bien longtemps à l'église après la consécration et c'est pour quoi le chemin de croix ne put être érigé et placé avant le 10 du mois d'août suivant; et que les cloches ne furent baptisées que le 12 d'octobre et montées dans le beffroi le 20 du même mois.

CHAPITRE XXIV.

MOBILIER DE L'ÉGLISE.

Il fallait un nouveau mobilier dans la nouvelle église, il fallait par conséquent des plans et de l'argent pour le faire exécuter. L'architecte qui avait promis, pendant trois ans, de dessiner le mobilier, dit enfin au curé : Je n'ai pas eu, je n'ai pas, je n'aurai jamais le temps de

[1] Aujourd'hui sénateur et rédacteur en chef de l'*Événement*.

faire les dessins que vous demandez. — Le curé s'adressa dès lors à la maison Durieux de Reims où l'on était expert à organiser des meubles en harmonie avec le style des églises. Cette maison soumit des plans à l'architecte et exécuta avec son approbation les objets qui seront énumérés plus bas, avec certains articles qu'on possédait déjà ou qu'on dut acheter ailleurs.

Quant à l'argent nécessaire à l'ameublement le curé s'en procura, non sans grandes difficultés. Il dut réduire ou éviter les dépenses inscrites au budget de la fabrique, organiser une petite loterie, provoquer indirectement quelques dons, prier M. l'abbé Denis de quêter à son tour pour la cloche dans Capécure, amener la ville à lui rendre 13.000 fr. sur le don de l'empereur, ce qui semblait d'abord impossible, parce que la ville avait dû ajouter 15.000 fr. à son devis à l'époque de l'adjudication et absorber par conséquent toute l'allocation impériale. On céda néanmoins aux observations du curé.

Voici du reste un détail des objets achetés et des fonds réunis :

Maître-autel	3.500 00
Stalles.	600 00
Chandeliers	476 00
Saint Vincent de Paul	300 00
La sainte Vierge.	351 00
Chaire.	1.700 00
Six bénitiers	480 00
Deux petits autels	3.000 00
Deux confessionnaux.	1.300 00
Fonts baptismaux	500 00

Trois appuis de communion (73 fr. le m.) .	1.030 50
Deux grilles latérales (79 fr. le m.) . . .	637 50
Deux cloches	10.216 00
Un chemin de croix	1.860 00
Sept cents chaises	1.050 00
Un petit orgue	3.500 00
Transport, emballages,... etc...	459 00
Total . .	30.960 00

Aux meubles que nous venons d'énumérer, il faut ajouter les ornements, le linge, les vases sacrés et autres objets servant au culte, valant ensemble 11.078 fr. qu'on avait apportés de la chapelle provisoire. Le prix total du mobilier réuni depuis le commencement de la paroisse s'élevait donc au mois de janvier 1863 à 42.038 fr.

Comme l'orgue avait été payé ainsi que les objets provenant de l'ancienne chapelle avant qu'on entrât dans la nouvelle église, comme le chemin de croix avait été donné par une personne charitable, la statue de la sainte Vierge par la famille Lobez, il en résulta qu'on ne devait à la reddition des comptes que 25.109 fr. sur la partie neuve du mobilier. Or, on avait recueilli, obtenu, préparé pour payer, les sommes suivantes :

De la ville.	13.000 00
De Melle Lesage	4.121 00
Économies de la fabrique sur les dépenses ordinaires	2 600 00
Dons fournis par le curé.	1.700 00
Quête pour la première cloche	1.667 00
Total . .	23.088 00

A cette somme il faut ajouter : le montant de la loterie 5.800 00

Total recueilli pour payer . . . 28.088 00
Dette à payer 25.109 00

Argent de reste 2.979 00

La situation étant établie, l'excédent fut employé par la ville à faire des portes latérales, des décors le jour de la consécration; par la fabrique en dépenses urgentes pour l'assurance de l'église et du mobilier. Le curé conserva une petite portion de la somme, afin de pourvoir librement à quelques-uns des nombreux besoins auxquels on n'avait pas osé songer, tels que peintures, organisation de la sacristie, complément de la sonnerie qui devait être de trois cloches.

Il n'est peut-être pas inutile de consigner ici que la première cloche pèse 1.525 kilog., la seconde 1.085 kilog., et que la troisième devrait peser 800 kilog. environ, ce qui en élèverait le prix à 3.500 fr. à peu près, en comptant le montage, les accessoires qui se paient en dehors du métal dont chaque kilogramme a couté 3 fr. 80.

Il est à remarquer que le métal des cloches de Capécure est de premier titre composé de cuivre rouge et d'étain Banka très pur, condition à exiger pour la troisième cloche afin qu'elle ait le timbre argentin des autres.

Le parrain de la grosse cloche a été M. Alexis Chauveau, la marraine Mme Lehocq; elle s'appelle Marie-Madeleine. La seconde nommée Henriette-Amélie a eu pour parrain M. Lesage-Fontaine et pour marraine Mme Lesage-

Carmier. Elle a été donnée par Mlle Henriette Lesage qui possédait avec toute la famille le centre de Capécure.

Nous pourrions terminer ici notre récit. Nous avons intitulé notre travail : *Notes sur l'établissement religieux de Capécure,* il nous semble que nous avons suffisamment traité le sujet que nous nous étions proposé. Quand l'église fut achevée, quand elle fut meublée, ce qu'on peut appeler « l'établissement religieux de Capécure » fut par là même terminé.

Toutefois, il n'est pas sans intérêt de constater qu'au terme des travaux tous les cœurs n'en firent qu'un, que chacun regretta ses torts et que Mgr Parisis qui avait signé avec son ardeur accoutumée la condamnation de de l'église, sur le rapport de la Commission archéologique d'Arras, déclara après la consécration qu'elle était irréprochable et qu'elle l'emportait sur tous les autres monuments religieux de Boulogne. Dans un avenir éloigné, on désirera peut-être connaître le type, la physionomie de Mgr Parisis, si célèbre en France pendant sa vie ; sa figure est sculptée sur le second pilier a droite en entrant dans l'église par le grand portail ; à la troisième colonne on voit la figure de l'entrepreneur ; vient ensuite celle de Pie IX ; enfin le portrait de l'abbé Denis, vicaire de la paroisse. Les autres figures sont des sculptures de fantaisie.

Nous n'avons pas parlé dans cette première partie de l'enseignement primaire donné aux enfants du quartier. Dès 1851, la municipalité avait établi à Capécure des écoles de garçons dirigés par les Frères de la doctrine chrétienne et des écoles de filles dirigées par les Sœurs de Saint-Joseph d'Abbeville.

Les Frères et les Sœurs furent d'un grand secours pour l'organisation religieuse et morale de la paroisse. — On ne parlait pas encore alors d'écoles laïques ou plutôt d'écoles sans Dieu. Aujourd'hui les pouvoirs publics ont établi dans le quartier plusieurs écoles laïques qui forment une génération d'impies, qui dans quelques années, seront la désolation de leur famille et la plaie de la société. Seigneur ayez pitié de la France !

DEUXIÈME PARTIE

CHAPITRE Ier.

QUELQUES ÉPHÉMÉRIDES.

Nous ne pouvons donner dans ce chapitre que quelques éphémérides qui intéressent la paroisse. La paroisse étant fondée, l'église construite, le curé et le vicaire se sont mis à l'œuvre et ont fait à Saint-Vincent de Paul tout ce que le zèle et l'amour de Dieu peuvent inspirer à de bons prêtres de faire pour le salut des âmes.

— Années 1863-1865. Rien d'extraordinaire ne s'est produit pendant ces trois années. L'ouverture de l'église attire plus de monde. Il a été constaté qu'il y a actuellement une personne sur sept ou huit qui fait ses pâques; à l'ouverture de la chapelle on en comptait une sur trente. La piété, les congrégations prennent difficilement dans la paroisse; un trop court séjour dans les écoles, la fièvre du travail dans les usines nous paralysent sous ce rapport.

M. Camille Chauveau a peint gratuitement un tableau de l'Ascension pour décorer le fond de l'abside. Ce tableau est placé en guise de peinture murale[1].

[1] Les deux autres tableaux : le crucifiement et le baptême de Jésus-Christ sont aussi de M. Camille Chauveau.

M. Camille Chauveau, peintre de talent, est né à Boulogne. Après avoir étudié la peinture à Paris, sous les maîtres les plus habiles du temps, il parcourut l'Afrique et l'Orient pour se perfectionner dans son art. Il aurait pu, en se fixant dans la capitale, se faire un

— Au mois d'avril 1865, l'archiconfrèrie du Sacré-Cœur de Moulins a été établie dans la paroisse de Saint-Vincent de Paul. On espère quelques résultats ; un certain nombre de personnes de tous les états se sont fait inscrire.

— Un décret impérial du 4 septembre, accorde le titre personnel de première classe à l'abbé Rémont curé de Saint-Vincent de Paul.

— Le 1er octobre, l'abbé Joncquel est nommé vicaire de Saint-Vincent de Paul. Ce vicariat de création nouvelle, est établi légalement. Néanmoins, le nouveau vicaire n'a pas de traitement ; le curé et sa famille lui donnent le vivre et le couvert.

— Le 20 janvier 1866, M. Lecomte, grand doyen de l'arrondissement de Boulogne, meurt âgé de 70 ans : il avait exercé trente ans à Boulogne avec habileté et régularité.

— Le lundi 5 mars, Mgr Parisis, évêque d'Arras, expire après quelques jours de léthargie, suite d'une apoplexie. C'est une perte immense pour le diocèse et le monde catholique.

— Le 20 mars 1866, M. Caboche, vicaire de Saint-Nicolas, est nommé curé de cette paroisse ; il est installé par le curé de Saint-Vincent de Paul qui reçoit à cette occasion des pouvoirs provisoires de grand doyen.

— Le 4 avril, Mgr Lequette, vicaire général de Mgr Parisis, et depuis vicaire capitulaire, est nommé évêque du diocèse. Mgr Lequette est enfant du pays, il est né à

nom illustre. Il aima mieux revenir dans sa ville natale où souvent il laisse ses pinceaux pour rendre service à ses concitoyens. M. Camille Chauveau excelle dans la peinture des scènes militaires. Il a fait dans ce genre des tableaux d'un vrai mérite.

Bapaume en 1811, le 23 juin; tout le monde l'aime; l'allégresse est générale dans le diocèse. Le 7 août 1866, Mgr Lequette est sacré dans la cathédrale d'Arras par NN. SS. de Cambrai et d'Amiens. Il fait son entrée solennelle à Boulogne le 22 août de la même année. Une réception enthousiaste prouve que le peuple boulonnais ressent pour le nouvel évêque les mêmes sentiments d'attachement et d'amour que le peuple artésien. La consécration de Notre-Dame de Boulogne est le premier acte de Monseigneur en cette ville.

— Le choléra éclate pour la seconde fois dans la paroisse de Saint-Vincent de Paul vers la fin d'août 1866. Il fait environ deux cents quatre-vingt victimes, sans compter une multitude de malades. Dieu a permis que le clergé fît son devoir.

— Le recensement de 1866 constate que la population de Capécure s'élève à cette époque à 6.637 habitants, ce qui prouve qu'en cinq années, la population de Capécure s'est accrue de 1.400 âmes.

— Dans la nuit du 2 au 3 décembre, des voleurs brisent une fenêtre du couloir reliant la sacristie nord-ouest avec le chœur de l'église et brisent quatre troncs. On peut appeler ces bandits des voleurs volés, les troncs de Capécure sont presque toujours vides, attendu que personne n'y dépose rien.

— Le 22 décembre 1866, Mgr Lequette nomme définitivement grand doyen de l'arrondissement de Boulogne l'abbé Rémont curé de Saint-Vincent de Paul. Les raisons qui amènent cette nomination sont connues des contemporains, il serait au moins inutile d'en perpétuer le souvenir en les consignant dans cet écrit.

— Le premier vitrail représentant la sainte Vierge et saint Joseph a été posé pour la fête de Pâques en 1867; il a été donné par la baronne de Mesnil, née Marie Martinet. Pour la fête de l'Assomption de la même année, Mme Vve Lehocq a fait poser le premier vitrail à gauche représentant saint Charlemagne et sainte Marie-Madeleine, noms portés par la donatrice et son époux décédé. Elle a fait poser en outre le premier vitrail à droite représentant saint Louis, roi de France, et sainte Suzanne martyre, en mémoire de son gendre et de sa fille enlevés bien jeunes à la vie. Le second vitrail à gauche où l'on voit figurer saint Pierre et saint Paul a été donné par les fabriciens eux-mêmes; le deuxième vitrail à droite où apparaissent saint Jacques et saint Jean a été payé des deniers de l'église.

— Le 22 mai 1867, la ville de Boulogne accepte la donation de Notre-Dame faite par Mgr Haffreingue avec charge de payer près de 300.000 fr. que le vénérable prélat devait encore sur cette église bâtie par lui dans un laps de temps d'environ trente ans.

CHAPITRE II.

CONSULTATION CANONIQUE SUR LA BÉNÉDICTION DES NAVIRES.

Nous interrompons nos éphémérides pour placer ici une question qui vient selon l'ordre chronologique.

Dans le courant de l'année 1867, M. le curé de Saint-Pierre des marins, prétendit avoir le droit de venir bénir les bateaux de ses paroissiens amarrés au quai de Capécure. Il y vint plusieurs fois. Il se flattait même d'y venir chaque semaine, car le bassin à flot étant terminé tous les nouveaux bateaux devaient y entrer au sortir des chantiers. Le clergé de Capécure ne pouvait admettre une telle prétention, mais avant de s'opposer à l'innovation, il voulut connaître sur ce point la coutume des curés de Dieppe et du Hâvre où plusieurs paroisses, comme à Boulogne, ont pour limites le port. M. le Doyen, curé de Saint-Vincent de Paul, écrivit à ce sujet à M. Le François curé de Neuville-Dieppe. Voici ce qui lui fut répondu.

« M. le Doyen.

« Je m'empresse de répondre aux questions que vous m'avez fait l'honneur de m'adresser par votre lettre du 4 juin dernier. Le diocèse de Rouen, n'ayant que trois ports bordés par plusieurs paroisses, nous n'avons pas à nous occuper de Saint-Valery-en-Caux, ni de Fécamp, ni du Tréport, mais du Havre, de Dieppe et de Rouen.

« Il est établi par la coutume immémoriale, en ces trois villes, que la partie du port dont les eaux viennent baigner les quais situés sur une paroisse, est considérée comme appartenant à cette paroisse, d'où il résulte qu'un navire qui est amarré sur le quai d'une paroisse, quand même il eût été construit sur une autre paroisse ou appartiendrait à un armateur, demeurant sur une autre paroisse, est toujours béni par le clergé de la paroisse sur laquelle est situé le quai, dans les eaux duquel a lieu cette cérémonie, sans tenir aucun compte de la paroisse de l'armateur ni du lieu de construction du navire.

« Nous avons à Dieppe un des bassins, le bassin Duquesne, dont les quais sont riverains de trois paroisses, de Saint-Jacques, de Saint-Remy, et de Notre-Dame du Pollet.

Bien que les chantiers de construction soient sur Saint-Jacques, les curés de Saint-Remy et de Notre-Dame n'en bénissent pas moins toute embarcation qui vient s'amarrer au quai de leur paroisse dans les eaux de laquelle se trouve le nouveau navire, à moins que cette cérémonie n'ait eu lieu sur le chantier même de constrution, avant le lancement, ce qui arrive souvent, alors la bénédiction a été faite par M. le curé de Saint-Jacques.

« La partie de la Seine dans laquelle se trouvent ordinairement les bâtiments que l'on doit armer côtoie deux paroisses à Rouen, la Madeleine et Saint-Vincent. La bénédiction appartient de droit soit au curé de la Madeleine, soit au curé de Saint-Vincent suivant la place qu'occupe le navire neuf sur l'une ou l'autre paroisse. Ceci est un point acquis sur lequel il ne s'élève jamais dans le diocèse aucun doute et par suite aucune discussion.

« Il peut quelquefois se présenter des cas où le navire n'est pas béni par le curé du quai, mais par celui de l'armateur. Ainsi dernièrement à Dieppe un armateur de la paroisse de Saint-Jacques, propriétaire de la *Jeanne d'Arc*, invitait M. le curé de Saint-Jacques à bénir ce beau navire qui se trouvait alors dans le bassin Besigny appartenant tout entier à la paroisse Saint-Remy ; on devait durant la nuit le faire passer dans le bassin Duquesne (quais de la paroisse Saint-Jacques) mais pour cela il fallait tout exprès ouvrir les portes, tourner le pont, c'était toute une affaire. L'armateur tenait à son curé ; ce dernier refusait de se rendre sur un quai qui lui est étranger; voilà comment la chose s'est terminée : on est allé demander au curé de Saint-Remy l'autorisation nécessaire, il l'a accordée volontiers, mais son sacristain est venu sur le navire pour recevoir l'offrande qui se fait ordinairement pour le droit pastoral.

« Comme vous le voyez, l'exception confirme la règle. Si Boulogne était du diocèse de Rouen, les curés de Saint-Vincent de Paul, de Saint-Nicolas, de Saint-Pierre, feraient chacun les bénédictions des navires amarrés aux quais de leur paroisse respective et le bassin neuf appartiendrait tout entier à la paroisse de Saint-Vincent de Paul; il n'y aurait pas la plus légère contestation. Vous pouvez être parfaitement sûr de l'exactitude des renseignements que j'ai l'honneur de vous transmettre, en ce qui touche le Havre, je les tiens de la bouche de M. le doyen de Dieppe qui a été longtemps curé au Havre de la paroisse de Saint-François

« Agréez, je vous prie, l'expression de mes sentiments respectueux et dévoués.. »

H. Le François, curé de Neuville-Dieppe.

Cette lettre reçue, la consultation suivante fut rédigée immédiatement par l'abbé Joncquel vicaire de Saint-Vincent de Paul et envoyée à l'évêché par M. le Doyen.

« Monseigneur.

« Permettez-moi de soumettre à l'appréciation de Votre Grandeur une question qui intéresse et peut intéresser au plus haut point dans un avenir prochain, trois des paroisses de Boulogne.

« Les paroisses de Saint-Pierre, Saint-Nicolas, Saint-Vincent de Paul, aboutissent au port. Toute la rive gauche appartient à Saint-Vincent de Paul, une partie de la rive droite à Saint-Pierre, l'autre partie à Saint-Nicolas.

« La limite vraie des trois paroisses est une ligne fictive qui partage le port en deux parties égales dans toute sa longueur. Ce principe de délimitation est admis pour toutes les communes ou paroisses séparées par un canal, une rivière, un cours d'eau quelconque.

« Cela étant, chacune des trois paroisses possède un quai et la moitié des eaux du port adjacentes à ce quai.

« Or, le curé de l'une des trois paroisses a-t-il le droit de bénir les bateaux amarrés aux quais des deux autres paroisses ? Telle est, Monseigneur, la question sur laquelle je désirerais une réponse précise de Votre Grandeur. »

Le droit ne semble pas permettre au curé de l'une des trois paroisses susnommées de bénir les navires amarrés aux quais des deux autres paroisses, car il faudrait pour que cela lui fût permis qu'un curé eût le droit de bénir un navire amarré dans une autre paroisse que la sienne. Ce droit l'a-t-il ? Non, je le prouve.

Il y a deux opinions à ce sujet :

La première, qui est celle de Diclich et de Barufaldi, affirme qu'un curé peut bénir un bateau dans une autre paroisse que la sienne : *absque tamen præjudicio jurium parochialium,* sans préjudice toutefois des droits du propre curé. Que faut-il entendre par ces mots : *absque præjudicio etc ?...* Il ne peut être question du droit qu'aurait le propre curé de bénir le bateau puisque l'opinion présente permet cette bénédiction à un autre prêtre. Il s'agit donc du droit qu'aurait le propre curé aux honoraires offertes pour la bénédiction. Donc, d'après cette première opinion, un curé peut bénir un bateau amarré dans une autre paroisse que la sienne, mais il ne peut garder l'honoraire qui appartient de droit au curé de la paroisse où la bénédiction se fait.

La deuxième opinion, qui est celle de Catalani et de Quarti, affirme qu'un curé a le droit de bénir un bateau amarré dans une autre paroisse que la sienne et ne fait mention d'aucune réserve. Mais Benoît XIV, Ferraris, Gardellini, Bouix, font remarquer que cette opinion ne peut être appliquée qu'autant qu'il n'existe pas une coutume, une loi synodale contraire.

Telles sont les deux opinions des canonistes touchant la question qui nous occupe.

D'après la première, le curé d'une des paroisses susnommées aurait le droit de bénir un bateau amarré au quai d'une autre paroisse que la sienne, mais il ne lui serait pas permis de toucher l'honoraire de la bénédiction.

D'après la seconde, le curé d'une des trois paroisses aurait le droit de bénir un bateau amarré au quai d'une paroisse voisine, voire même d'en toucher l'honoraire s'il n'existe pas une coutume contraire; or la coutume contraire existe. On a toujours regardé à Boulogne comme un droit exclusif des curés de bénir les bateaux amarrés dans leur paroisse. Voici des faits qui attestent cette coutume.

1° La paroisse de Saint-Pierre formée, M. Lecomte curé doyen de Saint-Nicolas, s'abstint de bénir les bateaux amarrés au quai de la nouvelle paroisse, mais il continua de bénir les bateaux amarrés au quai de Capécure qui dépendait encore de Saint-Nicolas.

2° Cette même coutume semble avoir dirigé le clergé de Saint-Pierre lui-même, car avant le creusement du bassin à flot, le clergé de Saint-Pierre s'abstenait de venir bénir les bateaux amarrés au quai de Capécure, et, à plusieurs reprises, M. le curé de Saint-Pierre a envoyé les marins dont les bateaux étaient aux quais de Capécure chercher le clergé de Capécure pour les bénir.

3° MM. les curés d'Equihen et du Portel ont toujours dit à leurs paroissiens de demander a MM. les curés de Saint-Nicolas, de Saint-Pierre et de Capécure de bénir leurs bateaux selon que ces bateaux étaient amarrés aux quais dépendant de Saint-Pierre, de Saint-Nicolas et de Capécure.

4° Avant l'annexion de Capécure à Boulogne, MM. Coze et Crendal, curés d'Outreau, bénissaient les bateaux qui se trouvaient du côté de Capécure.

Donc il existe à Boulogne une coutume immémoriale en vertu de laquelle les bateaux doivent être bénits par le curé de la paroisse sur laquelle ils se trouvent.

Comme conclusion c'est au curé de Capécure de bénir les bateaux qui se trouvent dans les eaux de Capécure.

Si un prêtre étranger à la paroisse bénissait ces bateaux, il devrait en justice et en conscience remettre l'honoraire au clergé paroissial. »

La précédente consultation fut examinée en conseil à l'Évêché. Quelques jours après M. Wallon-Capelle écrivit à M. Rémont qu'elle avait été approuvée par sa Grandeur et qu'il fallait la suivre en pratique.

CHAPITRE III.

AUTRES ÉPHÉMÉRIDES.

Nous sentons le besoin d'abréger notre travail. On conçoit que nous ne puissions entrer dans les moindres détails ; ce qui s'est fait à Capécure se fait partout ailleurs dans les paroisses où les prêtres sont animés du zèle de procurer la gloire de Dieu et le salut des âmes.

En 1868, M. l'abbé Denis, premier vicaire de Saint-Vincent de Paul fut nommé curé à Hénin-Liétard, cure inamovible du Canton de Carvin, et remplacé par M. Bertheloot nouveau prêtre.

Puis vint l'année terrible : guerre avec la Prusse, la Commune à Paris. Le contre-coup de ces désastres se fit sentir dans toute la France.

M. L'abbé Rémont établit une ambulance dans l'ancienne filature continentale et se dévoua, avec les médecins de la ville et les sœurs de Charité, aux soins des blessés. Pendant ce temps M. l'abbé Joncquel prodigua ses soins aux varioleux militaires qui encombraient l'hopital Saint-Louis en ce moment privé d'aumônier titulaire.

La République est proclamée. La guerre à la religion s'affirme de plus en plus.

Le clergé lutte avec énergie contre la marée montante de l'impiété.

Sur le conseil de l'abbé Rémont, l'abbé Joncquel fonde un cercle ouvrier catholique à Capécure. Un père Jésuite, le P. Boulvin, lui offre de le seconder dans cette œuvre de moralisation chrétienne. Chaque dimanche, des centaines d'ouvriers se réunissent dans le local du manège Oudot, ils y trouvent des jeux de toutes sortes; ils s'y amusent et la soirée se termine par une conférence populaire écoutée avec une grande attention.

Les Chambres, en 1874, votent la loi qui rétablit l'aumônerie militaire. L'abbé Joncquel est nommé aumônier de la garnison et chaque dimanche, il y a, à l'église de Capécure, une messe militaire célébrée par l'aumônier ; un piquet en armes assiste à cette messe et quelques autres militaires suivent le piquet de service. L'abbé Joncquel demeure aumônier de la garnison, tout en étant vicaire de Saint-Vincent de Paul, jusqu'à ce que le gouvernement de la République, devenant de plus en plus irréligieux, obtienne des Chambres l'abrogation de la loi qui avait rétabli l'aumônerie.

Plusieurs vicaires pendant ce temps s'étaient succédé à Capécure. M. Bertheloot avait été nommé en 1871 curé d'Éstrée-Blanche et remplacé par M. Henri Arnoult, ancien professeur de philosophie du collège de Mgr Haffreingue. Mgr Haffreingue étant mort, sa maison était passée aux mains des Jésuites et les anciens professeurs avaient été remerciés. En 1874, M. Arnoult ayant été nommé curé de Condette, avait été remplacé par M. Louguet, nouveau prêtre.

De 1867 à 1875 plusieurs missions furent données à Capécure; elles produisirent un bien momentané. Malheureusement les paroissiens retombèrent chaque fois bien vite dans leur indifférence.

Malgré des ressources pécuniaires fort restreintes, l'abbé Rémont travailla incessamment à l'embellissement de son église. Plusieurs vitraux furent placés dans le chœur, les murs furent peints à l'huile, la sacristie fut enrichie d'un certain nombre d'ornements ; un dais fut acheté pour la procession du Très Saint Sacrement. Ce dais fut inauguré en 1873 par Mgr Lequette qui voulut bien cette année présider la procession de la Fête-Dieu. L'abbé Joncquel avait fait appel aux ouvriers du cercle et leur avait demandé de suivre en grand nombre le Saint Sacrement porté par l'Évêque. Cinq à six cents hommes avaient répondu à l'appel, et le prélat fut on ne peut plus touché en voyant ces hommes de bonne volonté et en les entendant chanter à gorge déployée le seul cantique qu'ils sussent par cœur : *Le monde en vain par ses biens et ses charmes.*

La santé de l'abbé Rémont était chancelante depuis longtemps ; il s'était épuisé à la besogne. On craignait une catastrophe, elle arriva le 21 décembre 1875.

CHAPITRE IV.

MORT DE L'ABBÉ RÉMONT — SA BIOGRAPHIE.

Voici ce que nous lisons dans l'*Impartial* du 22 décembre 1875.

« M. L'abbé Rémont est mort hier ; ses obsèques auront lieu après demain vendredi avec toute la solennité que comporte la haute dignité dont il était revêtu. Une voix plus autorisée que la nôtre dira sans doute à l'assistance, du haut de la chaire chrétienne, quels sont les titres du vénérable défunt à la reconnaissance des fidèles ; mais le devoir de la presse n'est-il pas aussi de payer à la mémoire de tous les hommes de bien l'hommage qui est dû à leurs bons services et à leurs éminentes vertus? Rappelons donc en quelques mots à nos lecteurs les principaux traits d'une vie tout entière consacrée au développement religieux et moral de notre population.

« M. l'abbé Jean-Baptiste Rémont est né le 23 juin 1811, dans le canton d'Avesnes-le-Comte (arrondissement de Saint-Pol). Ordonné prêtre le 21 mai 1836, il fut nommé le 15 juin suivant, desservant de la petite commune d'Hannescamps (canton de Pas) qui ne comptait pas plus de 150 habitants. Homme de goûts modestes, entièrement dénué d'ambition, aimant la campagne avec les charmes si doux au cœur qu'on y trouve dans le spectacle de la nature, le jeune prêtre fut heureux de son sort et, longtemps après, ce n'était pas sans une émotion accompagnée de regrets qu'il se reportait au souvenir de son champêtre presbytère.

« Il n'y resta néanmoins qu'un peu plus de deux ans. Mgr de la Tour d'Auvergne, qui savait si bien et si noblement apprécier le mérite, aimait à faire de ces coups de surprise qui élèvent tout d'un coup ceux que l'on pouvait croire abaissés et, le 5 décembre 1838, il nomma M. Rémont vicaire de la plus belle paroisse de son diocèse, Saint-Nicolas de Boulogne.

« Le petit desservant d'Hannescamps était à la hauteur de la situation. Il avait fait d'excellentes études théologiques, entées sur une bonne éducation littéraire. Sa tenue était digne, son élocution, disons mieux, son éloquence abondante et variée. Sa voix mâle et forte, son imagination poétique, sa mémoire riche et sûre donnaient de l'éclat à ses prédications.Joignons à cela le zèle de Dieu, l'amour des pauvres, la bonhomie sacerdotale des relations et nous ne serons pas étonnés qu'après douze ans passés dans le ministère laborieux d'une paroisse qui comptait alors près de 25.000 âmes, Mgr de la Tour d'Auvergne l'ait décoré des insignes de chanoine honoraire. C'était en 1850, le jour de la translation solennelle des reliques de saint Marcien, récemment apportées de Rome ; et M. l'abbé Rémont était devenu premier vicaire de la paroisse.

« Le canonicat, pour lui, ne fut pas le repos, mais, au contraire, le signal de nouveaux labeurs.

« Il y avait alors à Boulogne, comme en bien d'autres localités, un mouvement religieux fortement accentué qui poussait à la création de nouvelles paroisses dans les quartiers les plus éloignés du centre. La Beurrière voyait achever son église et inaugurer le culte divin au haut de ses falaises. Capécure détaché d'Outreau, réuni à Saint-Nicolas depuis le 21 mai 1836, était devenu presque une ville remplie d'usines, d'habitations ouvrières, de maisons de plaisance, d'établissements de toutes sortes. Des rues nouvelles la sillonnaient en tous sens ; une place immense se créait au centre ; cinq mille âmes se trouvaient là sans église à leur proximité, sans pasteur spécialement dévoué à leurs intérêts.

« L'arrivée de Mgr Parisis au gouvernement du diocèse d'Arras donna aux idées, qui germaient lentement dans les esprits, l'occasion d'éclater au dehors et de se traduire en actes.

« A peine l'éminent prélat, en qui l'autorité du caractère se trouvait si vivement rehaussée par l'éclat du talent et par le charme d'un cœur incomparable, eut-il fait sa première entrée dans notre ville que Saint-Pierre passa du titre de chapelle au rang de paroisse, et Capécure vit naître ses premières espérances.

« Elles ne devaient pas tarder à se réaliser. A défaut d'église, on se procura une ancienne salle de danse : le *Prado*, qu'on appropria tant bien que mal à sa sainte destination. Le 2 janvier 1853, M. l'abbé Lecomte, grand doyen, en fit l'inauguration, et c'est là, dans cette pauvre salle, que M. Rémont, choisi par ses supérieurs pour cette œuvre d'abnégation et de dévouement, officia les dimanches et fêtes pendant neuf ans et demi.

« De quel zèle n'eut-il pas besoin pour organiser ou plutôt pour créer une paroisse où tout manquait comme en pays de mission? quel poids de fatigue n'eut-il pas à supporter pour évangéliser tout ce peuple, catéchiser les enfants, visiter les malades, assister les moribonds, conduire les morts à leur dernière demeure, seul, dans les premiers temps pour tout faire. Aussi ne faut-il pas s'étonner que les infirmités de la vieillesse lui soient venues avant l'âge et que malgré sa robuste constitution, fils d'un père qui a vécu 89 ans et demi, il meure à 64 ans, après être resté pendant plusieurs années invalide de la souffrance.

« L'aide et les secours, sans doute, lui sont venus peu à peu ; mais aussi peu à peu la besogne et les soucis s'accroissaient. Lorsque le décret impérial du 18 octobre 1854 eut érigé sa paroisse en cure de seconde classe, et que son Évêque, afin d'ajouter à ses pauvres revenus une obole qui n'était pas à dédaigner, lui eût obtenu le titre personnel de curé de première classe, il fallut entreprendre la question de l'église. Longue et rude question !

« On se rappelle la lutte au sein du Conseil municipal, la guerre au dehors par le choc des brochures pour et contre les plans de M. Grigny, mais ce que l'on sait moins c'est l'anxiété du curé, c'est le contre-coup ressenti dans l'âme du prêtre, à qui il faut absolument une église pour son peuple et pour son Dieu, et qui se voit pour longtemps encore confiné entre les étroites parois de son Prado.

« Ce n'est pas que l'administration municipale fût hostile à l'entreprise. M. Fontaine y mettait toute la diligence possible[1]. L'Empereur et l'Impératrice qui, dans leur séjour à Boulogne en 1854 et 1856, avaient donné l'exemple d'assister à la messe dans la pauvre chapelle provisoire, s'intéressaient à l'œuvre.

« Il fut donné à M. Alexandre Adam de la mener à bonne fin, avec les ressources créées par l'emprunt de 1855. Mais là encore pour M. Rémont que de peines et de sollicitudes ! Provoquer à domicile des souscriptions à l'emprunt, stimuler le zèle de l'architecte, accélérer la marche toujours si lente des projets administratifs, recueillir péniblement les ressources nécessaires à l'ornementation de l'édifice, qui dira tout ce qu'il lui a fallu pour cela de pas, de démarches, de travaux et d'écritures !

« Aussi quel beau jour pour lui que le 17 août 1858 quand Mgr Parisis vint bénir la première pierre de son église !

« Grâce à l'activité employée par son entrepreneur, M. Adolphe Crouy, grâce aussi à l'heureuse inspiration qu'eût M. Gosselin, maire, de faire supporter par la ville,

[1] On voit ici que l'auteur de cet article ne connaît pas le dessous des cartes. M. Fontaine, dès le début, fut hostile à l'œuvre. Nous l'avons fait remarquer plus haut.

la principale dépense du mobilier et de l'ornementation, Mgr Parisis put consacrer l'église de Capécure le 19 juillet 1862. Mais la paroisse n'avait pas encore de presbytère; elle n'avait pas encore d'écoles et de salles d'asile en nombre suffisant pour une population qui s'accroît chaque jour : nouveaux sujets de sollicitude pour le pasteur.

« Que dirions-nous de plus que chacun ne sache en rappelant que Mgr Lequette, au début de son épiscopat, choisit M. l'abbé Rémont pour succéder à M. Lecomte, dans la charge de grand doyen de Boulogne. Le premier pasteur du diocèse ne pouvait confier à des mains plus dignes ces importantes et délicates fonctions. M. Rémont s'est montré constamment affectueux, bienveillant, dévoué pour tous ceux qui avaient besoin de recourir à son autorité. Aussi, les regrets que sa perte inspire à tous sont-ils le meilleur éloge que l'on puisse déposer sur sa tombe avec l'hommage de la reconnaissance publique pour les services considérables qu'il a rendus à notre cité. »

L'article de l'*Impartial* que nous venons de reproduire, dû à la plume de M. l'abbé Haigneré, ancien archiviste de Boulogne, curé de Menneville, est un abrégé fidèle de tout ce que l'abbé Rémont a fait à Boulogne.

Complétons quelque peu ces notes biographiques. Le père de M. l'abbé Rémont était un excellent chrétien et sa mère, qu'il eut le malheur de perdre dès le bas âge, était une de ces femmes de foi qui apprennent à leurs enfants à connaître et à aimer Dieu dès le premier jour où leur intelligence jette quelque lueur. Le jeune Jean-Baptiste alla d'abord à l'école du village où il se fit remarquer par sa bonne conduite et son assiduité au travail.

A plusieurs reprises, l'enfant avait témoigné à son père

le désir de devenir prêtre un jour. Mais le père, sachant combien il en coûte pour faire ses études, n'étant pas d'ailleurs trés favorisé des biens de la fortune, avait rejeté bien loin de lui cette pensée. Le jeune Jean-Baptiste avait conçu l'idée d'aller à l'école de Rebreuviette, village situé à environ une lieue d'Ivergny; il savait que l'instituteur de Rebreuviette, M. Dupont, ancien séminariste, donnait des leçons de latin et menait ses élèves jusqu'en cinquième; il espérait que s'il pouvait arriver jusqu'à Rebreuviette, il aurait pu, lui aussi, se mettre au latin et.... qui sait ? trouver le moyen de devenir prêtre.

Voici le stratagème dont il usa :

Le maître d'école d'Ivergny était un de ces vieux instituteurs fort peu ferrés sur la littérature, mais fort peu avares envers leurs élèves, même les meilleurs, de coups de baguette et de coups de règle. Le jeune Jean-Baptiste reçut donc un jour quelques coups de baguette sur les mains ; il se sauva de l'école, prit des épines aux haies voisines, se déchira les mains et alla trouver son père tout ensanglanté : « Mon père, dit-il, notre maître m'a frappé, voyez : je ne veux plus aller à l'école ici, je veux aller à Rebreuviette! » — Eh bien ! tu iras à Rebreuviette.

L'enfant fut donc placé chez M. Dupont. La pension ne coûtait pas bien cher. On lui portait chaque semaine ce qui lui était nécessaire en pain, en lard, en pommes de terre. Le jeune Jean-Baptiste, agé de 13 ans, se mit au latin et fut bientôt à la tête de la classe.

Il y avait, non loin de Rebreuviette, à Sibiville, un collège tenu par un ecclésiastique. On y faisait les classes jusqu'en troisième. Jean-Baptiste Rémont obtint de son père d'entrer au collége de Sibiville. Là encore il tint le premier rang. Nous avons connu beaucoup de ses condisciples, tous étaient unanimes à rendre témoignage en faveur de son travail persévérant, de sa piété et de ses vertus.

De Sibiville, il alla au petit séminaire d'Arras. Les élèves du petit séminaire étaient forcés de suivre les cours du collège. Le jeune Rémont y brilla en seconde et en rhétorique.

Le travail assidu auquel le jeune homme s'était livré jusque-là avait usé ses forces, il tomba malade pendant sa philosophie, eut d'inquiétants vomissements de sang et fut renvoyé à plusieurs reprises dans sa famille. Mais à peine se sentait-il mieux qu'il repartait à Arras, plein de courage. Il voulait mourir à la tâche ou bien arriver à la prêtrise.

Pendant les années du grand séminaire, il fut, à cause de sa santé, placé pendant quelque temps, en qualité de précepteur chez M. Connone à Bullecourt. Enfin, Mgr de la Tour d'Auvergne l'ordonna prêtre le 21 mai 1836.

M. l'abbé Haigneré a raconté, dans l'article que nous avons reproduit plus haut, la vie pastorale de M. Rémont.

Ce bon prêtre mourut, comme il avait vécu, en saint. Il avait été atteint à ses dernières années d'une humeur cancéreuse, aux environs de la vessie ; il avait perdu énormément de sang par les voies urinaires ; c'est l'anémie, suite de ses souffrances et de ses pertes sanguines, qui l'a mené au tombeau. Il connaissait parfaitement sa situation ; il savait que les remèdes étaient inefficaces, aussi se préparait-il chaque jour à paraître devant Dieu. Dans ses dernières années, malgré le mal, il remplissait toujours ses fonctions curiales, il prêchait, confessait, dirigeait les âmes. On ne pouvait mettre un frein à son zèle. Nous l'avons vu tomber par terre de faiblesse et de fatigue en allant visiter un pauvre mourant. Toute sa vie il fut l'homme de la régularité, du dévouement et du zèle. Il inspirait à tous la plus entière confiance et il est peu de boulonnais parmi ses contemporains qui n'aient eu recours à lui pour quelques conseils ou quelques services.

Il nous disait, à nous qui écrivons ces lignes, il nous disait deux jours avant sa mort : « Je vais mourir, je n'en suis pas troublé; toute ma vie je l'ai employée au service de Dieu et du prochain. »

Homme de haute taille, il avait dans le maintien quelque chose de sévère, sa physionomie s'assombrissait tout à coup; cette manière d'être toute extérieure provenait de sa contention d'esprit et de la souffrance qui le minait intérieurement. Au milieu de ses plus cuisantes douleurs, jamais une plainte ne s'échappait de sa bouche; il adorait la volonté divine qui l'épurait par la maladie et se résignait avec la plus entière soumission aux desseins de la Providence. Il aimait les pauvres, les petits, les abandonnés; pour eux il se privait du nécessaire et s'imposait, afin de leur rendre service, toutes sortes de travaux, d'humiliations et de fatigues. Les pauvres de Capécure ont été ses banquiers; il a vécu pauvre, il est mort pauvre. Toutes les œuvres charitables de Capécure, il les a soutenues de son influence et de sa bourse. Il a pris part à la fondation des fourneaux économiques; il a fait partie de la commission des blessés de la guerre; pendant de longues années il a été membre de la commission de la prison, de l'administration de l'hospice et du bureau de bienfaisance. On peut dire de lui dans toute l'acception du mot : *pertransiit benefaciendo;* il a passé en faisant le bien.

CHAPITRE V.

OBSÈQUES DE L'ABBÉ RÉMONT.

Les obsèques de l'abbé Rémont eurent lieu le vendredi 24 décembre 1875. Beaucoup de prêtres qui se seraient fait un pieux devoir d'y assister ont dû rester dans leurs paroisses respectives, à cause des confessions préparatoires à la communion de Noël. Mgr Lequette, évêque d'Arras, non seulement le supérieur, mais encore l'ami intime du défunt, voulut lui-même présider la cérémonie des funérailles, donner l'absoute et prononcer l'éloge funèbre!

Nous lisons dans l'*Impartial* du 24 décembre : « Nous venons d'assister aux obsèques de M. l'abbé Rémont, grand doyen de l'arrondissement et curé de la paroisse de Saint-Vincent de Paul, et rarement nous avons vu des funérailles aussi remarquables tant par la pompe religieuse qu'on y a déployée que par l'affluence nombreuse qui est venue former le cortège.

« A l'heure indiquée, le clergé dans lequel on remarquait plusieurs hauts dignitaires a procédé à la levée du corps. Afin de donner plus de développement au cortège où figuraient diverses institutions religieuses, un grand nombre de magistrats et de fonctionnaires de tous ordres, de prêtres non revêtus du surplis et de citoyens de toutes classes qui étaient venus rendre un dernier hommage au vénérable ecclésiastique, on fut obligé de faire le tour de l'immense place de Capécure pour entrer processionnellement dans l'église.

« Le coussin était porté par M. Hecquet, chanoine honoraire et le confesseur de M. Rémont. Le calice était porté par M. Senet, chanoine et curé de Saint-François de Sales.

« Les coins du drap étaient tenus par M. le sous-préfet, par M. le président du tribunal civil, par M. Huguet maire de Boulogne et par M. Copin président de la fabrique de Saint-Vincent de Paul.

« La cérémonie funèbre fut présidée par Mgr Lequette évêque d'Arras, de Boulogne et de Saint-Omer, venu exprès pour cette triste circonstance, dans laquelle il était assisté par M. Caboche, curé de Saint-Nicolas et par M. Bresselles curé de Saint-Pierre.

« La messe fut dite par M. Jonas, curé de Notre-Dame, assisté par M. Wallet curé de Saint-Michel et M. Duval aumônier de l'hospice, avec toute la pompe sévère que l'on peut déployer en pareil cas. L'office terminé, Mgr l'Évêque monta en chaire et fit entendre le panégyrique du défunt, lequel fut écouté par toute l'assistance avec une religieuse attention et que nous sommes heureux de pouvoir reproduire en entier, grâce à une bienveillante intervention auprès de Mgr l'Évêque qui a daigné nous en donner communication :

« Nos très chers frères.

« Toutes les fois que la mort, dans son cruel et incessant ministère, frappe un des membres de notre bien-aimé clergé, le vide qu'elle fait est toujours sensible à notre cœur d'évêque. Nous entourons de nos regrets et de nos prières celui qu'elle ravit à la famille sacerdotale dont nous sommes constitué le père aussi bien que le chef.

Mais lorsque celui sur lequel elle a appesanti sa main occupe un des rangs les plus élevés de la hiérarchie diocésaine, lorsqu'il a été le représentant de notre autorité, lorsqu'il a toujours justifié notre confiance par son zèle, son attachement le plus dévoué à son Évêque, lorsqu'il a rempli avec autant de sagesse que de prudence, la haute et souvent délicate mission dont il a été investi, vous comprenez alors combien plus sensible encore est pour nous le coup que la mort a frappé. Vous ne devez pas être surpris que, même à la veille d'une de nos plus grandes solennités, nous ayons rapidement franchi l'espace qui nous séparait de la chère cité de Boulogne et que nous soyons venu mêler nos regrets à ceux qui entourent ce cercueil, et donner ainsi un éclatant témoignage de notre estime au digne prêtre trop tôt ravi aux affections de notre cœur.

« Nous le voyons, N. T. C. F., et nous en sommes profondément touché, la mort de notre bien-aimé grand doyen a jeté le deuil, non seulement dans cette paroisse, dont il a été le fondateur et le pasteur toujours si dévoué, mais aussi dans toute la ville de Boulogne ; et, en effet, ces rangs pressés et confondus de fidèles, depuis les autorités les plus élevées jusqu'aux plus humbles habitants de la cité, n'attestent-ils pas combien est sensible pour tous la perte qui nous afflige. Celui que nous entourons de nos regrets unanimes ne peut-il pas être à bon droit regardé comme un enfant de Boulogne? Sans doute, par sa naissance, son éducation, il appartient à notre Artois, mais sa vie sacerdotale s'est passée presque tout entière dans la ville de Boulogne, c'est à elle qu'il a donné tout le dévouement de son zèle, toutes les affections de son cœur si rempli de la charité de Jésus-Christ.

« Vous ne l'ignorez pas, en effet, M. Rémont exerça pendant plusieurs années les fonctions de vicaire dans l'importante paroisse de Saint-Nicolas. Par la régularité de sa vie, par son application constante aux devoirs de son ministère, par ce zèle que rien ne lassait, il sut constamment mériter l'estime de ses supérieurs et de ses confrères, manifestant toujours cette charité dont était pénétré l'apôtre, cette charité qui sait se faire douce à tous pour gagner tout le monde à Jésus-Christ.

« La ville de Boulogne, dans son développement rapide, opéré par son activité commerciale et industrielle, demandait de nouveaux centres religieux où pussent recevoir plus facilement leur satisfaction les besoins spirituels de ses nombreux habitants ; il était surtout une portion qui semblait sous ce rapport plus déshéritée que les autres, la portion de Capécure. Tous sentaient la nécessité de former une paroisse de ces habitations se multipliant de plus en plus sur ces terrains enlevés aux flots de la mer. Mais pour former cette paroisse, sans ressource aucune, il fallait un prêtre de dévouement, de sacrifice, d'abnégation. Cette mission fut confiée à M. Rémont qui, mieux que tout autre, connaissait les besoins spirituels de cette population. Arrivé au milieu de son nouveau troupeau, il lui faut trouver un lieu où il puisse provisoirement célébrer les saints mystères, administrer les sacrements. Le dirons-nous N. T. C. F., il ne trouva d'autre abri, pour son ministère, qu'un local servant précédemment aux réunions si souvent coupables de la jeunesse, et le Dieu dont nous célébrons demain la naissance dans une étable habita pendant plusieurs années là même où le démon avait établi son règne.

« Grâce aux démarches actives, incessantes du nouveau pasteur, l'érection d'une église est enfin votée par le Conseil municipal. Ah ! ce fut un jour de bien douce consolation pour M. Rémont, quand il vit notre vénéré prédécesseur bénir lui-même la première pierre du nouveau sanctuaire en présence du digne magistrat, de cet enfant dévoué de Boulogne, dont vous entourez la vieillesse toujours active de tant de vénération et qui naguère, aux applaudissements de tous, recevait la récompense bien méritée des services qu'il a rendus à sa chère cité [1]. Il fut bien plus consolant encore pour le pasteur si zélé le jour, où ce sanctuaire enfin achevé reçut sa solennelle consécration, et servit enfin désormais aux besoins religieux d'une paroisse dont l'importance croissait de plus en plus. Il y voyait la fin des embarras et des soucis que ne lui avait pas épargnés la construction de ce monument. Il ne lui restait plus qu'à se livrer en paix aux fonctions de son ministère pastoral.

« Mais une nouvelle mission allait bientôt lui être confiée. La mort venait de ravir le vénérable M. Lecomte aux affections de son troupeau. La dignité du grand Doyen devenait vacante. C'était à notre entrée même dans la carrière épiscopale. Il nous fallait constituer un nouveau représentant de l'autorité diocésaine. Sans hésiter, nous jetâmes les yeux sur le digne curé de Saint-Vincent de Paul. Nous voulions rendre hommage à ses vertus sacerdotales, à ce dévouement éprouvé depuis tant d'années ;

[1] Monseigneur parle de M. Alexandre Adam, ancien maire de Boulogne, ancien président du Conseil général du Pas-de-Calais, que le gouvernement venait de nommer commandeur de la légion d'honneur.

nous dûmes faire violence à son humble modestie, à cette simplicité qui lui était naturelle; mais dans l'esprit de foi dont il était pénétré, il s'inclina devant notre volonté formellement exprimée et il accepta la mission qui lui était confiée.

« Comment l'a-t-il remplie cette mission? Nous en appelons à votre témoignage. Quelle bonté! Quelle abnégation de lui-même! Quelle modestie au milieu des honneurs attachés à sa dignité! Quel amour de la paix! quel esprit de conciliation! quelle sage prudence pour résoudre ces difficultés que l'administration diocésaine, pas plus que les autres, ne saurait entièrement éviter, surtout en ces temps si agités que nous traversons! Grâce à cette attitude aussi calme que dignement réservée de son grand Doyen, le clergé de Boulogne sut toujours se maintenir dans les rapports les plus convenables avec les diverses autorités de la ville. Que nous étions donc heureux de la haute confiance dont nous l'avions investi!

« Mais hélas! il devait être trop tôt ravi à nos affections comme à celles de son troupeau ce pasteur selon le cœur de Dieu. Le germe d'une de ces infirmités qui ne savent pas pardonner s'était développé et inspirait les plus graves inquiétudes. Longtemps il lutta contre le mal, mais ses forces le trahissant, il sentit que sa fin approchait; il nous l'exprima lui-même lors de notre dernier séjour dans cette chère cité, il le faisait avec un calme et une sérénité dont nous étions profondément ému. Nos tristes prévisions se sont réalisées. Est-il besoin de dire que la mort la plus édifiante a couronné une vie sacerdotale si bien remplie, et que pour lui se sont pleinement accomplies ces paroles de nos saints livres : *pretiosa in conspectu Domini mors sanctorum ejus?*

« Permettez-nous, N. T. C. F., de vous dire en terminant, dans l'épanchement de notre cœur, qu'une circonstance toute particulière resserrait encore le mutuel attachement de l'Évêque et de son cher grand Doyen. La même année, le même jour, presque la même heure nous avait vus naître,le même jour nous avions été régénérés dans les eaux du baptême, ayant au ciel les mêmes protecteurs dont nous portons les noms. Pour lui il a achevé cette carrière de la vie que nous avions commencée ensemble, il a été trouvé mûr pour le ciel et il est allé devant Dieu, nous en avons la ferme confiance, recevoir la récompense accordée aux bons et fidèles serviteurs, et nous, nous restons encore sur cette terre, livré au travail, aux combats, aux diverses épreuves de la vie présente. Nous ignorons quelle sera la mesure des années que Dieu nous dispensera encore. Ah ! puissent nos années comme les années de celui qui nous a précédé, être toujours pleines, dévouées à la sanctification de notre immense troupeau et que nous puissions nous présenter avec confiance à Dieu quand nous serons appelé à paraître devant Lui.

Voilà aussi, N. T. C. F., la grande leçon que vous devez emporter tous de cette funèbre cérémonie : faire en sorte que vos années, par le fidèle accomplissement de la vie chrétienne, soient toujours, comme celles de notre bon et regretté grand doyen, la digne préparation à une mort précieuse devant Dieu. »

«Après ce discours qui fut prononcé avec une onction sympathique et d'une voix qui trahissait les émotions du cœur on procéda à l'absoute ; puis on se rendit au cimetière avec le même cortège religieux, suivi d'une foule à peu près aussi nombreuse qu'à l'entrée dans l'église, et dont presque tous les membres se sont fait un devoir d'aller jeter quelques gouttes d'eau bénite sur la tombe du vénérable prêtre, dont la mort laisse de profonds regrets dans la paroisse qu'il dirigeait avec tant de zèle et de dévouement et dans la ville de Boulogne tout entière.»

Ce même jour, 24 décembre, à 2 heures Mgr Lequette, venu tout exprès d'Arras pour les obsèques de son cher grand doyen, qui avait célébré la messe le matin à 7 heures dans la chambre mortuaire, avait fait chapelle pendant le service chanté par M. Jonas, avait donné l'absoute et prononcé l'oraison funèbre, Mgr Lequette repartait pour Arras. Ce voyage du premier pasteur du diocèse montrait à tous la considération, l'estime, l'affection dont était environné le vénérable défunt, mais en même temps il proclamait bien haut la bonté, la paternité, l'affabilité de l'Évêque d'Arras.

CHAPITRE VI.

TÉMOIGNAGES EN FAVEUR DE L'ABBÉ RÉMONT.

Plusieurs témoignages de reconnaissance furent adressés à la famille du vénérable abbé Rémont. Ces témoignages proviennent et du Bureau de bienfaisance, de la Commission de l'hospice et de l'Administration municipale. Nous nous faisons un devoir de les consigner ici :

« Boulogne, 31 décembre 1875.

« Monsieur l'abbé.

« L'administration du bureau de bienfaisance qui avait l'honneur de compter parmi ses membres le vénéré M. l'abbé Rémont, ne pouvait rester étrangère au deuil que sa mort a causé dans la ville de Boulogne.

« Depuis qu'il avait été appelé à si juste titre à partager nos travaux auquels l'avait initié sa vie tout entière, nous avons été à même d'apprécier sa charité et son dévouement constant à remplir les devoirs de sa charge.

« Sa mort laisse un grand vide parmi nous et nous tenions, Monsieur l'abbé, à vous transmettre l'expression des regrets qui seront consignés dans les registres de l'administration.

« Nous vous prions en même temps d'agréer et de faire agréer à tous les membres de votre famille nos sentiments de condoléances, avec l'assurance de notre considération la plus distinguée. »

Les administrateurs du bureau de bienfaisance :

A. Crouy, J. Grandsire, G. Lardeur, A. Lipsin,
A. M. Joncquel, vicaire de Capécure.

« Boulogne 12 janvier 1876.

« Monsieur l'abbé,

« Nous avons l'honneur de vous adresser un extrait du registre de nos délibérations où nous avons tenu à consigner l'expression des sentiments que nous a fait éprouver la mort de notre si regretté et vénérable collègue M. Rémont, grand doyen de l'arrondissement.

Veuillez bien, M. l'abbé, agréer, avec nos compliments de condoléance, l'assurance de notre considération la plus distinguée. »

Les administrateurs de l'hospice :

D. Henry, Mutuel-Fresson, J. Brunet, Larché.

Extrait du registre aux délibérations de l'hospice Saint-Louis à Boulogne.

Séance du 24 décembre 1875.

Étaient présents MM. Larché, Henry, Mutuel-Fresson, J. Brunet.

A l'ouverture de la séance, les membres de la Commission administrative, désireux de payer un juste hommage à la mémoire de leur honorable et regretté collègue, M. Rémont, décédé le 21 courant, décident qu'une mention toute spéciale des vifs regrets de la perte qu'ils viennent de faire sera consignée au registre des délibérations.

Nommé membre administrateur le 24 décembre 1873, en sa qualité de plus ancien curé de Boulogne, M. Rémont, bien que déjà d'une santé défaillante, n'a jamais néanmoins cessé de remplir avec zèle et dévouement les fonctions qui lui étaient assignées.

Doué par excellence d'un caractère plein de droiture et de bienveillance, on retrouvait toujours en lui ce même esprit de conciliation qui a marqué tous les actes de sa vie et comme prêtre et comme dignitaire de l'Église.

L'hospice était devenu l'objet de ses plus chères affections, et presque jusqu'à son dernier souffle, il s'est préoccupé de l'amélioration du sort des vieillards et des infirmes de cet établissement charitable.

Les membres de la Commission sont donc unanimes pour qu'il soit gardé, dans les annales de l'hospice, bon souvenir des services rendus par feu M. Rémont et qu'en outre une copie de la présente délibération soit adressée à son estimable famille avec l'expression de leurs sympathies et de leurs sentiments les plus respectueux.

Pour extrait conforme.

D. HENRY.

Ville de Boulogne-sur-mer.

Le maire de la ville de Boulogne à Mademoiselle Félicité Rémont, place de Capécure.

« Mademoiselle.

« J'ai l'honneur de vous adresser ci-jointe la délibération, en date du 28 décembre 1875, par laquelle le Conseil municipal, sur ma proposition, et à l'unanimité des voix, a voté, à titre d'hommage public à la mémoire de M. l'abbé Rémont, votre frère, la concession perpétuelle, au nom de la ville de Boulogne, du terrain dans lequel reposent les restes mortels du respectable défunt.

« En me faisant, au milieu des représentants de la cité, l'écho de mes concitoyens, j'ai acccompli un devoir, en même temps que j'ai acquitté une dette de la ville de Boulogne envers le digne et regretté pasteur qu'elle a vu, pendant de longues années, si courageusement à l'œuvre et qui a laissé parmi nous de si bons souvenirs.

« Puisse l'expression de ces sentiments du corps municipal, adoucir un peu votre légitime douleur, Mademoiselle, et celle de votre famille.

Veuillez agréer, Mademoiselle, l'hommage de mes respects. »

Le maire de Boulogne

A. HUGUET.

Mairie de Boulogne-sur-mer.

Extrait du registre aux délibérations du Conseil municipal de Boulogne-sur-mer.

Ce jourd'hui mardi 28 décembre 1875, à huit heures du soir, le Conseil municipal de la ville de Boulogne-sur-mer s'est réuni en session extraordinaire et d'urgence dans la grande salle Eurvin, à l'hôtel de ville, sous la présidence de M. Auguste Huguet, maire de Boulogne. Se sont trouvés présents MM. le Dr Duhamel, Vidor Jacques, Camille Chauveau, D. Henry, Baignol-Lebéau, Auguste Bonnet, Jules Lenglet, le D. Fillette, Poirel-Adam, Buret-Copin, Huret-Levillain, Crignon, Constant Lagache, Alfred Duminy, Minet, Henri Marchand, Jules Petit, Jean Focheux, Fourny-Chérie, Bataille-Évrard, Altazin-Gin et Priant.

M. le Maire expose que le 21 décembre 1875, est mort dans sa soixante-cinquième année M. l'abbé Jean-Baptiste Rémont, chanoine honoraire d'Arras, grand doyen de l'arrondissement de Boulogne, curé de Saint-Vincent de Paul à Capécure, membre de la Commission administrative de l'hospice et de celle du bureau de bienfaisance etc.

Le respectable défunt avait été le promoteur zélé de la création de la paroisse devenue nécessaire, par suite du développement pris, en quelques années, par le faubourg de Capécure, réuni depuis 1835, à la ville de Boulogne.

M. Rémont avait entrevu tout le bien qu'il était possible de réaliser dans cette partie de la commune où s'élevaient en grand nombre les usines, les fabriques, les établissements industriels les plus divers, devenus bientôt de précieux et multiples instruments de travail et d'activité.

Il se fit apôtre ; sa parole simple mais convaincue sut conquérir tous les suffrages.

Et bientôt à côté de la chapelle provisoire, puis de l'église paroissiale, vinrent se former des asiles, des écoles, des cours d'adultes, à la fondation desquels l'infatigable pasteur contribua puissamment et par ses démarches et sollicitations et par son intervention pécuniaire et personnelle.

Capécure doit beaucoup à son premier curé.

D'un esprit franc, ouvert, libéral, M. l'abbé Rémont savait aplanir les difficultés parfois les plus ardues.

Nul ne poussa plus loin que lui la modération et le désir de la conciliation.

Faire le bien modestement et dans l'ombre, telle était sa principale préoccupation.

La charité dans ce qu'elle a de plus intime et de plus vrai caractérisait tous les actes de la vie de cet honorable ecclésiastique.

Son plus cher désir était de consoler l'affligé, de soulager l'infortune, de réconcilier les familles désunies.

Pendant près de vingt-cinq ans, M. le curé Rémont s'est ainsi dépensé dans l'œuvre importante qu'il avait entreprise si courageusement et qu'il a conduite à bonne fin, sans jamais se départir de sa fermeté et de son énergie.

La ville de Boulogne n'a jamais adressé en vain un appel à M. l'abbé Rémont, dans les circonstances calamiteuses où elle jugeait que le concours de cet homme de bien pouvait être utile aux malheureux.

Pour ne citer que les plus récentes œuvres, nous mentionnerons celles organisées, sous le patronage de l'administration municipale, en faveur des victimes de l'épidémie cholérique en 1866, et des familles éprouvées par la désastreuse guerre de 1870 et 1871.

En ces circonstances, le charitable curé prêta une aide puissante à l'autorité locale et ne recula devant aucune peine, devant aucune démarche.

Dans cette œuvre patriotique des ambulances et des secours aux victimes de la guerre, M. Rémont bien que déjà malade, concourut pour une large part à adoucir bien des misères. Tout dernièrement encore et sur son lit de mort, c'est à cette bonne œuvre que le ramenaient ses plus chères pensées.

Aussi son souvenir se perpétuera-t-il au milieu de cette laborieuse population de Capécure qui, pendant plus d'un quart de siècle, l'a vu constamment se préoccuper de ses intérêts les plus immédiats et les plus intimes.

A titre d'hommage public à la mémoire de M. l'abbé Rémont, le maire de Boulogne a l'honneur de proposer au Conseil municipal de voter la concession gratuite et perpétuelle, au nom de la ville de Boulogne, du terrain dans lequel ont été, le 24 de ce mois, inhumés les restes mortels du respectable défunt, au milieu d'un concours immense d'assistants accourus pour lui payer un dernier tribut de regrets.

Par suite, les droits de concession et autres versés à la caisse municipale le 21 décembre 1875, par M. l'abbé Joncquel et qui s'élèvent à 221 fr. 25 seraient remboursés à ce dernier sur le crédit des dépenses imprévues du présent exercice.

L'extrait de la délibération du Conseil serait, par les soins du maire, transmis, au nom de l'assemblée, à la famille de M. l'abbé Rémont.

Ces propositions sont appuyées de toutes parts dans le Conseil.

Mises aux voix, elles sont adoptées à l'unanimité.

Pour extrait, le maire : HUGUET.

Nous avons reproduit ces divers témoignages afin de montrer la popularité, bien légitime d'ailleurs, dont jouissait l'abbé Rémont à Boulogne.

Le discours prononcé par M. Huguet au sein du Conseil municipal de Boulogne, en même temps qu'il rend hommage au défunt, honore singulièrement celui qui l'a prononcé.

CHAPITRE VII.

ÉRECTION D'UN CALVAIRE SUR LA TOMBE DE L'ABBÉ RÉMONT.

Après la mort de M. l'abbé Rémont, les membres du Conseil de fabrique de Saint-Vincent de Paul vinrent spontanément offrir à la famille du vénéré et regretté défunt de faire une souscription dans la paroisse, afin d'élever un monument funèbre sur les restes mortels de leur premier pasteur.

La famille ne crut pas devoir refuser son assentiment à cette proposition ; elle déclara seulement que M. Rémont de son vivant avait manifesté le désir d'avoir un calvaire sur sa tombe et elle déclara qu'elle ajouterait aux souscriptions ce qui serait nécessaire pour élever un monument convenable.

En peu de temps une somme assez ronde a été recueillie parmi les amis de M. Rémont et ses paroissiens, la famille ayant ajouté à cette somme sa quote-part, un grand calvaire fut commandé dans une usine de Paris.

M. Varlet, entrepreneur, fut chargé de faire, au cimetière, à côté de la tombe de M. Rémont, les fondations nécessaires pour recevoir la croix et son christ.

La famille avait déjà placé sur la tombe même un marbre portant cette inscription qui résume en peu de mots la vie de l'illustre défunt.

Sur un des côtés du marbre :

VIR SIMPLEX ET RECTUS, SCIENTIA INSIGNIS PIETATE ET MODESTIA INSIGNIOR, REBUS IN OMNIBUS PRUDENS, IN INSPICIENDIS SOLERS, IN EXEQUENDIS CONSTANS, SECRETI TENAX, ZELO ANIMARUM INFLAMMATUS, ECCLESIAM S. VINCENTII ÆDIFICAVIT, DUOBUS ET VIGINTI ANNIS PARŒCIAM REXIT.

Sur l'autre côté du marbre :

ICI REPOSE LE CORPS DE M. J.-B. RÉMONT, CHANOINE, GRAND-DOYEN DE BOULOGNE, FONDATEUR ET PREMIER CURÉ DE SAINT-VINCENT DE PAUL, NÉ A IVERGNY LE 23 JUIN 1811, DÉCÉDÉ LE 21 DÉCEMBRE 1875.

Sur le soc de la croix :

A M. L'ABBÉ RÉMONT
SA FAMILLE, SES PAROISSIENS, SES AMIS
RECONNAISSANTS.

Le dimanche 29 août avait été choisi pour l'inauguration et la bénédiction du calvaire élevé sur la tombe de M. Rémont.

Nous avons demandé à Sa Grandeur Mgr Lequette les pouvoirs nécessaires à cet effet. Le 25 août nous recevions les deux pièces suivantes :

Nous évêque d'Arras, sur la demande qui nous a été adressée par M. Joncquel, curé de Saint-Vincent de Paul à l'effet d'obtenir l'autorisation de bénir solennellement un calvaire au-dessus de la tombe de M. l'abbé Rémont, grand doyen de Boulogne ; nous étant assuré par son témoignage que le monument proposé est dans les conditions voulues par les saintes lois de l'Église et propre à favoriser la piété des fidèles.

Considérant qu'il appartient à l'évêque, dans son diocèse, de régler ce qui concerne le culte public conformément aux saints Canons,

Permettons, par les présentes, de procéder solennellement à cette bénédiction et accordons quarante jours d'indulgence aux fidèles de l'un et l'autre sexe présents à la cérémonie.

Procès-verbal de cette bénédiction sera dressé sur le registre de paroisse et copie nous sera envoyée pour être conservée dans les archives de notre évêché.

Donné à Arras le 24 août 1876.

V. Roussel, v. g.

Nous, évêque d'Arras, voulant favoriser et augmenter, autant qu'il est en nous, la piété et la dévotion des habitants de la paroisse de Saint-Vincent de Paul, doyenné de Boulogne, accordons à perpétuité quarante jours d'indulgence, chaque fois, mais une seule fois le même jour, aux fidèles de l'un et l'autre sexe qui, le dimanche ou le mercredi ou le vendredi, visiteront le calvaire nouvellement érigé dans ladite paroisse, pourvu que vraiment repentants de leurs fautes, ils y récitent dévotement cinq fois le *Pater* et l'*Ave* pour les fins ordinaires.

Nous accordons la même indulgence à toutes les personnes qui, à quelque jour que ce soit, y feront leurs prières, le matin et le soir.

Donné à Arras le 24 août 1876.

V. Roussel, v. g.

Par mandement de Mgr l'Illustrissime et Révérendissime Évêque d'Arras.

Catteau, prêtre, s. g.

Le 29 août, après les vêpres, eut lieu la bénédiction du calvaire érigé sur la tombe de M. l'abbé Rémont. Beaucoup de prêtres et de fidèles avaient tenu à assister à cette cérémonie. Tous les curés de la ville s'y trouvaient, à l'exception de M. le curé de Saint-Nicolas. Les aumôniers des diverses Communautés, le Supérieur du petit séminaire, les Supérieurs des Rédemptoristes et des Jésuites avaient pris place dans le cortège. On s'achemina processionnellement vers le cimetière au chant du cantique : « Au sang qu'un Dieu va répandre. » M. le grand doyen Jonas procéda à la bénédiction du calvaire. Puis M. l'abbé Denis, premier vicaire de Capécure, curé d'Hénin-Liétard, adressa à la nombreuse assistance une allocution chaleureuse et éloquente. Il redit ce qu'il savait de l'abbé Rémont, tel qu'il l'avait connu lui-même pendant les quatorze années qu'il avait habité sous le même toit que lui. Cette allocution fit sur la foule la plus salutaire impression.

ÉPILOGUE.

Notre travail est terminé. Nous avons réuni dans ce petit volume tous les documents historiques qui ont trait à l'établissement religieux de Capécure. Notre tâche était assez ardue : parent et confident du premier curé ou plutôt du fondateur de la paroisse de Capécure, nous redoutions de paraître trop peu désintéressé dans notre récit. C'est pourquoi nous avons reproduit intégralement une foule d'articles de journaux, de brochures, qui laissent toute liberté d'appréciation au lecteur.

Il n'est personne qui n'admire après la lecture de ces notes, le zèle, le dévouement, la sainteté du vénérable abbé Rémont et qui n'approuve le Conseil municipal de la ville de la délibération prise en faveur des restes mortels de ce vénérable ecclésiastique.

La Providence nous a chargé de continuer l'œuvre de l'abbé Rémont. Pendant onze ans, nous nous sommes efforcé de marcher sur les traces de notre vénéré prédécesseur. Nous pensions finir nos jours à Capécure. Sa Grandeur Mgr Dennel en a disposé autrement. C'est sur son ordre exprès que nous sommes venu à Saint-Nicolas; mais nous aimerons toujours la paroisse de Saint-Vincent de Paul et ses intéressants paroissiens, au milieu desquels nous avons passé les plus belles années de notre vie sacerdotale.

APPENDICE

M. L'ABBÉ LECOMTE.

Nous avons eu l'occasion de parler à plusieurs reprises dans ces notes de M. l'abbé Lecomte, grand doyen de Boulogne, curé de Saint-Nicolas. Il n'est pas inutile, pensons-nous, de donner ici quelques détails biographiques sur cet éminent ecclésiastique.

Antoine-Jean-Marie-Messidor Lecomte, naquit à Selles, dans le canton d'Hennevaux (aujourd'hui canton de Desvres) le 21 messidor an II (16 juillet 1794) d'une famille honorable de cultivateurs aisés. Ordonné prêtre, après de sérieuses études, le 18 décembre 1819, il fut successivement vicaire à Desvres et à Aire-sur-la-Lys, puis desservant de l'importante paroisse de Roquetoire. Mgr de la Tour d'Auvergne qui distingua de bonne heure son mérite, ne tarda pas à l'élever plus haut, et la cure de Saint-Joseph à Boulogne étant venue à vaquer par la mort de M. Macrez il y appela M. l'abbé Lecomte qui en prit possession le 20 avril 1836. C'était un poste de confiance où l'évêque avait besoin d'un homme de haute capacité administrative, puisque les curés de Saint-Joseph avaient été jusque-là investis du titre de grands doyens de l'arrondissement et revêtus du pouvoir de vicaires généraux du diocèse. Le passage de M. Lecomte dans la paroisse de Saint-Joseph fut de courte durée, mais il ne fut pas moins marqué par les actes utiles qui décelaient un véritable administrateur. Il reforma la fabrique, grosse affaire dans laquelle les journaux du temps prirent parti pour ou contre, non sans quelque violence de langage; il obtint un remaniement paroissial au profit de la haute ville[1]. Ce remaniement ne se fit pas sans difficulté : la réunion qui venait d'être faite de Capécure à la paroisse de Saint-Nicolas, la nécessité de pourvoir à la décence du culte dans l'église de Saint-Joseph, la construction de la cathédrale pour les besoins futurs de laquelle il fallait songer à procurer des ressources, furent les principaux motifs de cette mesure, votée par le Conseil municipal dans sa séance du 4 avril 1838 et sanctionnée par ordonnance royale du 6 juillet suivant. De cette manière la population de la paroisse de Saint-Joseph prise en bloc fut portée de 3.169 à 6.306 habitants pendant que celle de Saint-Nicolas en conservait encore 20.898.

Sur ces entrefaites, le doyen de Saint-Nicolas, M. l'abbé Dissaux, ayant été nommé chanoine titulaire de la cathédrale, Mgr de la Tour d'Auvergne offrit cette cure à M. l'abbé Lecomte, en lui conservant le titre de vicaire général et de grand doyen. M. Lecomte qui avait été outré de

[1] Depuis le commencement du siècle la paroisse de Saint-Joseph avait été à peu près enfermée dans ses murs. En 1838, elle obtint de nouvelles limites depuis la porte des Dunes jusqu'à la porte de Calais et depuis la porte de Calais jusqu'à la porte Gayole. Du côté sud-ouest les limites demeurèrent les mêmes, c'est-à-dire que depuis la porte Gayole jusqu'à la porte des degrés et depuis la porte des degrés jusqu'à la porte des Dunes elles se confondirent avec le rempart. Le décret officiel de 1838, le plan annexé à ce décret, ne laissent aucun doute à cet égard. — En ces dernières années, la fabrique de la haute ville a prétendu contester ce que nous affirmons ici ; cette contestation ne tient pas debout devant les pièces officielles.

l'opposition qu'il avait rencontré dans son Conseil de fabrique accepta et fut installé le 1er octobre 1838.

Il y avait beaucoup à faire dans cette grande paroisse, pour le bien des âmes longtemps négligé sous le gouvernement un peu trop facile de l'ancien doyen feu M. Roche[1]. M. Lecomte y continua avec zèle l'œuvre de M. Dissaux. Pendant vingt-sept ans, il se dévoua à sa paroisse et à ses paroissiens. Entouré de vicaires tels que MM. Dufour, Daniel, Wissocq, Bloëme, Ringot, Rémont, Bocquet, Bresselles, Campion, Leuilleux, etc., etc., il fit un bien considérable à tous les points de vue dans la basse ville de Boulogne. On pourrait rappeler ici les soins qu'il donna toujours à l'instruction religieuse des petits enfants, le zèle qu'il mit à décorer son église, l'éclat qu'il sut donner au culte par la bonne tenue du chœur, par la création d'une excellente maîtrise dont M. Guilmant père fut l'organisateur avec M. Jules Vervoite en attendant que M. Alexandre Guilmant[2] en devint la gloire. Il fit venir dans la chaire de Saint-Nicolas les prédicateurs les plus en renom et l'église était trop petite pendant les stations de carême pour contenir la foule des fidèles. Ce fut lui qui rétablit en 1841 ces belles processions du Saint Sacrement, malgré l'attitude fort hésitante de l'autorité civile.

Dans ses rapports avec le clergé soumis à sa juridiction, M. Lecomte montra constamment les qualités les plus

[1] M. Roche, curé assermenté de Saint-Nicolas, avait été maintenu dans ses fonctions, à la restauration du culte. M. l'abbé Haigneré a écrit sur lui des choses fort curieuses dans un petit opuscule sur l'état de la paroisse de Saint-Nicolas pendant la Révolution.

[2] M. Alexandre Guilmant, organiste de la Trinité, un des premiers organistes du monde, a été pendant de longues années organiste et maître de chapelle à Saint-Nicolas.

recommandables, une charité affectueuse, une obligeance toujours serviable, une discrétion à toute épreuve dans les affaires. Il fut toujours dans les meilleurs termes avec les autorités civiles sans y rien perdre de sa dignité et de son indépendance, au milieu des conjonctures parfois difficiles.

Sous son administration on a vu se créer successivement les paroisses de Saint-Pierre, de Saint-Vincent de Paul, de Saint-François de Sales, démembrées de la paroisse de Saint-Nicolas. Ce serait déjà faire assez son éloge que de dire qu'il ne s'y est pas opposé. Il donna à l'abbé Rémont, premier curé de Saint-Vincent de Paul et à l'abbé Leuilleux premier curé de Saint-François de Sales (aujourd'hui archevêque de Chambéry), les autorisations qu'ils lui demandèrent pour fonder des paroisses à Capécure et à Bréquerecque. Il fut l'un des premiers et des plus actifs promoteurs de l'église de Saint-Pierre qu'il fit ériger en chapelle de secours. Il pensait que cette mesure pouvait suffire au but qu'on se proposait sans en faire une paroisse distincte. Il avait même acheté de ses deniers, dans le voisinage, une maison qu'il destinait à une Communauté de Lazaristes qui auraient desservi cette église pour le spirituel en laissant à la fabrique de l'église principale le soin du temporel. Il ne voulait pas laisser déchoir, entre ses mains, l'importance de sa paroisse. Capécure et Bréquerecque obéraient la fabrique de Saint-Nicolas, mais Saint-Pierre, composé de familles pratiquantes, donnait des ressources à la fabrique. Mgr Parisis, arrivant à Arras eut bientôt créé à Saint-Pierre une paroisse indépendante sans consulter M. Lecomte. Nous nous souvenons encore du jour ou le grand évêque montant dans la chaire de l'église de Saint-Pierre annonça à haute voix qu'il séparait Saint-Pierre de Saint-Nicolas et en faisait une paroisse. M. Lecomte était là ; il ne savait rien de ce qui se faisait. Nous avons entendu dire à Mgr Parisis lui-même qu'en cette circonstance il avait agi trop vite et contristé sans le savoir le vénérable M. Lecomte. La mesure était-elle même bien canonique ? Quoi qu'il en soit, M. Lecomte fit contre fortune bon cœur et eut pour les curés de Saint-Pierre, M. Sergent d'abord, M. Bresselles ensuite, tous les égards et toute la bienveillance possibles.

M. Lecomte eut une grande part dans l'établissement à Boulogne des RR. PP. Rédemptoristes qu'il regardait comme d'indispensables auxiliaires pour le clergé paroissial.

M. Lecomte passait pour être dur aux malheureux ; on lui fit un grand reproche de laisser une certaine fortune après sa mort. Nous nous inscrivons en faux contre cette allégation. Nous savons que M. Lecomte donnait généreusement et parfois de très grosses sommes aux pauvres honteux. Les nombreux quêteurs qui venaient à Boulogne étaient bien accueillis par lui ; il se plaisait à payer le loyer des ouvriers malheureux, à relever par de généreuses avances le petit commerce ou l'atelier qu'une ruine imminente allait plonger dans la misère. La fortune qu'il laissa était moindre que celle qu'il avait reçue de sa famille.

Bien qu'il fût taillé en Hercule et doué d'une grande vigueur M. Lecomte fût frappé d'apoplexie au mois d'octobre 1865 ; il vécut encore trois mois marchant avec une canne, et mourut le 16 janvier 1866[1]. Il nous souvient que

[1] Un trait frappant : M. Rémont était lié d'amitié avec M. Lecomte. Un matin, M. Rémont, nous dit à 6 h. 1/2 en arrivant à

Mgr Parisis recevant le clergé, à Nazareth, quelque temps après que M. Lecomte avait eu son atteinte ne put s'empêcher de dire en voyant son grand doyen marcher si péniblement : « Allons, mon bon Monsieur Lecomte, courage, soutenez-vous. » — M. Lecomte lui repartit : « Monseigneur, nous sommes à peu près du même âge, soutenons-nous ! » — Trois mois après la mort de M. Lecomte, Mgr Parisis mourait lui aussi d'une apoplexie foudroyante.

Les obsèques de M. Lecomte eurent lieu le jeudi 21 janvier, au milieu d'un grand concours de monde. M. Wallon-Capelle archidiacre de Boulogne officiait. M. Monteuis, doyen de Guines, prononça l'oraison funèbre.

LE CERCLE CATHOLIQUE OUVRIER.

On a vu, au cours de ces *notes*, que sous l'inspiration de M. l'abbé Rémont, nous avions fondé à Capécure un cercle ouvrier.

Nous commençâmes par louer à M. Oudot, maître d'équitation, un grand manège pour chaque dimanche soir au prix de 800 francs. Les ouvriers, quels qu'ils fussent, pourvu que leur tenue fût convenable, furent convoqués à venir s'amuser au cercle de cinq heures à dix heures du soir. Toutes sortes de jeux étaient mis à leur disposition. Six cents ouvriers, en peu de semaines, se firent inscrire

l'église : « J'ai fait un singulier rêve ; M. Lecomte m'est apparu en rêve et m'a dit : « L'abbé, je viens de mourir ; je vais au tribunal de Dieu. » — Nous n'attachâmes d'abord aucune importance à ce rêve. A 8 heures un bedeau de Saint-Nicolas arrive au presbytère de Capécure faire part de la mort de M. Lecomte décédé subitement pendant la nuit.

comme membres du cercle. Les séances ne consistaient pas uniquement en jeux. A neuf heures moins un quart, un coup de sonnette avertissait les assistants que le moment des jeux était passé. En un clin d'œil, les tables disparaissaient, des bancs s'alignaient en face d'un autel qui se découvrait tout à coup au fond du manège; on faisait la prière du soir, on chantait un cantique, on assistait à une conférence populaire. La soirée se terminait par une tombola.

Nous fûmes puissamment aidé dans cette œuvre ouvrière par le P. Boulvin, Jésuite, par M. l'abbé Sagot et par M. Lequien.

De temps en temps il y avait au cercle des séances solennelles; des invitations étaient lancées dans la ville et il n'était pas rare de voir réunis dans le manège quinze cents hommes appartenant à toutes les conditions sociales. On faisait entendre à cette foule quelques conférences intéressantes, quelques morceaux de musique et le bien se faisait en amusant.

A plusieurs reprises, Mgr Lequette voulut présider des séances au cercle ouvrier et il ne savait comment manifester sa satisfaction, en voyant un semblable auditoire écouter, avec une attention et une sympathie peu communes, les vérités morales et religieuses développées par les orateurs du cercle.

Pendant sept ans, le cercle ouvrier fut en pleine prospérité. Le manège Oudot ayant disparu, le cercle se réfugia dans un local offert par M. Félix Lequien, rue de Constantine. La laïcisation étant venue, ce local dut être employé pour des classes chrétiennes et le cercle ouvrier dut disparaitre par suite de la laïcisation.

Quand nous rencontrons, par les rues, des ouvriers qui faisaient partie du cercle, ils viennent à nous et nous rappellent les bonnes heures qu'ils ont passées avec nous à cette époque déjà éloignée.

M. le curé de Capécure nous a raconté qu'il s'aperçoit encore chaque jour, dans ses visites des malades, du bien qu'a fait dans la classe ouvrière cette œuvre du cercle.

Les ouvriers seront toujours à ceux qui s'occuperont d'eux avec zèle et dévouement. Depuis quarante ans, le clergé français, il faut le reconnaître, s'est beaucoup occupé d'œuvres de piété, de confréries, de congrégations de jeunes filles etc... Mais ne s'est pas assez inquiété des hommes. Les francs-maçons, eux, ont été plus habiles ; ils ont groupé les hommes dans une foule de sociétés et par là ils sont les maîtres de la situation au moment des élections.

LE PATRONAGE DE CAPÉCURE.

En même temps qu'il s'occupait de la moralisation de la classe ouvrière par la fondation d'un cercle ouvrier l'abbé Rémont exhortait M. l'abbé Louguet[1] à fonder un patronage pour les enfants de 12 à 17 ou 18 ans.

Ce patronage, déjà florissant quand M. l'abbé Jean Pillons est arrivé à Capécure, a été développé par cet ecclésiastique, et aujourd'hui il constitue une belle et excellente œuvre paroissiale.

[1] Aujourd'hui missionnaire chez les Apaches.

A l'époque actuelle, il est à désirer que chaque paroisse ait son patronage ; le patronage est l'annexe indispensable de l'église paroissiale.

On comprend qu'à Paris, il y ait des patronages indépendants des paroisses ; cela ne se comprend pas dans les villes de Province. Ce n'est pas le lieu de développer ici les raisons de ce que nous avançons ; d'ailleurs la plupart des évêques de France et les curés qui exercent le saint ministère dans les paroisses des villes partagent entièrement notre manière de voir à ce sujet.

TABLE DES MATIÈRES

DEUXIÈME PARTIE.

APPENDICE.

Imprimerie N.-D. des Prés. Montreuil-sur-Mer. — Ern. DUQUAT, directeur.

Montreuil-sur-Mer. Imprimerie Notre-Dame des Prés.
Ern. Duquat, directeur.

www.ingramcontent.com/pod-product-compliance
Ingram Content Group UK Ltd.
Pitfield, Milton Keynes, MK11 3LW, UK
UKHW021100220726
13924UKWH00005B/2167

9 782019 949006